XINGSHI ZHENGDANG FANGWEI DE PUTONGFA YANJIU

陈　川／著

刑事正当防卫的普通法研究

法律出版社
LAW PRESS · CHINA
北京

图书在版编目(CIP)数据

刑事正当防卫的普通法研究 / 陈川著. -- 北京 : 法律出版社, 2024

ISBN 978 - 7 - 5197 - 8980 - 0

Ⅰ. ①刑… Ⅱ. ①陈… Ⅲ. ①正当防卫 - 研究 - 中国 Ⅳ. ①D924.04

中国国家版本馆 CIP 数据核字(2024)第 065492 号

刑事正当防卫的普通法研究
XINGSHI ZHENGDANG FANGWEI DE PUTONGFA YANJIU

陈 川 著

策划编辑 李 军
责任编辑 李 军
装帧设计 贾丹丹

出版发行 法律出版社
编辑统筹 法律应用出版分社
责任校对 裴 黎
责任印制 刘晓伟
经　　销 新华书店

开本 710 毫米×1000 毫米 1/16
印张 17.75　字数 290 千
版本 2024 年 10 月第 1 版
印次 2024 年 10 月第 1 次印刷
印刷 唐山玺诚印务有限公司

地址:北京市丰台区莲花池西里 7 号(100073)
网址:www.lawpress.com.cn
投稿邮箱:info@lawpress.com.cn
举报盗版邮箱:jbwq@lawpress.com.cn
销售电话:010 - 83938349
客服电话:010 - 83938350
咨询电话:010 - 63939796

书号:ISBN 978 - 7 - 5197 - 8980 - 0　定价:88.00 元
凡购买本社图书,如有印装错误,我社负责退换。电话:010 - 83938349

目　录

导　论

一、选题的缘起和研究意义

（一）聚焦正当防卫

正当防卫（justifiable defense）一直以来是各国刑法中一项必不可少的抗辩事由（或违法阻却事由）。根据我国刑法中正当防卫的立法目的，给自力救济预留空间是为鼓励公民在紧急时刻同违法犯罪行为作斗争并保护自己与他人的人身、财产安全。因此，正当防卫在国家立法层面便获得了正当性。但是，从1979年《刑法》颁布与实施以来，正当防卫在我国的司法适用效果并不理想。直到2016年山东于欢案的审理引起社会舆论的广泛关注后，正当防卫的司法适用偏差问题才开始引起司法界、学术界以及社会的重视。接下来的昆山反杀案、河北涞源案等一度将正当防卫的问题推向了高潮，引发各界高度关注。此类案件发生后，2018年12月，最高人民检察院发布了第十二批关于正当防卫的指导案例，2020年8月，我国最高人民法院、最高人民检察院及公安部联合印发了《关于依法适用正当防卫制度的指导意见》（以下简称《正当防卫指导意见》），意在为正当防卫的司法适用进一步指明方向。然而，当热点渐趋消沉后，正当防卫在司法中的问题似乎依然存在而未得到彻底解决。

当前,我国正当防卫存在的困境主要体现为立法与司法的割裂现象较为严重。在立法层面,正当防卫是国家所倡导和鼓励的一种积极性的防御权利,但司法层面所展现的结果则是避免对正当防卫制度的适用。围绕这一问题,学界以及司法实务界展开了积极的研究与讨论,有学者从司法适用的角度进行分析,认为这一症结的主要根源与司法实务上将利益衡量原理简单化,缺乏规范评价,注重以防卫结果和防卫行为的各项具体指标来判断的理念有关;[①]也有学者从正当防卫理论层面出发,对利益衡量理论、个人保全理论、法确证理论等进行分析,认为我国需要确立符合本国实际情况的防卫理论指导司法实践。[②] 有学者从比较法的视角出发,对各国的防卫制度进行介绍和分析,以期能为我国提供适当的借鉴。[③] 总而言之,不同视角对正当防卫的分析为当前问题的解决提供了丰富的理论与实践素材,然而,在理论与实践层面,该问题的解决并非一朝一夕之功,需要学者与司法实务人员在相关领域内坚持不懈的探索与讨论。

(二)定位于普通法

本书从比较法的视角出发选取了普通法中的刑事正当防卫进行研究。一方面,这源于普通法独特的模式,相较于我国《刑法》第20条对正当防卫所采用的较为抽象与概括的立法模式,普通法表现为精细的类型划分模式。另一方面,普通法刑事正当防卫的司法适用与我国形成较为明显的差异,即相较于我国较低的司法适用率,普通法对防卫的司法适用更为宽松、灵活。

---

① 参见周光权:《正当防卫的司法异化与纠偏思路》,载《法学评论》2017年第5期;伍金平:《正当防卫司法适用的困境探析——从一宗致不法侵害人倒地“猝死”案的定性之争切入》,载《河北法学》2012年第5期。

② 参见张明楷:《正当防卫的原理及其运用——对二元论的批判性考察》,载《环球法律评论》2018年第2期;高铭暄、王红:《我国正当防卫制度理论根据的自主选择》,载《学习与实践》2020年第5期。

③ 参见赵秉志、陈志军:《英美法系刑法中正当防卫构成条件之比较研究》,载《法商研究》2003年第5期;马天祎:《美国刑法中的自我防卫》,沈阳师范大学2018年硕士学位论文;杨明芳:《英国刑法一般辩护事由研究》,吉林大学2014年博士学位论文;姜敏:《正当防卫制度中的“城堡法”:渊源、发展与启示》,载《法学评论》2018年第5期。

需要说明的是,由于英美等国独特的国家体制与法律体系,本书所研究的正当防卫制度主要是以英国传统普通法规则与美国判例法、美国《模范刑法典》(Model Penal Code)及各州制定法为中心的防卫制度,书中所提到的正当防卫制度多体现为具有普通法特色的防卫制度,如“不退让法”“坚守阵地法”“城堡法”等并非英美各地区共有的制度,而是在刑法发展与演变的过程中大多数地区所趋同采用的一系列制度。因此,我们无法像研究或分析大陆法系国家一样,能够很清晰地界定这就是德国或者日本的正当防卫制度,或者这就是中国的正当防卫制度。本书力求在重点介绍英美具有普通法特色的防卫制度的基础上尽可能全面地对美国50个州的基本情况进行分析。

尽管我国与普通法系国家之间在立法、司法以及法律逻辑上存在着一定的差异,但鲜明的差异更有助于发现问题之所在。另外,普通法中的正当防卫与我国正当防卫亦存在共同之处。其一,与我国相同,美国正当防卫制度并非本国所特有,而是继受于他国。美国在建国初期采纳了英国普通法中的多数规则,而后根据社会与法律实践的变迁,对防卫制度进行了变革与调整,如对普通法退避规则的舍弃,对防卫认定标准由客观向主观的转变以及新城堡主义的建立等都是在适应本土实际需要的基础上形成的。其二,这些变化的本质是美国社会价值观与普通法传统价值观的碰撞,新的制度反映出美国公民对正义、公平的诉求比过去更为强烈,这一点与我国社会价值观的变化有异曲同工之妙。由于历史等多方面的因素,早期我国的正当防卫制度受苏联刑法理论影响深远,然随着中国特色社会主义事业的迅速发展,新时代公民对权利、公平、正义的需求远比之前强烈,这意味着正当防卫理论与制度的更新需要满足当下公民日益发展的新诉求,这也是国内多数学者所倡导的观点。[①] 其三,普通法的防卫要件与我国相似,虽然具体的内容存在一

---

① 参见高铭暄、王红:《我国正当防卫制度理论根据的自主选择》,载《学习与实践》2020年第5期。

定的差异,但在同与异中更有助于挖掘有价值的理论。故对普通法正当防卫的研究具有一定的理论与现实意义。

本书的研究目标在于通过普通法正当防卫制度的历史沿革、理论选择、立法模式、司法实践等多重径路触及普通法正当防卫及其内在的价值追求,并试图从3个方面进行创新。第一,通过史料分析,梳理刑事正当防卫的普通法规则,发现早期普通法中刑事防卫规则的内在原理与价值追求,挖掘英国早期防卫制度的主要作用。第二,以美国为例,梳理50个州有关正当防卫的规定并进行评价与判断。美国各州均有刑事制定法且相互之间既有联系又存在区别。分析各州的制定法有助于发现正当防卫在不同区域的特点及其形成的内部原因。第三,典型判例为研究对象之一,将法官的理性实践作为研究正当防卫的重点材料。司法制度是普通法系的精髓所在,正当防卫的发展离不开司法判例,因此本书以判例为要点贯穿文章整体,试图通过判例的发展寻找现代普通法防卫规则发展的脉络。从此路径出发,为修复我国正当防卫司法偏差的问题略尽绵薄之力。

二、研究综述

本书研究使用的文献分为中文与英文两种,其中英文文献占据总文献资料的九成以上,以下将按照英文文献到中文文献的顺序进行论述。

英文文献分为两种:一种是原始资料,另一种是二手资料。原始资料主要指英国制定法、年鉴、判例等资料;美国《模范刑法典》及各州刑事制定法中有关正当防卫的内容以及司法判例;除英美之外的其他普通法国家的法律文件。二手资料主要包括著作、期刊类论文、国外调查研究成果。

(一)普通法系国家正当防卫的法律规则

第一,英国等国各个时期关于正当防卫的相关制定法。相关制定法具体包括1278年英国《格洛斯特法令》(The Statute of Gloucester)、1532

年英国《杀害盗窃犯法案》(Killing a Thief Act)、1828 年英国《人身罪法》(Offences Against the Person Act)、1861 年英国《侵犯公民人身罪法案》(The Offences Against the Person Act)、1971 英国《刑事损害法》(Criminal Damage Act 1971)、1967 年英国《刑事法》(Criminal Law Act 1967)、1689 年英国《权利法案》(Bill of Rights)、2008 年英国《刑事司法及移民法案》(Criminal Justice and Immigration Act 2008)等。除此之外,还有印度《刑法典》、加拿大《刑事法典》、马来西亚《刑法典》等对防卫制度的规定。以上制定法是不同时期英国等国对正当防卫的性质、类型、构成要件等方面进行的规定。虽然大多数普通法系国家已经出台了成文化的刑法典,但制定法中的内容大部分来自对普通法的继承。

第二,美国《模范刑法典》。对整个美国的刑事法律的修订和法典化有重大影响的是美国法学会(American Law Institute)拟制的美国《模范刑法典》。美国《模范刑法典》附有对主要条文的评论,每一条评论都可以被视为一篇研究论文。该法典公布之后的 20 年间,就有半数州以它为蓝本对该州刑法进行了重大修订或者重新制定,使之成为"现代刑法典"。美国《模范刑法典》共 220 页,第一部分为"总则",共 7 条,占 76 页。正当防卫的条款规定在第 3 条"合法辩护的一般原则",包括执行公务、紧急避难、合法防卫、财产犯罪中的合法辩护等。美国《模范刑法典》对正当防卫主要从构成要件,即非法侵害、必要性、紧迫性、比例原则、退让义务等方面规定了公民行使自卫的要求,主要沿用普通法的退让义务观点,并规定了退让义务的例外,即"城堡法"原则以保护公民的住宅安全。同时,另设 3 条对防卫他人、防卫财产、执法防卫进行了规定。故美国《模范刑法典》是本书研究的主要文献之一。

第三,美国各州刑法典。美国各州都有根据本州具体情况制定的刑法,故刑法规范各不相同,针对正当防卫的条款也不相同。尤其对防卫人是否有退避义务的规定,有少数州沿用了普通法的退避规则,而一半以上的州则采用了不退避原则,即防卫人面对致命性侵犯行为无须退让,可直接进行致命性暴力还击。在认定防卫构成要件上,大部分州采用主观主义标准,而少数州如路易斯安那州采用客观主义标准等。

第四,判例。尽管上述一手资料已经提供了翔实的条文,但是法条分析仅是了解正当防卫制度的第一步。关于正当防卫的案例很多,但是依然能从中摘选出具有代表性和决定性的判例。尤其是在构成要件方面,如加里森案[①]的判决中对防卫必要性作了详细的论述;沃伦案[②]中法官对比例原则进行了明确的定义,即个体不能使用远远超过其受到威胁程度的武力来自卫。西门案[③]、戈茨案[④]对合理相信原则作了描述。克莱恩案[⑤]对"致命性武力"进行了定义:会导致死亡或者可能导致死亡或严重身体伤害的暴力袭击。关于退避义务的问题,普通法与各州制定法的观点不一致,普通法认为无辜者在受到威胁时,如果知道完全可以通过躲避最大限度地保护自己,则必须躲避而不能直接使用致命武力。[⑥] 大多数州认为当个体行为合情合理时,法律不应当视其为犯罪行为,特别是面对那些违法袭击,果断勇敢的方法是保护自己的权利,而不是"躲避"。[⑦] 普通法规定了"城堡法"作为退避义务的例外,该规则表明非袭击者通常不要求从其住所中逃出去,即使他知道在自卫中使用致命武力可以躲避到安全的地方。[⑧] 所有关于正当防卫的规定均可从判例中得到详细的信息,判例是研究该制度必须掌握的一手文献。

(二)国外正当防卫理论研究情况

1.普通法正当防卫的起源

17世纪马修·黑尔爵士(Matthew Hale)和爱德华·柯克爵士

---

① State v. Garrison(1987).

② State v. Warren(2002).

③ State v. Simon(1982).

④ People v. Goetz(1986).

⑤ Commonwealth v. Edward Klein(1977).

⑥ See Sydnor v. State(2001);People v. Riddle(2002).

⑦ See State v. Anderson(1993);State v. Abbott(1961).

⑧ See State v. Marsh(1990);State v. Brown(1996);People v. Canales(2000);State v. James(2003); People v. Hernandez(2002).

(Edward Coke)的著作以及18世纪布莱克斯通(W. Blackstone)和福斯特爵士(Foster)、19世纪弗雷德里克·波洛克(Frederick Pollock)与威廉·梅特兰(William Maitland)的著作是研究普通法正当防卫学说的主线。柯克的《英国法总论》(第3卷)[①]提出了早期普通法禁止进行致命性的自我防卫,并强制执行严格的退让义务。布莱克斯通在《英国法释义》(第4卷)[②]抓住了早期英国法律的主要观点,即防卫之前要尽可能先撤退,防卫者要得到国王的赦免方可释放。波洛克的《爱德华一世以前的普通法历史》[③]中描述了英国早期国王处理个人防卫之诉的规则,并介绍了国王对可免责性案件与正当性案件的区分审理规则,其影响美国现行的正当防卫理论。黑尔的《国王的诉讼》[④]中提出一条普遍规则,即国王垄断暴力而"私人之间不应该进行致命性报复"。

2. 英美刑法理论与正当防卫制度研究

对正当防卫理论的研究主要源自二手外文文献。此类文献主要包括外文著作与外文期刊论文。英国刑法学者密斯和霍根(Smith & Hogan)在《英国刑法》[⑤]中介绍了英国正当防卫的基本情况,包括正当防卫的类型、防卫的理论以及防卫构成要件。美国刑法学专家约书亚·德雷斯勒(Joshua Dressler)在《刑法精解》[⑥]中介绍了美国刑法理论与学术争议,以及以美国《模范刑法典》为蓝本详细列举了刑法总则与分则中的主要内容。有关正当防卫的问题在第18章至第21章中有详细的论述。英美刑法理论主要由功利主义、报应主义和实用主义构成。在刑法理论

---

① Sir Edward Coke, *The Third Part of the Institutes of the Laws of England*, E. and R. Brooke, 1797.

② W. Blackstone, *Commentaries on the laws of England*, Vol. 4, Oxford University Press, 2016.

③ Frederic William Maitland, Sir Frederick Pollock, *The History of English Law Before the Time of Edward I*, Vol. 2, Cambridge University Press, 1895.

④ Matthew. Hale, *George Wilson, and Sollom Emlyn.*, *The History of the Pleas of the Crown.* Vol. 1, T. Payne and others, 1778.

⑤ David Ormerod, Smith & Hogan, *Criminal Law*(12th), Oxford University Press, 2011.

⑥ Joshua Dressler, *Understanding Criminal Law*(*8th*), Carolina Academic Press, LLC, 2018.

体系下,正当防卫理论又衍生出自主性理论、公共利益理论、道德丧失理论、道德权利理论、较小危害理论。以上理论为正当防卫制度的构成与司法适用提供了原则性指引。

美国著名刑法学者波阿斯·桑格罗(Boaz Sangero)所著的《刑法中的自我防卫》[①]是直接掌握与分析普通法正当防卫的重要文献,该书结合了对正当防卫理论的哲学研究以及对法定防卫的要素分析,包括假想自卫、防卫过当、提前防卫以及受虐妇女防卫行为的研究。桑格罗·波阿斯认为,在为正当防卫的各要素(必要性、相称性、退让、因果关系等)定义之前,必须确定并论证正当防卫的基本原理,这样才能得出适当的解决办法。该书的主要贡献在于用法哲学的方法从根源上探究防卫的本质,作者批判性地分析了迄今为止提出的理论(包括自主性理论、公共利益理论、道德丧失理论、道德权利理论、较小危害理论等),指出每一种理论的不足之处并提出一种新的理论来解释正当防卫的原理。提出新的理论是为了充分证明防卫行为的正当性,即在被侵害人的自主性、侵权人的罪责和社会法律秩序之间找到平衡点。本书后面的章节表明,该作者所提出的理论基础可以用来为所提出的各种问题制定合理的解决方案。

保罗·H. 罗宾逊(Paul H. Robinson)是英美重要的刑法代表学者之一,他的著作《刑法的结构与功能》[②]开篇说明了该书的三个主要目标:首先,介绍美国现行刑法规则;其次,理解每条规则、它的应用以及背后的推理;第三,确立刑法概念框架,解释规则之间的相互关系。该书以美国法学会的美国《模范刑法典》为研究对象,对法典中的法条进行了详细的罗列与论证,其中关于正当防卫的观点也主要来自对法典的解释,对规则的应用与推理能够帮助读者深入了解法条与原理。但是该书最大的缺陷在于其没有对美国现行刑法进行介绍,全书将美国《模范刑法典》等

---

① Boaz Sangero, *Self-defence in Criminal Law*, Hart Publishing, 2006.

② Paul H. Robinson, *Structure and Function in Criminal Law*, Clarendon Press, 1997.

同于现行刑法,美国各州经过了 30 多年的发展,许多州已经不再继续采纳美国《模范刑法典》中的一些规则,故对现行正当防卫的研究存在不足。

由美国刑法学者乔治·P. 弗莱彻(George P. Fletcher)所著、我国学者邓子滨教授翻译的《反思刑法》[①]一书中对刑事抗辩事由理论以及正当防卫理论进行了详细的论述,是本书研究的重要资料之一。该著作主要注重理论方面的研究,分析了正当防卫中三种主要的理论,即免责事由、较小危害理论和防卫人自治理论,并围绕正当防卫中几大关键问题进行了分析。弗莱彻认为,研究正当防卫的最终目的是通过该制度挖掘隐藏在背后的各国意识形态对具体制度的选择与倾向。

3. 有关正当防卫的政治哲学研究

关于正当防卫与国家理论之间的关系,国外的学术成果不多。英美刑法研究更多关注刑事法律规范及理论问题,相比之下,政治哲学与法学理论的研究成果较少,这与我国当前的研究极为相似。刑法学者弗莱彻一直致力于推动刑法哲学的发展。如其论文 *The Right to Life*[②] 从生命权与死刑之间的关系为切入点,用权利法哲学理论展开对刑法的分析。桑福德·H. 卡迪什(Sanford H. Kadish)的 *Respect for Life and Regard for Rights in the Criminal Law*[③] 一文也在阐述刑法原则与人类生命权之间关系的问题上进一步展开的。刑法哲学一直是部门法领域研究的弱项,对具体制度的思考最终应指向对哲学问题的思考,与我国相比,西方法哲学的发展走在了前列,值得我们学习与思考。

另外,对于正当防卫的分析,有不少学者以国家理论为切入点,以期揭示正当防卫的本质。如凯斯勒·福赞·金伯利(Kessler Ferzan

---

① George P. Fletcher, *Criminal Law Rethinking*, Oxford University Press, 2000.

② George P. Fletcher, *The Right to Life*, Georgia Law Review, Vol. 13, 1979.

③ Sanford H. Kadish, *Respect for Life and Regard for Rights in the Criminal Law*, California Law Review, Vol. 64, 1976.

Kimberly)在 *Self-Defense and the State*[①] 一文中论述了正当防卫与国家理论之间的关系，尤其是国家理论对正当防卫的影响因素。福赞认为，正当防卫的本质是国家与公民权利分配结果的具体体现，并以社会契约论为基础探讨了正当防卫从道德权利向法律权利过渡的理论基础。该文认为不同的国家理论会产生不同的防卫制度，若单纯从道德角度看，自卫就是完全依赖与人类天生的本能是一项完整的权利。但刑法所中规定的正当防卫制度必须综合考虑政治、道德、法学理论等多层面的问题。达雷尔·A. H. 米勒(Darrell A. H. Miller)撰写的 *Self-Defense, Defense of Others, and the State, Law and Contemporary Problems*[②] 一文论述了普通法传统的早期自卫法的来源，即使被告人出于自我防卫也必须得到国王的宽恕方能被无罪释放。只有处于执行命令的杀人行为才是完全正当的行为。特别是当自卫扩展到他人防卫、财产防卫时，国家对防卫制度的构建是基本原则而非例外。因此，正当防卫作为普通法历史和政治哲学的问题，国家在塑造这一核心权利方面发挥的积极作用远远超过人们通常所承认的。公民、国家和正当防卫之间的关系极其复杂，根据国家目标可能与公民的防卫权相一致或相冲突，但是都需要通过道德理论与国家理论去分析正当防卫。同时，通过社会契约论可以分析国家在保障公民权利方面是否尽到其应尽的责任。奥克斯·芬克斯坦·克莱尔(Oakes Finkelsteint Claire)的著作 *On the Obligation of the State to Extend A Right of Self-Defense to Its Citizen*[③] 讨论了国家在处理自然权利上应采取何种措施，以及国家赋予公民自卫权的正当性依据。该著作以防卫权为基线探讨道德权利和法律权利之间的关系。该作者认为，即使

---

① Kessler Ferzan Kimberly, *Self-Defense and the State*, Ohio State Journal of Criminal Law, Vol. 5, 2008.

② Darrell A. H. Miller, *Self-Defense*, *Defense of Others*, *and the State*, *Law and Contemporary Problems*, http://scholarship. law. duke. edu/lcp/vol80/iss2/4.

③ Claire O. Finkelstein, *On the Obligation of the State to Extend A Right of Self-Defense to Its Citizen*, University of Toronto, 1998.

人类的防卫权具有最严密的道德论证,也并非能推导出国家在行使权力时必须将该道德权利转化成法律权利,自由主义政治哲学家用道德权利主张相应的法律权利时都遇到同样的问题,用来主张相应法律权利的其他一些道德权利也会面临同样的困难。国家对正当防卫制度的构建问题与现代哲学对人类自卫权的理解有很大的差别。该作者通过政治理论将自卫权从道德权利拉回到国家与公民权利的问题上,认为一个自由的国家应该寻求通过授予公民最可能广泛的自由范围来保持对公民权利的尊重和公众福利的最大化以维护其权威。

(三)国内研究情况

1. 普通法正当防卫研究的著作类概况

国内对于普通法刑法的研究(这里所说的研究不包括对于刑法原著的翻译性介绍)比较薄弱,更缺乏与普通法正当防卫有关的著作。尽管研究普通法正当防卫制度的专门著作较少,但关于英美刑法的整体研究比较丰富。最具代表性的是储槐植先生所著的《美国刑法》①,该书介绍了美国刑法的整体情况以及主要内容,其中对正当防卫制度进行了详细的介绍,但由于该书不是正当防卫制度的专著,故书中没有对防卫理论展开详细的论述。由德雷斯勒所著、王秀梅翻译的《美国刑法精解》②一书中有大量的理论介绍与判例,详细介绍了制度的主要内容以及发展现状,是研究正当防卫制度不可或缺的文献。弗莱彻所著、蔡爱惠等译的《刑法的基本概念》③中有关正当防卫概念的表述与分析,尤其关于免责性与正当性的介绍具有重大的研究价值。赵秉志主编的《英美刑法学》④以及郭自力所著《英美刑法》⑤中对英美正当防卫制度的渊源与理论的介

---

① 储槐植:《美国刑法》(第2版),北京大学出版社1996年版。

② [美]约书亚·德雷斯勒:《美国刑法精解》(第4版),王秀梅等译,北京大学出版社2009年版。

③ [美]乔治·P.弗莱彻:《刑法的基本概念》,蔡爱惠等译,中国政法大学出版社2004年版。

④ 赵秉志主编:《英美刑法学》,中国人民大学出版社2004年版。

⑤ 郭自力:《英美刑法》,北京大学出版社2018年版。

绍极为详细，也是研究的重要材料。

另外，从国家图书馆资料库以及知网上搜到3篇研究美国正当防卫的硕士学位论文。沈阳师范大学马天祎同学的硕士论文《美国刑法中的自我防卫》[①]从自我防卫的概念以及法律定位出发，明确自我防卫应当作为一种正当化事由而存在，阐释其合理性，文章着重对自我防卫的3个重要的构成条件进行探究，并分析美国刑法自我防卫中的一些规则对我国正当防卫制度的借鉴意义。兰州大学的尹海青同学撰写的硕士学位论文《城堡主义对我国住宅防卫的启示》[②]通过美国城堡主义的含义、历史发展、立法体现、法理基础和适用条件、判断标准等方面梳理了城堡主义一般理论，并从住宅防卫角度对于欢的行为是否构成正当防卫做出自己的理解。中国青年政治学院张淑芳同学的硕士论文《美国刑法正当防卫研究》以美国《模范刑法典》以及4部州刑法典中的正当防卫的内容为中心，以“法条考察——理论学说”为主线，对美国现行刑法中的正当防卫理论进行考察，概括了美国刑法正当防卫的特点以及对中国刑法正当防卫的启示。以上3篇硕士论文从不同的角度介绍了美国正当防卫制度的基本情况，为进一步研究普通法正当防卫提供了基本的素材与思路，但是略显不足的是以上文章的研究范围比较狭窄，仅概括并罗列了美国联邦以及零星各州的防卫类型和条款，并未进一步展开深入的研究，也未对正当防卫的普通法规则作整体的系统性分析。

2. 期刊论文类

关于普通法正当防卫制度的研究大多集中在期刊论文上，最具价值的研究有以下几篇。姜敏于2018年发表在《法学评论》上的《正当防卫制度中的“城堡法”：渊源、发展与启示》[③]一文介绍了“城堡法”的起源与历史沿革，以佛罗里达州为例论述了“不退让法”的原理，提出了“城堡

① 马天祎：《美国刑法中的自我防卫》，沈阳师范大学2018年硕士学位论文。

② 尹海青：《城堡主义对我国住宅防卫的启示》，兰州大学2018年硕士学位论文。

③ 姜敏：《正当防卫制度中的“城堡法”：渊源、发展与启示》，载《法学评论》2018年第5期。

法”对我国的借鉴价值。刘士心于2017年发表在《中国刑事法杂志》的《英美刑法正当防卫中的“躲避原则”及其启示》[①]一文介绍了“躲避原则”的内容及中国启示:应当尽力减少防卫中对生命的损害;对致命性暴力与非致命性暴力分别设置使用条件,在使用致命性暴力防卫中增加躲避义务的要求;司法中应当区分不同情形的“躲避义务”,分别把握其范围和限度。郭自力于2015年发表于《法治研究》的《英美刑法中的正当防卫》[②]一文批判了英美正当防卫制度中的一些问题,如防卫的紧迫性、必要性、防卫行为和侵害行为的比例关系以及合理相信原则的问题。屈文生在《美国刑法中刑事辩护事由概述》[③]一文介绍了正当防卫作为美国抗辩事由之一的具体情况。赵秉志、陈志军2003年在《法商研究》所载《英美法系刑法中正当防卫构成条件之比较研究》[④]一文中介绍了英美正当防卫类型的构成条件上的理解、规定上的差异,从比较研究的视角对普通法系各国或地区正当防卫的构成条件进行分析,为加强我国正当防卫理论的研究提供了参考意义。

综上所述,虽然国内有关美国刑法的研究已经得到可观的发展,但是对普通法正当防卫有关的研究依然薄弱,无论是制度方面、防卫理论方面还是判例分析上都缺乏充分的研究,需要得到进一步的补充与发展。

三、相关概念界定

(一)普通法的概念

普通法指发端于12世纪的英格兰并由英格兰王室法官发展出来的

---

① 刘士心:《英美刑法正当防卫中的“躲避原则”及其启示》,载《中国刑事法杂志》2017年第5期。

② 郭自力:《英美刑法中的正当防卫》,载《法治研究》2015年第2期。

③ 屈文生:《美国刑法中刑事辩护事由概述》,载《外国法制史研究》2005年第00期。

④ 赵秉志、陈志军:《英美法系刑法中正当防卫构成条件之比较研究》,载《法商研究》2003年第5期。

一套共同适用于整个英格兰王国的法律体系。[①] 本书中的普通法主要指发端于英格兰王室法院的有关刑事防卫的法律规则并通过英国殖民统治传播到美国、加拿大、印度等国后形成的有关防卫的法律规则以及各国现行制定法中能够体现普通法规则的部分。

(二)正当防卫的概念

本书选用“正当防卫”一词论述普通法中使用私人武力攻击正在进行的不法侵害的行为。但本书将正当防卫限缩在私人防卫(private defense)的范畴内,[②]主要指以个人为主体,使用武力防卫人身与财产行为的有关制度,包括自我防卫(self-defense)、他人防卫(defense of others)、财产防卫(defence of property)、住宅防卫(defense of dwell),但不包括执法防卫(defense for law enforcement)。以上防卫的共同特征是防卫的主体为公民个人,与执法防卫或警察防卫相区别。原因在于我国刑法尚未明确规定警察防卫权的问题,学术界关于警察防卫的属性存在较大的争议。普通法国家私人防卫与执法防卫均属于刑法中正当性抗辩事由的内容,体系上存在较大的差异,故本书的研究范围仅限于私人防卫。

1. 自我防卫

自我防卫指公民个人为了保护自己的生命、身体或自由不受非法侵害而对攻击者使用武力进行防卫的行为。自我防卫是私人防卫的主要领域。普通法系中的私人防卫主要从自卫发展而来,直到今天,狭义的“自我防卫”一词还经常被用来描述广义的正当防卫制度。

2. 他人防卫

他人防卫指行为人为保护第三人的生命、身体或自由不受非法侵害

① 参见李红海:《普通法导论》,北京大学出版社 2018 年版,第 7 页。

② “private defense”一词是美国刑法学者波阿斯 · 桑格罗在其著作《刑法中的正当防卫》中对英美法中自我防卫、财产防卫、防卫他人、住宅防卫等行为进行的概括。这里笔者借用了波阿斯 · 桑格罗的观点。

对攻击者使用武力进行防卫的行为。这里的他人在英美现行刑法中没有过分限制,即对防卫人以外的他人均可实施。

3. 财产防卫

财产防卫指拥有真实私人财产的个人只有运用武力才足以保护自己财产时,其可以使用非致命性武力保护正在或者即将遭受的损失。私人防卫不同领域之间最重要的内部区别无疑是对财产的防卫和自卫之间的区别。显然,这一区别的主要基础是一个人的生命、身体完整和自由的受保护价值与财产(通常是占有)利益的重要性不同。

4. 住宅防卫

住宅防卫指个人可以使用武力对抗即将或正在侵入其住宅的行为,以保护自己的人身安全。美国《模范刑法典》第3.11条对"住宅"进行了定义,即指"暂时的或者可移动的、目前作为行为人住处或者住宿地的全部或者部分的建筑物或者构筑物"[①]。司法实践对住宅的定义进行了延伸,认为住宅包括超出实际住宅范围的扩展区域,如花园或者庭院。

四、研究方法

(一)历史考察法

梳理制度的起源和历史变迁,有助于清晰地看到普通法防卫规则的演变趋势,从防卫制度在国家与法律发展的变化中发现其本质。受历史的影响,现行普通法国家的刑事防卫制度主要源自英国普通法,故研究必须从普通法出发方能弄清该制度的来龙去脉,为进一步的深入研究奠定基础。

(二)比较分析法

对外国法律制度的研究最终要落到国内问题的启发上方能体现一

---

① [美]美国法学会编:《美国模范刑法典及其评注》,刘仁文、王袆等译,法律出版社2005年版,第63页。

定的意义。虽然各国对正当防卫的规定表面上大同小异,但该制度所依托的理论与司法效果却大相径庭。我国和普通法系国家在历史发展、国家理念、法治环境与司法制度上存在鲜明的差异,在这种差异的比较中有助于发现防卫制度的问题所在。甚至通过比较普通法系与大陆法系对正当防卫的价值设定,也能从中看出隐藏的本质问题。

(三)逻辑分析法

逻辑分析的方法是科学研究的基本方法之一。本书借助逻辑推理,以归纳和演绎、分析与综合方法为主,试图通过分析普通法防卫的历史演变、立法规定、判例等较为合理地揭示普通法刑事正当防卫的原理、运行规律与内在价值。

第一章

刑事正当防卫的普通法起源与发展

正当防卫制度是英美刑法中一项重要的抗辩事由。从法律史的视角看,英国普通法中的防卫规则是其他普通法系国家防卫制度继承与发展的重要依据。以美国为例,尽管独立战争后,美国停止了对普通法规则的直接适用,但基于历史的原因,其刑事法律依然接纳了其中的一部分。[①] 随着国家的独立,美国结合其本国与各州的实际情况在英国普通法基础上进行变革,形成了现代刑事法律体系。因此,研究普通法中刑事正当防卫制度,必须先对该制度在普通法传统中的形成与发展脉络进行梳理,从而挖掘其中所包含的原理及规律。本章试图通过梳理普通法中防卫制度的发展历史以及美国防卫制度从英国普通法继承与剥离的过程,从而全面深入地挖掘其变化的轨迹与背后的原因。

本章将分为三个阶段:第一阶段梳理普通法形成与发展时期刑事防卫制度的相关规则。第二阶段梳理 19 世纪刑事正当防卫在普通法中的发展,即 18 世纪末到 19 世纪中期美国判例法对传统普通法的变革,主要体

---

① 参见屈文生:《美国刑法中刑事辩护事由概述》,载《外国法制史研究》2005 年第 00 期;赵秉志、陈志军:《英美法系刑法中正当防卫构成条件之比较研究》,载《法商研究》2003 年第 5 期。

现为认定标准从客观主义向主观主义的转变。第三阶段分析20世纪随着普通法国家对制定法的发展,正当防卫制度在各国刑法中的相关规定,如这一时期英国《枪支法》、英国《刑事法》以及英国《刑事司法及移民法案》对正当防卫的构成要件与认定规则进行了改革与完善;美国出现了以美国《模范刑法典》为蓝本的各州刑事立法活动,形成了系统的制定法,至此普通法国家的正当防卫制度开始趋于完善。

第一节　刑事正当防卫的普通法起源

基于历史原因,普通法系国家的正当防卫制度多数源于对英国普通法规则的继承。以美国为例,1607年,英国占领弗吉尼亚成为英属北美第一块殖民地并将普通法规则直接适用于此地。直至1776年美国独立以后才停止了对英国普通法的直接适用。但受历史因素的深刻影响,美国刑法中依然保留了英国普通法的大部分规则并以判例法和制定法的形式固定下来成为当前美国刑法的一部分。因此,从法律史的视角追溯普通法传统的形成与发展对研究普通法系国家正当防卫制度具有重要的意义。

一、普通法形成与发展时期的防卫规则

现代西方国家的正当防卫制度将个人防卫定位为天赋的、不可剥夺且先于宪法和法律而产生的一项自然权利。[①] 但从法律史的视角考察,英国刑法产生并完善于法院长达数百年的司法审判,有关刑事责任及犯罪构成要件等均源于刑事判例法中的规则,而关于普通法中的防卫规则也主要沿袭杀人罪的判例得以发展。普通法中的自卫权并非自始

① 参见陈兴良:《正当防卫论》(第3版),中国人民大学出版社2017年版,第11页。

属于个人而是源于国王。[①] 自我防卫规则在普通法中经历了从“不是任何辩护事由”到“免责性辩护事由”再到“正当性辩护事由”的发展历程。

(一)普通法中的防卫规则:免责性抗辩事由(excuse)

英国古老的普通法规则往前追溯可在《圣经》中寻找到有关私人防卫正当化的观念。[②]《圣经》关于自卫的描述直接影响了后续普通法对杀人行为正当化的规定。本节将时间限定在诺曼登陆之后普通法中防卫规则的演变。

1. 早期自卫规则的确立

诺曼人入侵英格兰之前,地方法规、私人复仇以及家庭之间的斗争等案件纷繁冗杂且没有明确的分类。到12世纪亨利二世时期,随着王权趋于稳定,英王通过法律改革将英格兰国内所有的事务均置于国王管辖之下,并建立了王室法院体系与巡回审判制度。以上那种复杂的情况便被纳入了包容万象“国王和平”统治之下,而处于“国王和平与保护之外”的人被视为“法外之人”(outlaw),从当时的法律理论上讲,这类人将面临被任何私人团体杀害且无法得到国王法律保护的风险。[③]

普通法中有关防卫的规则最早包含在杀人罪的规定中并由王室法

---

① See Joseph H. B. Beale, *Retreat from a Murderous Assault*, Harvard Law Review, Vol. 16, 1903. 正当防卫下的杀人权是逐渐建立起来的一项现代法律制度,而非起源于中世纪。Darrell A. H. Miller, *Self-Defense, Defense of Others, and the State, Law and Contemporary Problems*, http://scholarship.law.duke.edu/lcp/vol80/iss2/4.

② 乔治·P. 弗莱彻在其著作《刑法概念基础》一书中指出,作为正当化的自我防卫观念,最早起源于《圣经》中的一段叙述:房子的主人有权杀死一个闯进他的私人范围进行入室盗窃的人。《出埃及记》第22章第1节写道,当小偷破门而入时,杀死小偷不必付出血的代价,这是一种正当化的和合法的杀人暗示。

③ See Darrell A. H. Miller, *Self-Defense, Defense of Others, and the State*, *Law and Contemporary Problems*, http://scholarship.law.duke.edu/lcp/vol80/iss2/4.

院负责审理。[①] 13 世纪普通法将杀人罪分为重罪杀人与轻罪杀人。重罪杀人指行为人出于主观恶意而实施的杀人行为，此类案件由王室法院管辖。轻罪杀人在 13 世纪早期正式被划分为正当性杀人（jusitifiable homicide）与免责性杀人（excusable homicide），被认定为正当性杀人的行为自始无罪。正当杀人行为主要包括根据国王命令执行死刑的行为，之后延伸至杀害携带赃物逃跑的强盗和抗拒抓捕的"法外之人"的行为。[②] 免责性杀人的情形包括三种：（1）意外杀人；（2）因自卫致人死亡；（3）精神病患者的杀人行为。[③] 在普通法杀人罪中，自卫是一项很重要的制度，因为它是非重罪中唯一一项属于故意杀人的情形。早期普通法会根据自卫杀人的不同情况适用不同的规则，如在争吵或互殴过程中的自卫杀人与为阻止抢劫或入室盗窃等重罪的防卫杀人所使用的规则是不同的。

根据早期普通法规则，因自卫而杀人或因偶发的（非预谋）争吵斗殴而杀人均属于可免责性事由，而为防止重罪的发生而杀人的行为则属于正当性事由。这里的"自卫"指在偶发的争吵或斗殴中，行为人通过杀死非法侵害人来保护自己的身体或生命安全的行为。由此，布莱克斯通区分了过失杀人与自卫杀人。

> 二者之间的真正标准似乎是：在双方都有机会使用致命武力的斗殴中，当场发生了杀人事件，那么实施杀人的一方就犯了过失杀人罪；但是，如果杀人者并未挑起斗殴，或者（已经开始）试图阻止斗殴事态的升级，但其被侵害人牢牢控制，这时行为人只能通过杀死

---

① 中世纪的英格兰发生严重的肢体冲突以及杀人是一种常见的解决私人斗争的方式。多数致命的暴力事件都是由邻居或亲戚之间宿怨已久积攒的冲突引起的，一些流动的盗窃团伙破坏居民人身与财产安全引发的杀人行为屡见不鲜。See Thomas A. Green, *The Jury and the English Law of Homicide*, 1200 – 1600, Michigan Law Review, Vol. 74, 1976; J. M. Kaye, *The Early History of Murder and Manslaughter*, Law Quarterly Review, Vol. 83, 1967.

② 这一范围的扩张本质上是对人类古老私人复仇观的一种司法确认。

③ See Thomas A. Green, *The Jury and the English Law of Homicide, 1200 – 1600*, Michigan Law Review, Vol. 74, 1976.

对方来避免自己陷入生命危险的境地，这种情形属于可免责性的自卫杀人……在防卫人实施杀人行为之前，应该尽可能地撤退，以避免被暴力攻击……这是因为他们是流着同样血液的兄弟般的关系。[①]

由此可见，早期普通法区分过失杀人与自卫的主要标准是考察行为人是否率先挑起争斗以及是否存在先行撤退的情况。在这里，布莱克斯通强调了将撤退义务作为构成自卫的必要条件，故普通法不仅规定了非常严格的防卫条件，而且仅将其作为一项需要得到国王豁免的免责性事由。

13～14 世纪自卫杀人被明确定义为在致命武力袭击下挽救自己生命的极其必要的唯一手段。对自卫杀人案的赦免则属于国王自由裁量权的一部分，被赦免的被告人将被处以没收财物作为惩罚。[②] 一份 1392 年的《年鉴》（Year Book）中写道："当一个人因为自卫杀死侵害人而希望被大法官宣判无罪时，这一程序应当是这样的：他应向首席大法官申请令状，该令状中包含有其向大法官陈述无罪理由的记录，大法官可以向他颁发赦免令状而无须按照过去的法律程序将其带到国王面前乞求赦免。"[③]这份《年鉴》反映了 13 世纪末期赦免自卫杀人罪已成为一项普通法程序，对自卫案件的赦免是理所当然的，赦免令基本由大法官以国王的名义签署，故向国王申请赦免变成了一种法律形式。

爱德华三世早期，国王对普通法院管辖的防卫案件转交给衡平法院，但衡平法院也几乎遵循普通法规则进行审理。他指出："需要注意当行为人因自卫杀人被起诉时，正确的程序应当是首先向首席大法官申请到包含其无罪记录的令状，并将其提交给衡平法院的法官（chancellor），

---

① W. Blackstone, Ruth, Paley, *The Oxford Edition of Blackstone's: Commentaries on the Laws of England: Book IV: Of Public Wrongs*, Oxford University Press, 2016, p. 185.

② See Semayne's Case, 5 Co. Rep. 91a, 77 E. R. at 195.

③ Anno. 3 Edw. 3. Northampton Eyre. Corone 336.

法官将根据法律程序直接向其颁发赦免令而无须经过国王同意。”“法官命令被告人将无罪供述提交给大法官,大法官不必向国王汇报便可颁发赦免令。”[①]为避免进一步走上诉讼程序,法庭的赦免令一般会在开庭前发出。但由于中世纪的陪审团在杀人案中可能会利用手中的实际权力选择性地向法庭提供证据,故即使被指控方在进入审判程序之前没有得到赦免,他还有其他机会被判无罪或赦免。这种结果的出现主要是因为陪审团的作用会缓解地方上对正义的呼声和法律规则之间的紧张关系。[②]

值得注意的是,陪审团在自卫规则发展中起到了不可忽视的作用,这种作用既是积极的也是消极的。陪审团在杀人罪中最关键的作用是通过努力尽可能使被告免于被判处绞刑的可能,这对英国死刑执行制度的进步与发展起到了重大的积极作用。但从另一角度看,这一做法对自卫规则的发展不可避免地产生了消极的影响。由于陪审团有意将杀人案中的被告纳入自卫范畴,基于此种情形,法官不愿意对自卫规则的适用范围进行任何扩展。由于普通法与衡平法中的规则与学说很大程度上依赖于一系列判例,而此类案件呈现出的法律问题却因陪审团的原因在程序上无法得到充分的讨论,故有关自卫的规则与学说在中世纪一直无法得到有效发展。如这一时期没有出现因防卫亲属而杀人的他人防卫规则,也没有发现法官对这一问题的讨论,这种情况下的杀人仍然属于重罪。

到亨利七世时期的一份《年鉴》中记录道:

> 律师公会认为对于因自卫杀人的案件无须经过任何机构的赦免,法官不应进行审问而应直接将其释放。但如若行为人被指控犯有重罪,应根据《格罗斯特法令》进行审问,审问后发现其存在自我

---

① F. Coron. 361(3 Ed. III.);F. Coron. 297(3 Ed. III.).

② See Thomas A. Green, *The Jury and the English Law of Homicide, 1200 – 1600*, Michigan Law Review, Vol. 74, 1976.

防卫情节，则大法官应将其转入监狱等待赦免令。而王室法院的法官们回应道，根据他们的习惯，通常会审讯被告是否存在自卫情节，以及是否丢失财物，如果存在，不论如何均应将其赦免。[①]

虽然针对这一情况，法官与律师之间存在分歧，但到亨利八世（Henry Ⅷ）颁布英国《杀害盗窃犯法案》后，该问题以制定法的形式将自卫杀人认定为正式的法律意义上的抗辩事由。另外，行为人对抢劫罪实施的自卫杀人也被认为是正当性杀人。[②] 在康普顿一案中，索普（Thorpe）法官对针对抢劫罪等实施自卫行为作了相关规定，他认为：当行为人因执行逮捕令杀掉被害人时，他应被无罪释放而无须国王赦免。在其他情况下，对于抢劫犯或者入室行窃的小偷，如果行为人无法保证自己的安全，则可以将其杀死而无须负刑事责任。[③] 除此之外，非必要情况下的杀人行为既不能被判无罪，也不能得到国王的赦免。这表明，早期普通法对于防卫必要性的认定局限在相对狭窄的范围之内。

此外，中世纪普通法规则对自卫的认定采取客观认定标准，即陪审团仅根据行为人的主观判断认定自卫是不够的。例如，1454 年普里奥特（Priot）法官发表了权威性的观点："当面临侵害人的攻击，若行为人表示要杀害他或者对其进行人身攻击并威胁其生命安全，这样的行为是违法的。除非出现行为人想要逃跑而侵害人继续对其紧追不舍；或行为人已经退至侵害人脚下，或退至墙根、篱笆或堤坝等地步致使行为人无法逃脱的情况时，以上行为才合法。"[④]普里奥特法官将"退无可退"作为认定防卫行为必要性的客观条件。再如，科克恩（Cokeyn）法官在 1414 年的

---

① 4 H. VII. 2, pl. 3

② See F. Coron. 330（3 Ed. 11.）; 26 Lib. Ass. pl. 23（translated, Kenny, Cas. Cr. L. r37）; 26 Lib. Ass. pl. 32.

③ See 22 Lib. Ass. 97, pl. 55

④ Y. B. Easter 33 Hen. 6, pl. 10（1454）.

一份判决书中提道:“我不必等到别人来打我一拳再反击,那样就太迟了。”[①]这是中世纪普通法关于防卫撤退理论的最初解释。因此,在14世纪几乎每一起被陪审团裁定为自卫的案件都在审判记录中记载了被告人在履行了撤退义务以后不得已才实施了自卫的行为,以此获得审判法官的信任以便案件被判无罪或赦免。[②] 值得注意的是,需要撤退的情形只涉及私人之间斗殴案件,这里的自卫指在突然发生斗殴时,防卫人在退无可退的情况下所实施的杀人行为,这与普通法关于正当性杀人事由与免责性杀人事由的划分是一致的。

综上,14世纪衡平法院将自卫杀人定义为“出于极其必要的杀人行为”,撤退则成为判断防卫行为必要性与正当性的客观依据。这一根据也是现代美国自卫法撤退规则的起源,撤退规则要求个人在诉诸致命武力之前应竭尽全力从冲突中撤离。若被侵害人有机会撤退到安全的地方躲避危险,则必须撤退而不能直接施以致命武力。正如布莱克斯通所述:“因为,虽然两国之间发生冲突的情况下,躲避敌人是一种耻辱。但处在同一法律中,个人之间发生攻击和斗殴的情况下法律意义上不存在个人荣誉。此时国王和他的法律才是最重要的受害者,因此私人之间不能随意报复。”[③]

关于这点,科克勋爵在其1628年的专著《英国法总论》中写道:

---

① Y. B. Mich. 2 Hen. 6, f. 8, pl. 40(1414).

② See Thomas A. Green, *The Jury and the English Law of Homicide, 1200 – 1600*, Michigan Law Review, Vol. 74, 1976. 这篇文章中,作者根据统计数据发现,14世纪的自卫判决书不仅十分详尽,而且用最能开脱罪责的语言表达被告人自卫杀人的事实,这种情况极其普遍。一份覆盖1351年至1353年的监狱服刑记录显示,在68名谋杀案被告人中,有21名(31%)是出于自卫杀人;另一份记载1351年至1366年期间刑事案件登记册的第一节中,32名杀人罪被告人中有19人(59%)是自卫杀人;1366年至1371年间的157名杀人被告人中,自卫杀人的被告为有59人(38%);在1377年至1385年期间,199名杀人案被告人中有24名涉嫌为自我防卫(12%)。在最后一卷中,根据普通法中严格的自卫规则,26名涉嫌杀人罪被告人中,只有2名被判犯有杀人重罪。以上数据足以证明14世纪陪审团为被告人伪造证据的结论是正确的。

③ W. Blackstone, Ruth Paley, *The Oxford Edition of Blackstone's: Commentaries on the Laws of England: Book IV: Of Public Wrongs*, Oxford University Press, 2016, p. 185.

> 有些出于行为人自愿却由于不可避免的原因而做出的行为并不是重罪。例如B攻击了A,二者发生了冲突,在任何致命的攻击之前,必须退到不能越过的篱笆、城墙或其他狭窄处;而被害人出于自卫,为了保全自己的性命杀害了侵害人。这虽然是故意的,但不是重罪。有些情况下防卫人没有退到墙边,或其由于不可避免的原因,如小偷在室外或在其家里抢劫或企图谋杀B,在攻击的过程中B在防卫时杀死窃贼,这不是重罪;因为一个人永远不会让位于生命等。他也必不丧失什么。[①]

马修·黑尔在《国王诉讼的历史》(*The History of The Pleas of the Crown*)一书中也表达了类似的观点。[②] 美国最早的自卫规则中规定了一般的撤退义务,但也承认上述例外。然而,在19世纪中后期,随着美国本土法律评论员、有影响力的州最高法院的出现,美国的做法发生了变化,美国联邦最高法院的意见形成了一种更加坚定的立场原则,成为这个国家广泛采用的自卫基础。

根据撤退理论,英国法院开辟了另一个杀人罪的例外,并将其命名为"城堡主义"(castle doctrine)。根据这一理论,行为人在自己的住所内遭遇重罪袭击时可以不履行撤退义务,理由是如果放弃自卫则意味着放弃了法律授予的对"城堡"的保护权。[③] 换言之,无论何种情况下只要攻击者侵犯的是国王的和平与国王的法律,则行为人以自卫的形式对其进行反击便属于正当性行为。这是普通法最早关于城堡主义理论的解释,也是美国现代"坚守阵地法"(stand on your ground law)的理论基础。

---

① Edward Coke, *The Third Part of the Institutes of The Laws Of England*, A. Crooke Press, 1669, p. 56.

② See Matthew Hale, *The History of The Pleas of the Crown*, E. And R. Brooke Press, 1736, p. 481.

③ See 26 Lib. Ass. pl. 23; 21 H. VII. 39, pl. 50; R. v. Ford, J. Kel. 51; 1 Hale P. C. 486; Joseph H. B. Beale, *Retreat from a Murderous Assault*, Harvard Law Review, Vol. 16, 1903.

2. 他人防卫规则的发展

对于他人防卫的认定规则，中世纪普通法也通常隐藏在自我防卫情节中。如前所述，陪审团总是尽量将个人对财产、住房和家人的防卫充分纳入正当防卫的范畴。如防卫亲属也被解释为正当防卫，因为这样做有利于被告人被无罪释放。直到 1506 年出现了有关防卫亲属的论述：“若主人面临侵害无法逃脱，仆人可将侵害人杀死以保护其主人安全。”① 托马斯 · A. 格林（Thomas A. Green）教授认为第一例明确的有关防卫亲属的文献出现在 16 世纪 30 年代。“菲茨赫伯特提出了一份起诉书大意是说，帕克发现其妻子与另一男子通奸，便当场杀了男方。所有法官一致认为这是重罪，但我（斯佩尔曼评论员）提出了一种情况，帕克发现其妻子正在被人强奸，于是使用武力防卫她。”②有关他人防卫的条件，在早期要求防卫人与受保护人之间存在某种亲属关系，如二者之间是主仆关系或者配偶关系。随着时间的推移，法律扩大了他人防卫的条件，不再局限于亲属之间。布莱克斯通提到，普通公民可以或有义务阻止其他公民犯下重罪，或者逮捕犯下重罪的人，这不仅是一种权利，也是他们的义务。③

3. 关于财产防卫的普通法规则

财产防卫的规定也是在自卫理论的基础上发展起来的。14 世纪陪审团常常将自我防卫的理论运用到财产防卫案中。同时，法官们制定了新的规则，给予入室行窃的受害者更大的权利击退侵害人。1356 年普通法确立了一项规则：行为人可以杀死非法侵害其财产并意图放火烧毁其房屋的人。

---

① Y. B. Mich. 21 Hen. 7, f. 39, pl. 50(1506).

② Thomas A. Green, *The Jury and the English Law of Homicide, 1200 – 1600*, Michigan Law Review, Vol. 74, 1976.

③ See W. Blackstone & Ruth Paley, *The Oxford Edition of Blackstone's: Commentaries on the Laws of England: Book IV: Of Public Wrongs*, Oxford University Press, 2016, p. 178 – 179.

1366 年尼尔案(Neel's Case)[①]确认了以自我防卫为基础的财产防卫可免责的普通法规则。1366 年一天半夜,被害人雷金纳德·沃尔什曼(Reginald Walshman)来到被告人约翰·尼尔(John Neel)家,要求当时正在睡觉的约翰开门让其进去。约翰拒绝了此事,雷金纳德表示若约翰不允许他进去,他将烧毁约翰房内的一切,包括被告人夫妻二人。约翰意识到其生命与财产将受到威胁,于是前去开门。雷金纳德用石头袭击了约翰的头部并拔出刀欲刺杀他,约翰认为雷金纳德要烧毁其房屋并伤害其性命,于是夺过雷金纳德手里的刀将其刺杀而亡。

该案被告人在监禁 7 个月后被无罪释放,且法院将无罪释放的条件认定为被告人存在自卫情节。这种将财产防卫与自我防卫情形相结合的做法表明自我防卫的范围在 14 世纪中期后开始扩展到财产防卫,且该案表明这种扩展已经基本完成,财产防卫的可免责性在普通法中得以确立。

(二)制定法中的防卫规则:免责事由转为正当性事由

19 世纪中叶以前,英国刑法主要以普通法作为法律渊源,有关刑法内容制定法较少,但关于防卫性质的转变依旧可以从分散的法令中找到重要的证据。有关防卫规则的制定法主要包括:1278 年英国《格洛斯特法令》、1532 年英国《杀害盗窃犯法案》和 1828 年英国《人身罪法》。

1. 1278 年英国《格洛斯特法令》[②]

1278 年,爱德华一世颁布了英国《格洛斯特法令》。其中规定:因自卫杀人的被告人必须在监狱里等待王室法院的赦免,即使最后得到赦免,被告人也必须将其财产上交给国王作为无罪释放的条件。[③] 另外,自卫杀人以法律形式固定为只包括当面临紧急危害时保护自己生命安全所采取的最后手段。因此,爱德华一世时期只有执行国王命令下的杀人

---

① JusT 3/142,m. 17d/1(1366).

② 6 Edw. 1,c. 9(Eng.).

③ 6 Edw. 1,c. 9(Eng.). p. 419.

行为才是正当的,其他案件无论是意外事件还是必要的自卫行为,被告人都需要被定罪处罚。英国《格洛斯特法令》颁布以前大法官办公时经常需要根据询问被逮捕者是否在杀人之前存在遭遇不幸或者进行防卫等情况签发不同的令状,该法令颁布以后这种方式被禁止,法令规定巡回法院的法官必须直接对被逮捕者进行审判,之后将判决书交给国王,国王如果愿意便可将其赦免。但若防卫行为并非必要则被告既不能被无罪释放也无法得到国王的赦免。① 这种程序上的变化表明自卫杀人行为被赦免的概率大大增加。在14世纪之前(爱德华一世时期)关于自卫杀人的法律一直遵循英国《格洛斯特法令》的相关内容并保持着固定不变的状态。

2. 1532年英国《杀害盗窃犯法案》②

1532年亨利八世颁布英国《杀害盗窃犯法案》。该法案规定:当行为人在公共道路及附近或者房屋内以恶意实施重罪上的抢劫或谋杀行为,因该行为导致被他人实施防卫而杀害的处罚问题存在模糊与不确定性时,过去的法令规定防卫杀人者需被没收其财产。现在法律明确规定,任何人因以上理由被起诉或上诉,他无须承担被没收财产的风险,也不会失去任何动产、不动产及其他财物,并依法无罪释放或者不应被指控,就像对待正当性杀人那样。

该法案标志着至少从亨利八世统治时期开始,为保护自己、家人和邻居而杀死正在实施犯罪的强盗、窃贼或其他非法侵害者的行为从一项免责性事由转化为正当性事由。该法明确了防卫人在高速公路上杀死强盗或夜间入室盗窃的窃贼可以无罪释放且不必上交财产,故此类防卫行为被法律认定为正当性杀人,即不仅不应被入罪且该行为值得鼓励。

---

① See Joseph H. Jr. Beale, *Retreat from a Murderous Assault*, Harvard Law Review, Vol. 16, 1903. 在此时期,自卫行为一定会被赦免,接受国王的谈话只是一种形式,最终由王室法院的法官以国王的名义签署赦免令。到爱德华三世统治初期,他对自卫的审判程序表示反对,认为法院应直接认定自卫行为无罪无须经过形式上国王的赦免。

② Killing a Thief Act 1532, 24 Hen. 8, c. 5(Eng.).

但“这项法令只是用法律形式明确了杀死强盗或小偷的行为是正当事由，其并未真正消除正当性杀人和免责性杀人之间的区别（因为针对被起诉为重罪的杀人行为依然要经过法律程序上的赦免才能被认定为无罪）直到19世纪这一区分依然保留在刑法论著中”[①]。同时，该法仅仅针对抢劫或谋杀类的重罪行为，而因强奸而防卫杀人的行为仍然不属于正当性事由，也不包括任何非暴力犯罪，如盗窃或白天入室盗窃，除非有入室抢劫的企图。对杀人罪行的划分导致英国法律史上关于赋权性杀人与免责性杀人之间的界限长期处于模糊不清的状态，且二者在司法处分上存在不一致的问题，由于缺乏相关案例，这种区别已经成为一种纯学术问题。

综上所述，亨利八世时期的法律虽然在条款上规定自卫行为只涉及没收，但普通法院很快将其解释为无罪释放而无须经过任何赦免程序。因此，衡平法上的自我防卫部分通过法令，部分通过法院自由裁量，成为一种正当性事由。

3. 1828年《人身罪法》[②]

1828年乔治四世时期所颁布的英国《人身罪法》正式废除了防卫杀人判处没收财物的规定。其中第10条规定：按照其成文法则规定，以其本人的防卫或任何其他无重罪的方式杀害他人的不会受到惩罚或财产类没收。至此因正当防卫而杀人的范围不再局限于对抢劫、强盗等重罪的防卫，此类防卫行为无须接受任何形式的惩罚，自卫杀人与正当性杀人之间的实质区别正式消除。换言之，虽然自卫杀人属于免责性杀人事由，但与正当性杀人的审理结果没有任何区别，这使得自卫杀人从实质上成为一种正当性事由。

---

① Claire O. Finkelstein, *Self-Defense as a Rational Excuse*, University of Pittsburgh Law Review, Vol. 57, 1996. 即使在18世纪自然法学影响下，这种区分也没有消失，代表国王而实施的杀人行为与代表个人实施的自卫杀人行为所承担的法律责任完全不同。

② 59 Geo. 4, ch. 10, § 1(1828).

4. 1861 年英国《侵犯公民人身罪法案》

1861 年英国《侵犯公民人身罪法案》对防卫性质进行了明确的规定,即将正当性杀人分为三类:第一,因执法行为致人死亡;第二,自我防卫致人死亡;第三,因意外事故致人死亡。英国《侵犯公民人身罪法案》规定:"任何人遭受他人侵犯而进行防卫,或因他人非重罪行为而防卫杀人的,均不受处罚或没收财物。"该法延续了 1828 年英国《人身罪法》中的规定,使自我防卫行为成为一项正当性事由。此外,早在 18 世纪英国学术界便对防卫性质的认定展开了激烈的探讨,迈克尔·福斯特(Michael Foster)在论著中多次提到自然法则是自卫的源泉。但即使如此,福斯特亦承认自卫、犯罪控制和普通法上的正当性事由之间的密切关系,认为在面对犯有重罪的侵害人进行撤退的情况下,个人的防卫本能与社会的公共利益是一致的。① 1803 年爱德华·海德·伊斯特(Edward Hyde East)针对这一问题进行了明确的说明:"只有对重罪侵害行为所实施的防卫杀人才能被认定为正当性事由。而基于非重罪攻击或被侵犯财产的自我防卫行为仅属于免责性事由。"②到此为止,关于防卫行为性质的争论随着英国《侵犯公民人身罪法案》的颁布终于告一段落。自此,普通法中对正当防卫的认定主要依赖两大要件:防卫武力的合理性和防卫行为的必要性。

(三)早期普通法防卫规则的评价

根据前文所述,关于个人防卫的普通法规则一方面源自国王或法律对其臣民的授权,即王权的衍生权,故有针对侵害行为的轻重来区分防卫行为性质的问题;另一方面,源于人类内心对正义的天然向往,即对紧急性的不法侵害进行防卫多数是出于人类的天性。但处于国王秩序下

---

① See Darrell A. H. Miller, *Self-Defense, Defense of Others, and the State, Law and Contemporary Problems*, http://scholarship. law. duke. edu/lcp/vol80/iss2/4.

② Edward Hyde East, *A Treatise of the Pleas of the Crown*, A. Strahan, Law-printer to the King Press, 1803, p. 271 – 272.

的防卫行为必须受到一定程度的限制,否则将造成对王国法律与秩序的侵犯,故在权衡正义与秩序中发展出了防卫必要性的普通法规则。这一时期普通法防卫规则的发展主要表现为以下几点。

第一,在普通法规则中,防卫杀人的性质认定分为正当性事由与免责事由。从已有史料中无法得知自卫杀人在国王的赦免中如何演变为一项权利或正当性事由,但大法官们频繁地以国王的名义签署赦免令致使衡平法院最终对此类案件获得了管辖权。由此,自卫案件中的赦免在很大程度上成为公平且理所当然的理由。如为执行国家法律而实施的杀人行为是正当的,为防卫抢劫、入室盗窃等实施的杀人行为也是正当的。在王权垄断暴力的前提下,杀人行为只有符合王权利益才属于正当行为而无须经过国王赦免。但在双方互殴事件中所实施的防卫杀人只是免责性事由,并且要求防卫人在实施致命武力之前必须撤退。由私人冲突引发的攻击与防卫被认为是对国王和平造成破坏的行为,同时该行为存在剥夺他人生命的巨大风险,即使防卫人面临人身危险也不能被认为是正当行为。正如马修·黑尔所制定的普遍规则:国王垄断暴力,私人之间不得(彼此)实施重罪性质的报复。相反,个人可以杀死小偷,因为行为人通过杀人行为履行了公共服务,甚至可能是一项公共义务。①

第二,从普通法规则对防卫的概念中可以总结出以下特点:(1)非出于必要性的自卫杀人不能被赦免,故要求防卫人先行退避、求救或用尽其他方法。(2)防卫的范围只限于防卫人自己的生命安全与身体完整,故不能使用致命武力进行财产防卫。(3)他人防卫仅限于防卫人的近亲属,不能对陌生人实施他人防卫。(4)将侵害行为区分重罪与轻罪,并根据侵害行为的严重程度作为判断防卫行为是否免责的条件之一。(5)对反击抢劫、入室行窃的行为性质的规定模糊,没有真正消除正当性杀人与免责性杀人之间的区别,并且这一问题一直持续到19世纪。

---

① See Sir Matthew Hale, *The History of The Pleas of the Crown*, E. And R. Brooke Press, 1736, p. 481.

第三,英国普通法规则直接影响了美国建国早期对正当性杀人与免责性杀人之间的区别。1790 年在美国记录最早的刑事案件之一中,一位新泽西州的法官在陪审团指示中提道:“在某种情况下杀人是正当性事由,而另一些情况下是可免责性事由……”[①]1806 年美国发生的一起影响重大的谋杀案审判中,陪审团的指控再次明确区分防止重罪攻击的正当杀人和防止轻罪攻击的免责性杀人。[②] 从早期的判例中看,二者之间仅存在概念上的区别,未有证据表明在美国免责性杀人需要像英国历史上那样承担没收财产的责任。但这种区别直接影响了美国刑法对抗辩事由的分类,即使后来美国脱离英国影响,建立了独立的刑事正当防卫制度,并将正当防卫明确归于正当性抗辩事由,但是围绕正当防卫的性质所展开的辩论依然离不开对以上两种事由的分析。

二、17～18 世纪自然法思想对普通法防卫观的影响

文艺复兴、宗教改革与资本主义在欧洲的崛起是 18 世纪人类理性与自然法的发展主要因素。自然法学思想深刻影响了英美法律思想与法律制度,“美国自从有它的法律制度开始,就带有西方近代法的特点,合众国的缔造者们所接受的法律教育实际上是欧洲的法律教育,他们的法律思想实际上就是欧洲 17～18 世纪自然法学的一部分”[③]。英美刑事正当防卫制度中所蕴含的个人主义便是对自然法思想继承的结果,自然法是一种“许多人类行为的真实指示,每个人都可以很容易地为自己制定出来的观点”[④]。

(一)近代普通法刑事防卫理论的分歧:霍布斯与洛克之争

理性主义作为一种思想武器深刻地影响了西方法学的变革,该理论

---

① State v. Wells,1 N. J. L. 424,427(1790).

② See Commonwealth v. Selfridge,2 Am. St. Trials 544(1806).

③ 徐爱国:《西方刑法思想史》,中国民主法制出版社 2016 年版,第 82 页。

④ McInerny Ralph, *The Principles of Natural Law*, American Journal of Jurisprudence, Vol. 25, 1980.

运用到法学领域推动了古典自然法学的产生。古典自然法学主张以人类本性或理性为出发点推演出具有普适性的法律,这种自然法高于以政治社会为基础的国家与法律,并倡导以其为原则指导国家与法律的运行。该学说主张,人类在进入文明社会之前主要生活在自然状态中,而先于国家出现的正当防卫权理论就是建立在自然权利理论之上的,其中最具代表性的人物莫过于霍布斯与洛克。

霍布斯认为自然状态是一种人与人之间的战争状态。[①] 相反,洛克认为自然状态并非战争状态,而是一种人与人之间所享有的平等与自由的状态,所有人都享有普遍的自然权利,没有一个人享有多于别人的权利。[②] 洛克在这里专门提道:“自然状态有一种为人人所应遵守的自然法对他起支配作用;而理性,也就是自然法,教导着有意遵从理性的全人类:人们既然都是平等和独立的,任何人就不得侵害他人生命、健康、自由或财产。”[③]可见,对自然状态的预设是洛克与霍布斯出现理论分歧的根源,也是二者对防卫权产生不同观点的根源。霍布斯认为,自然状态与战争状态属于同种概念的不同表述,即自然状态就是一种战争状态,人类社会本身就具有不可调和的矛盾。因此,个人保全始于人之本性是自然状态的必要组成部分。在提到防卫问题时霍布斯认为:“当一个人受到攻击、害怕立即丧生时,如果他除了击伤攻击他的人以外,便找不出怎样躲避的方法,那么他击伤对方致死,也不是罪行。”[④]在他看来,自我保全是一种优于任何权利的绝对权利,这种权利以人的本性为基础囊括在国家形态中。因此,即使建立国家也不能将此权利予以让渡。

相反,洛克认为自然状态应当是一种和平且自由的相处模式,战争状态是个人行为支配下对自然状态的破坏,属于“非自然”状态。故防卫权的存在基础不再是霍布斯理论中的权利理论,而恰是为维护权利所产

① 参见[英]霍布斯:《利维坦》,黎思复、黎廷弼译,商务印书馆 1985 年版,第 94 页。

② 参见[英]洛克:《政府论》(下篇),叶启芳、瞿菊农译,商务印书馆 2017 年版,第 3 页。

③ [英]洛克:《政府论》(下篇),叶启芳、瞿菊农译,商务印书馆 2017 年版,第 3 页。

④ 徐爱国:《西方刑法思想史》,中国民主法制出版社 2016 年版,第 232 页。

生的一种救济,或称之为惩罚。根据洛克的观点,基于对自然法的遵循义务,任何人都有惩罚破坏和平的权利。于是,任何人都可以将自己的权利视为权利的代表,从而使保护自己权利的行为达到保护普遍权利的效果,并使法律制度与权利体系真正得以有效运转。[①] 随着国家的出现,个人对此类权利的让渡构成了国家惩罚权的正当性基础,正如贝卡里亚所言,公权力的惩罚权正是来自"人们割让自己的一部分自由,而且,无疑每个人都希望交给公共保存的那份自由尽量少些,只要足以让别人保护自己就行了,这一份最少量自由的结晶形成惩罚权"[②]。因此,在国家惩罚权未得及时出现的情况下,公民的惩罚权便获得了恢复,这就是现代西方国家理论下防卫权的理论基础。

此外,自然状态的暂时性与动荡性决定了人类必须过渡到文明社会才能保持长久的和平与财富,而实现这一目标的主要途径便是建立社会契约,即人类放弃自然状态下的部分权利(自然权利),将其交给个人或集体统一管辖,故主权来自每个人的自然权利。个人自然权利的放弃程度与权利转让对象决定了一个国家的政体形式。霍布斯主张将自然权利全部转让给主权者,故其认为君主制是最好的政体。洛克主张人类的生命、自由和财产是天生的不可放弃的权利,认为君主立宪是最好的政体形式。不论哪一种主张,以上观点均认为国家起源于契约,而英国法治主义则在这种社会契约论的基础上应运而生。

英国近代刑法思想与理论是自然法思想的映射,这种映射的依据在于其适应了英国资本主义的发展需求。尤其是 1688 年光荣革命以后,英国建立了君主立宪的政治体制,将国家建立的目标定位在保护私有财产上。这一时期,资产阶级在政治和法律上均需要宽松、稳定的环境,而自然法的理论迎合了资产阶级对维护革命成果的需求。洛克将自然状态描述为自由、平等的世界,正反映了资产阶级对有利于工商业发展的

---

① 参见程燎原、王人博:《权利论》,广西师范大学出版社 2014 年版,第 160 页。

② [意]切萨雷·贝卡里亚:《论犯罪与刑罚》,黄风译,北京大学出版社 2008 年版,第 9 页。

和平环境的渴望。因此,在福柯看来18世纪是西方社会刑法的重大转折时期,刑罚从酷刑转变为人道主义惩罚,从对身体的折磨转变为对犯罪人思想与行为的规制,这一转折的理论基础便是社会契约论,犯罪人的本质从过去对君主的侵犯转变为对社会契约的破坏,将犯罪行为置于整个社会的对立面。

(二)自然法思想对普通法防卫性质的影响:从免责性事由到正当性事由

自然法透过英美刑法思想直接影响到防卫理论的转变。英国早期普通法中防卫仅作为可免责性事由,其本身并非主张行为人适当使用武力,而是根据最基本的常识判定。在紧急时刻人类只有杀死侵害人才能挽救自己的性命,故要求防卫人必须履行撤退义务,因为只有在退无可退的时刻才能从客观上证明其确实面临着紧迫性的侵害。普通法强调防卫人非自愿的主观意念,即实施杀人行为在紧急状态下是一种别无选择的选择,对别无选择的强调是为了从道德上支撑赦免防卫性杀人,即防卫人并无实施杀人的故意,此为出于人类理性的选择,故防卫人不应因为这种行为受到惩罚。

因此,在普通法规则中,问题的关键不在于双方因何事发生斗殴,而在于防卫人实施杀人行为的压力是否真实存在。值得注意的是,防卫杀人的免责性事由不仅存在于英国普通法中,16世纪的欧洲大陆国家对防卫性质的认定也是如此,尤其是早期的法兰西需要通过王室赦免令免去防卫人的罪责。[①] 从法律史的角度看,这一时期欧洲大陆与英格兰对防卫杀人性质的认定离不开当时的国家政权背景,即在中央集权式的王权统治下,正当防卫本质上是王权的衍生品。正如前述提到英国法学家马修·黑尔所言:"国王垄断暴力,私人之间不得实施重罪报复,相反,个人可以杀死小偷,因为他在履行一种公共职责。"[②]迈克尔·福斯特也认为,

---

① 参见[美]乔治·弗莱彻:《反思刑法》,邓子滨译,华夏出版社2008年版,第623页。

② Sir Matthew Hale, *The History of The Pleas of the Crown*, E. And R. Brooke Press, 1736, p. 481.

在面对杀人、抢劫、入室盗窃或放火的情况下，使用致命武力进行防卫体现了自然和社会责任的统一。[①] 在英国普通法中只有代表国家或国王执行法律的行为才能被认定为正当性事由，而基于保护个人权利实施的防卫归根结底是对国王和平的一种破坏，无法直接获得正当性。因而，这种正当性与免责性的区别所依附的理论便是国家对私人权利的挤占。

自然法思想与社会契约论的产生对正当防卫理论最直接的影响是个人自治理论的提出。依据个人自治理论，防卫行为的性质获得了正当性。个人自治的关键不在于判断是否存在利益上的冲突，而在于维护防卫人的自治权，即侵害人对防卫人实施侵害行为破坏了合法防卫人的自治领域，故防卫人有权通过武力恢复其原始的权利状态。虽然个人自治理论有很深的历史根基，但在 17 世纪才被明确地表达出来。爱德华·柯克曾写道："任何人都不应向窃贼之类的人让步，都不应放弃任何东西。"[②]霍布斯认为："当一个人受到攻击而害怕立即丧生时，如果他除开伤害攻击他的人以外找不出怎样躲避的方法，那么他击伤对方致死，也不是罪行。"[③]17 世纪洛克在《政府论》中也阐述了正当防卫的自治理论："我享有毁灭那以毁灭来威胁我的东西的权利，这是合理和正当的。"[④]洛克的意思很明确，即侵害人与防卫人处于战争状态，因为侵害人违反了自治主体之间的契约关系，而这种契约是建立在人类天生的自由、平等和独立的自然法基础上，任何个人与国家都有义务尊重他人的生存空间，否则个人便获得了实施正当防卫的权利。

最典型的用个人自治理论解释防卫行为的正当性发生在德国刑法理论界，这反映了 19 世纪德国对自由主义的一种推崇。虽然洛克并非

---

① See Darrell A. H. Miller, *Self-Defense, Defense of Others, and the State*, *Law and Contemporary Problems*, http://scholarship.law.duke.edu/lcp/vol80/iss2/4.

② Sir Edward Coke, *The Third Part of the Institutes of The Laws Of England*, A. Crooke Press, 1669, p. 55.

③ ［英］霍布斯：《利维坦》，黎思复、黎廷弼译，商务印书馆 2017 年版，第 232 页。

④ ［英］洛克：《政府论》（下篇），叶启芳、瞿菊农译，商务印书馆 2018 年版，第 11 页。

法学领域的引领者,但他的公民自治理论对普通法防卫规则产生了重要的影响,主要包括“城堡主义”的确立和每个人有防止重罪的绝对权力。普通法防卫规则对自治理论的运用也契合了刑法威慑反社会行为的目的,二者之间的有效结合符合英美法治理念的需求。

自治理论与普通法免责事由的区别直接导致对防卫中退避义务的不同态度。根据前述分析,从普通法规则中可以推导出退避义务,因为只有行为人在退无可退的情况下才能被赦免杀人行为。但是在个人自治理论下,防卫人的个人权利才是正当防卫所追求的最终价值,任何个人与国家都有义务尊重个人生存空间。正如德国著名的防卫理论中所述:正无须向不正屈服。若防卫人有退避义务就意味着其有义务向不正让步,故从自治理论中推导出的防卫是无须履行退避义务的。

自然法思想下衍生出的自治理论与普通法规则中的免责理论共同构成了 18 世纪后普通法防卫规则的理论基础。虽然自然法思想在 18 世纪影响了英国刑法,但是这一思想在英美法学建立之初并没有完全融入普通法中。18 世纪,布莱克斯通所奠定的防卫理论是排除个人自治原则的。布莱克斯通反对洛克将防卫比作战争,理由是“国王及其法庭是讨公道的地方,可以受到违法伤害的人所有应得的补偿”①。布莱克斯通的主张本质上是指防卫的特权取自于国家对暴力的垄断,他将国家视为公民权利的守护人,这种观念直接否定了个人自治理论在防卫中的意义。尽管如此,自治理论依旧对普通法防卫规则产生了重要的影响,例如对住宅防卫的规定便充分体现了对自治理论的采纳。普通法规则与自治理论之间的较量直接体现在 19 世纪的美国判例法冲突中。但在这场较量中自治原则占据了优势,对自治理论的“守护”表现在一系列判决意见中。尤其是现代美国在正当防卫规定中,越来越多的州趋向于制定“不退让法”维护防卫人的权利。

---

① [美]乔治·弗莱彻:《反思刑法》,邓子滨译,华夏出版社 2008 年版,第 630 页。

第二节 19世纪刑事正当防卫在普通法中的发展

18世纪、19世纪的英国普通法从封建法转变为资本主义性质的法律,古老的法律原则和法律概念被赋予了全新的资本主义内涵。基于历史的原因,美国刑法毫无例外地受到普通法的影响,即19世纪以前主要援用英国普通法规则。1776年至19世纪中叶是美国法律的形成时期。从殖民地时期开始,美国刑法不仅沿用英国判例法,而且有些本地的上诉案件需要直接送去英国审理,故对普通法的继承便成为美国法律最主要的特征。独立后,美国通过成文法和新判例对普通法进行了创新并建立了自己的刑事法律制度。目前,根据笔者对判例的搜索能找到美国关于正当防卫最早的判例是在18世纪末期。从18世纪末到19世纪中期,美国正当防卫规则在英国普通法的基础上得到了长足的发展。以下将通过对早期判例的梳理分析以美国为代表的防卫规则对普通法的发展与创新。

一、19世纪中期以前美国判例法对防卫规则的沿用

美国历史上第一起典型的正当防卫案件是1790年的威尔斯案(State v. Wells),第二例代表性案件是1806年的塞尔弗里奇案(Commonwealth v. Selfridge)。塞尔弗里奇案之后,从1800年到1850年,美国有关自卫法的案件非常少,直到1830年格兰杰案(Grainger v. State)是40年后出现的又一起正当防卫案件,而对防卫规则的发展具有重大意义的是1848年的门罗案(Monroe v. State),[①]该案中法院对自卫的认定标准采取了主观主义判断标准。

---

① See Richard Singer, *Resurgence of Mens Rea: II—Honest but Unreasonable Mistake of Fact in Self Defense*, Boston College Law Review, Vol. 28:3, 1986.

(一)1790 年威尔斯案[1]:英国建国后第一起正当防卫案

1790 年,美国新泽西州发生了一起因斗殴引发的杀人案件,这是美国判例史上第一起关于正当防卫的案件。该案的被告人威尔斯(Wells)与被害人詹姆斯·库珀(James Cooper)之间存在多年的纷争。1789 年 11 月 23 日,双方又因琐事发生了争吵与斗殴,被害人将被告人威尔斯推倒在地,威尔斯随手捡起旁边的棍子将受害人打死。经初审,法官认为,没有证据证明这起杀人案件是有预谋的犯罪,只是突发性斗殴致人死亡,故被告人被指控犯有过失杀人罪。一审过后,被告人威尔斯的辩护律师向新泽西最高法院提起上诉要求重新审理该案,理由是被告人的杀人行为具有可免责性。主审法官在确认被告人杀人行为证据充分后向陪审团指示以下几点:(1)有些杀人案件是正当性事由,而有些是可免责性事由;(2)在互殴案件中,只有以明确的形式表明一方希望退出或者已经做出了让对方知道的退避行为,被告人的杀人行为才具有可免责的情形;(3)被告人在安全的前提下尽可能撤退,但撤退未能成功阻止对方的致命袭击,出于必要才实施了防卫性杀人行为。该案法官认为,被害人在斗殴中没有携带任何武器,因此被告人实施杀人的行为便不符合防卫规则中的必要性要件。最后,法官总结到,任何人实施杀人行为都不具有正当性或免责性,除非杀人具有明显的必要性,杀人行为是保护自己生命或身体不受重大伤害的唯一途径,故驳回被告人的重审请求,维持原判,被告人被判处过失杀人罪。

显然,威尔斯案的审理沿用了英国普通法规则对正当性杀人与可免责性杀人的区别性规定,判决书中法官引用了英国法院在奈勒(Nailor)案中观点,认为该案成立过失杀人罪,不属于可免责性事由。同时法官重申了普通法对防卫规则的适用:(1)以自我防卫为由的杀人,必须清楚地表明致命武力是为了避免严重的身体伤害而采取的自卫行为。(2)任何人无权使用致命的武器防卫自己的财产,除非是在住所内防卫非法侵

---

[1] State v. Wells 1 N. J. L. 424(1790).

入者。(3)如果有证据证明被告人的杀人行为,其良好的品行对其杀人行为不具有任何抗辩效用。

(二)1806 年塞尔弗里奇案[①]:首次将防卫重罪的行为称为"自卫"

被告人塞尔弗里奇(Selfridge)是美国的一名律师,同时也是著名的联邦党人,被害人是美国著名法律改革家本杰明·奥斯丁的儿子查尔斯·奥斯丁(Charles Austin)。被告人因与被害人奥斯丁政治意见不同而引发争执,塞尔弗里奇要求奥斯丁撤回公开诽谤他的言论,但是奥斯丁仅进行了口头撤回而拒绝公开发表撤回声明。后此事件引发的二人之间的政治冲突不幸地发展成为一件刑事案件。

奥斯丁向被告人发出警告,尽管他身体虚弱不会"亲自干涉塞尔弗里奇",但他会安排"一个与他地位相当的人去控制他"。被告人得知此事后便出门携带了手枪以防身。奥斯丁的儿子查尔斯年仅 18 岁,得知其父与塞尔弗里奇之间的争执后,购买了一根 9 盎司重的手杖。1806 年 8 月 4 日,二人在街头相遇,查尔斯立刻举着手杖向他走来似乎准备动手。塞尔弗里奇拔出手枪朝查尔斯开了一枪,查尔斯同时攻击了被告人并将其打至重伤。不久后查尔斯因枪伤治疗无效死亡。但没有确切证据证明塞尔弗里奇与查尔斯之间是谁先实施了侵害行为。1806 年 12 月 23 日,塞尔弗里奇被指控为过失杀人,在马萨诸塞州最高法院进行审理。此案便是美国历史上一起非常著名的刑事案件,也是美国第一次使用"自卫"一词描述对重罪的防卫行为。

主审大法官帕克的审理意见是:"不能将正当性的杀人行为认定为过失杀人,或者将过失杀人认定为谋杀。行为人的行为性质必须取决于行为人当时的意图。因此,陪审团必须根据行为人的意图确定行为的性质,而非根据行为的方式或案件本身。我们的法律是这样规定的,这也符合上帝和理性的要求。"[②]

---

① Commonwealth v. Selfridge, 2 Am. St. Trials 544(1806).

② Commonwealth v. Selfridge, 2 Am. St. Trials 544(1806).

同时,大陪审团指示再次声明行为人可以为了保护自己而以武力击退任何有明显意图以暴力或突然袭击的方式杀害他的人。他无须撤退可以直接攻击对方直到脱离一切危险;如果他杀害了侵害人,可以认定为正当性防卫……根据当时的情况,从侵害的方式、武器等方面判断,行为人的生命显然处于紧迫性的危险之中,对侵害人的杀害不能被认为是故意杀人。但如果行为人有合理的理由相信被害人即将对其实施重罪性质的攻击,即使事后有证据表明被害人并无此意图,也不应被认定为谋杀,可以根据行为人是否履行注意义务或可能性理由认定为过失杀人或者可免责性杀人。①

帕克法官继续指出,当被告人杀掉持枪的受害人后,发现其手中的枪没有子弹,受害人的意图只是要恐吓被告人,理性的人会认为一个人杀掉手中有子弹的持枪者的罪行更严重吗?持有肯定观点的人要求必须做到,被告人被持枪者攻击之前必须先停止反抗,了解清楚对方的枪支是否存有子弹。②

塞尔弗里奇案再次明确区分了防止重罪的正当杀人和防止非重罪袭击的免责性杀人,同时第一次将防止重罪的杀人称为正当性防卫。另外,在该案中确立了行为人在防卫中对事实认识错误的判断标准,即以主观判断为主,客观判断为辅。其中,主观判断指根据行为当时的情况判断其是否有合理的理由相信被侵害人即将对其实施侵害行为。客观判断标准则指判断理性人或一般人在当时是否会作出同行为人一致的选择。塞尔弗里奇最后被陪审团宣告无罪,其被指控的过失杀人罪不成立。无罪释放的依据是被告人虽然对事实认识存在错误,但是错误在合理的范围内,故其依然有权坚守阵地自我防卫。

之后美国许多判例都援引了这条陪审团指示,1914 年《美国州法审判》的编辑在一篇文章中宣称,塞尔弗里奇案“在今天可能仍是美国自卫

---

① See Commonwealth v. Selfridge, 2 Am. St. Trials 692(1806).

② See Commonwealth v. Selfridge, 2 Am. St. Trials 692(1806).

法的主要权威"[①]。如前所述,该案在美国历史上是第一例对防御重罪使用"正当防卫"一词的案例,同时该案重申了法官对合理性规则的解释权。然而,之后的法院在合理相信规则上对该案的援引是非常薄弱的,因为该案中的合理相信只是防卫人在防卫武力上有一定的认识错误,而对存在致命武力威胁的判断是正确的。故塞尔弗里奇案在美国正当防卫历史上虽然具有开创性,但是其并未被后来的法院作为先例过多引用。

(三)1830年格兰杰案[②]:正当防卫中合理相信原则的确立

塞尔弗里奇案之后,从1800年到1850年的50年间,美国有关正当防卫的案件很少。下一个出现的案例是1830年的格兰杰案,这是一起典型的正当防卫案。

1829年7月9日,布罗奇、死者和亨森在诺伍德家里。被告人格兰杰是一名猎人,9日晚上格兰杰携带猎枪来到诺伍德家做客,后被告人与被害人布罗奇发生了争执。被害人布罗奇先在被告人胸脯上狠狠地打了一拳,被告人在遭遇了人身攻击以后选择了逃跑回家中,但是被害人布罗奇骑着马追至其家门外直到被告说:"如果你再追着我不放,我会用枪射杀了你。"布罗奇回答说:"我不怕你开枪,你连猫都不会杀,开枪吧!"之后被告人格兰杰开枪打死了布罗奇。

法院经审理得出结论:"被告人当时表现得像个胆小怕事的人;他非常惊慌,面临着强烈攻击和殴打的急迫危险,因此被切断了可能获救的机会。毫无疑问,这种行为是恐惧的结果。同样可以肯定的是,被害人的目的只是想攻击格兰杰的人身,而不是要杀害他。如果陪审团认为格兰杰因布罗奇而有身体受到严重伤害的危险或被告相信存在有这种危险,那么被告人的杀人行为就是自卫。"同时,法院认为,"行为人客观上

---

① Richard Singer, *Resurgence of Mens Rea: II—Honest but Unreasonable Mistake of Fact in Self Defense*, Boston College Law Review, Vol. 28:3, 1986.

② Grainger v. State 13 Tenn. 459(1830).

没有遭受严重身体伤害的危险，但由于恐惧、惊慌或胆怯，误以为其面临严重身体伤害的威胁而实施了杀人行为，这既不是过失杀人，也不是谋杀，而是自卫。但若行为人相信对方仅对其进行非致命性的人身攻击却杀死对方，那么该行为就是过失杀人”[①]。至此，法院的审理意见已经明确表明判断行为人的防卫意图应当以被告人在行为时的主观认识为准，而不是用理性人的标准去判断。[②]

(四)1848 年门罗案[③]：美国第一起先发制人的防卫案件

1848 年发生在佐治亚州的门罗案在美国正当防卫史上具有重要的意义，这是美国第一起具有鲜明特征的先发制人性防卫案件。被告人门罗在之前受到了被害人詹姆斯·梅肯的恐吓与殴打，其曾威胁要杀掉被告人。被告人不堪忍受其多次身体与生命威胁，便预先准备好了枪支等待受害人下一次的人身攻击。尽管被告人先于被害人开枪将其打死，但是佐治亚州最高法院推翻了初审判决认定的谋杀罪，并认定被告人的行为属于正当防卫。佐治亚州《刑法》第 4 章第 15 条明文规定：“若行为人为防卫而实施杀人行为，一定是其当时正在面临紧迫和重大的危险，为了保护其生命安全，实施杀人是完全有必要的；同时，被害人必须是侵害人本人，而且在遭受致命攻击之前，行为人真诚且尽力地阻止事态的进一步发展。”该条规定完全沿用了英国普通法中关于防卫的规则，佐治亚

---

① Grainger v. State. 13 Tenn. 459(1830).

② See 13 Tenn. 462(1830). 直到 20 世纪，英国普通法中依然采用客观理性人的标准去判断行为人防卫的正当性，尽管上议院设立了先例，但上诉法院提供了区分挑衅和自卫的政策理由，并认为陪审团应该只适用于“理性的人”的被告的身体特征。See R v. Martin [2003] QB 1 at 6 - 7. 英国学者认为，假设的“理性人”的客观性取决于对一个具有普遍特征的人的概念化，而不是被告人的个人和特有的特征。因此，就心理特征而言，我们假设人们一般是心理健全的、理性的和谨慎的。因此，普通人被称为“理性的人”。任何影响被告忧虑的特殊精神条件都不适用于“理性人”。英国上议院在 Bedder v. Director of Public Prosecution 案的判决中认为，事实调查机关不应将被告人的任何特殊身体特征归因于“理性人”，只可以考虑被告人的年龄和性别。Bedder v. Director of Public Prosecutions [1954] 1 WLR 1119 at 1123.

③ Monroe v. State 5 Ga. 85,136 - 137(1848).

州《刑法》除了废除普通法中规定的可免责性的杀人罪外，没有对普通法规则中的杀人罪做任何修改。

该案中，法官引用了培根的观点："一个人虽然在客观上没有遭遇重大人身伤害的危险，但由于内心的恐惧或胆怯认为其即将遭受重大身体伤害而对他人实施了杀人行为，这既不是过失杀人，也不是谋杀，而是自卫。"律师大量引用了英国普通法中的判例，指出法院需要考虑受害人与被告人之前的关系与处境。初审法院将被告人的客观行为与主观意图割裂开来，直接认定为谋杀是错误的。换言之，该案涉及对被告人先发制人地对被害人实施杀人行为的定性，应当考虑到二者之间是否已经存在某种争执从而引发了杀人行为。同时，法院在认定被告人是否具备防卫意图上采用了主观判断为主、客观判断为辅的认定标准。被告人只要真诚地认为其即将面临重大的人身伤害，必须采用致命武力才能保护自己不受侵害，则无须用理性人的标准去衡量。这种情况下，即使被告人先于侵害人实施了杀人行为也应被认定为正当防卫。

该案是美国第一例明确提出先发制人的杀人行为属于正当防卫的案件，之后美国对受虐妇女杀夫案的争议虽然受到沃克博士"受虐妇女综合征"的影响，将这一理论引入支撑受虐妇女杀夫的正当性。但事实上，在英国普通法历史以及美国早期便已经存在对先发制人的杀人行为赋予其正当性的先例。

综上所述，从美国建国到 19 世纪中期，美国防卫规则基本沿用了英国普通法规则。从上述判例可以看到美国对英国判例以及相关著作观点的大量引用。同时，各州刑法对正当防卫规则也基本采用了普通法中的规则。可以说这一时期美国正当防卫规则是以普通法为基础的法律延续时期。正当防卫规则的大部分内容来自古老的普通法，对英国普通法的继承为正当防卫规则的进一步发展与变革提供了坚实的理论与实践基础。

二、19 世纪中期后的重大变革：肖特案

20 世纪以前，基于联邦法和州法体系的二元结构特点以及判例法和

制定法的并存，美国刑法在体系与内容上表现出繁杂性或不统一性。19世纪中叶是美国法律的转折点，这一时期美国对既有法律进行了卓有成效的改造。在门罗案之后的短短几年内，美国正当防卫制度发生了重大的变革，这一变革以纽约州上诉法院对一起正当防卫案件的判决为起点。

(一)肖特案①:合理相信的判断标准发生转变

被告人亨利·肖特(Henry Shorter)于1848年11月被指控谋杀被害人斯蒂芬·布拉什(Stephen Brash)，在纽约州伊利郡法院审理。肖特案并非正当防卫案，而是一起纯粹的杀人案，但辩护律师希望运用正当防卫中的合理相信要件帮助其脱罪。被告人肖特是一名15岁的黑人男性，在街上偶遇被害人布拉什，无意中听到其有关种族歧视的言论并被带有侮辱性的语言激怒，于是其赤手空拳对布拉什进行了人身攻击后接着用刀具捅伤了被害人，被害人因伤情严重而当场死亡。该案证据显示被害人并未携带任何武器且二人之间并不相识，亦无证据表明被告人当时存在任何对其身体或生命遭受重大威胁的恐惧。因此肖特一开始便被指控为谋杀罪。

该案初审中，大法官霍伊特(Hoyt)向陪审团指示：如果有证据表明被害人布拉什先侵犯了被告人的身体，而被告人是出于自我防卫才杀死了被害人，同时被告人必须有合理的理由相信被害人正在对其实施重罪类的攻击或者其正在面临紧迫的危险，那么被告人的杀人行为就应该是正当性杀人。因此，对于合理相信标准的判断，法官指示陪审团被告人既要有合理的理由相信危险正在逼近，同时客观上确实存在这样的攻击或者犯罪行为，二者缺一不可，否则不能认定为正当性杀人。但辩护律师援引了普通法中的判决以及塞尔弗里奇案、格兰杰案中的审理意见，认定行为人合理相信的关键不在于当时是否存在客观的侵害行为，而是

---

① Shorter v. People 2 N. Y. 193(1849).

行为人主观上是否有理由相信侵害行为正在或即将发生。[①] 因此,法官与律师之间在认定侵害行为标准上发生了分歧。就当时的法律而言,法官的陪审团指示是错误的,因为没有任何先例以及规则要求防卫的前提是客观上存在杀人的危险,而律师希望抓住这一关键性的问题为被告人辩护。肖特的律师认为基于合理错误认识的杀人行为不仅是可免责的事由,而且也是正当性杀人。由于当时纽约州的法律明确规定:"只有在合理的恐惧下实施的杀人行为才具有正当性。"[②]但是州法律在附则中还规定了基于合理的错误认识实施的防卫杀人也具有正当性,同时纽约州《刑法》还规定:"在冲动的,突发的,具有挑衅性质的,没有任何利益纠纷和利用危险的武器情况下实施的杀人行为具有免责性。"[③]因此,辩方律师认为主审法官指示陪审团的观点是错误的。正如布朗森(Bronson)法官所指出的:要求危险具有客观紧迫性会给"可怜的人类带来过重的负担"[④]。故根据普通法规则,合理的错误认识可以认定被告人无罪。但法院明确反对根据不合理的错误认定被告人无罪,并认为布朗森采用的主观判断标准太"过分"。一个人的生命不能被随意夺去,行为人仅仅主观上相信自己处于危险之中是不够的,必须有证据以及合理的事由向陪审团证明其当时正面临紧迫的危险。[⑤]

肖特案判决书中引用了大量判例与法学著作,大多数判例与学说都认为行为人基于合理的事实错误实施的防卫应当被认定为无罪。但是该案法院没有援引这一观点,法官在判决中没有援引格兰杰案的审理意见,即不合理的事实错误也可被免责。因此,该案推翻了普通法确认的基于合理事实错误的防卫行为无罪的规则。主要原因有以下几点:第

---

① See People v. Shorter. 4 Barb. 460(1848).

② 9 Part IV,ch. 1,tit. 2,art. 1, § 3(2)(依据1829年纽约州法律,当行为人有合理的理由相信正在面临重大的人身伤害以及面临紧迫的危险时,实施的杀人行为具有正当性).

③ N. Y. Penal Law § 19,part IV,ch. 1,tit. 1.

④ Grainger v. State 13 Tenn. 459(1830).

⑤ See Shorter,2 N. Y. at 201.

一,被告人起诉陪审团指示是错误的,即正当防卫必须要求有客观危险的存在观点,从而直接排除了合理错误的主观判断标准。第二,辩护律师从未主张纯粹的主观判断标准,只是寻求一种主客观判断相结合的标准。第三,纽约州法律明确规定行为人主观认识错误必须具有合理性,否则杀人行为不能认定为具有正当性。即使肖特案是一个具有"合理性认识"的案件,也不是根据普通法规则而是基于纽约州制定法的规定。第四,尽管陪审团指示有错误,但上诉法院维持了初审法院谋杀罪的判决,因为没有一个理性的陪审团会认为被告人是由于对生命或严重后果身体伤害的合理恐惧而杀死被害人。[①]

在肖特案结束后的20年中,美国刑法牢固确立了合理相信原则,即只有对使用致命武力存在合理认识错误时才会认定为正当防卫,而基于不合理的错误判断实施的杀人属于谋杀罪。[②]

（二）19世纪下半叶:合理相信的客观判断标准正式确立

美国正当防卫理论真正得到爆炸式的发展是在肖特案以后的19世纪后半期,主要表现为判例法、制定法以及法学学术对正当防卫理论的研究。美国作者沃伦在其著作中重述了当时所有与杀人罪有关的州制定法,包括防卫性杀人的情况。[③] 其中只有25个州明确规定自我防卫,而且这些辖区的法条表述并不清晰。其中,亚利桑那州、加利福尼亚州、爱达荷州、蒙大拿州和犹他州对正当性杀人有明确的定义,规定只要杀人具备如下条件便是正当性防卫杀人:(1)为阻止谋杀或重大人身伤害;(2)为阻止重大人身伤害或者财产损害重罪以外的其他重罪;(3)为帮助其他遭受严重侵害的人。这些规定中有1条:"仅仅因为恐惧而实施

---

① See Richard Singer, *Resurgence of Mens Rea: II—Honest but Unreasonable Mistake of Fact in Self Defense*, Boston College Law Review, Vol. 28:3, 1986.

② 在最初的几十年中,大多数司法管辖区将基于不合理的错误认识的防卫认定为谋杀罪。直到后来出现了"不完美自卫"的概念,才将真诚但不合理的自卫杀人认定为过失杀人罪。

③ See Richard Singer, *Resurgence of Mens Rea: II—Honest but Unreasonable Mistake of Fact in Self Defense*, Boston College Law Review, Vol. 28:3, 1986.

了本章第二和第三小节所提到的任何罪行,并不足以证明它是正当的。但是若当时的情况足以引起一个理性人的恐惧,而行为人完全基于这种恐惧而实施了杀人行为,则该行为具有正当性。”该条规定表明,以上 25 个州在认定防卫性杀人正当性上必须满足合理恐惧的主观性要件。

另外,阿肯色州、佐治亚州、科罗拉多州、密西西比州、内华达州、纽约州、得克萨斯州以及华盛顿州等 8 个州也援用了“明显的恐惧”一词,但是没有明确表明该词仅适用于正当性杀人的案件。另有 10 个州对自卫没有任何明显的合理性限制,而是要求必须具备完全的必要性才能认定为正当杀人。这些州主要有佛罗里达州、艾奥瓦州、堪萨斯州、明尼苏达州、北达科他州、俄克拉何马州、南达科他州、俄勒冈州、威斯康星州、伊利诺伊州。

截至 1900 年,主要有 23 个州对“合理性”①的判断采用了客观性标准:亚拉巴马州、加利福尼亚州、佛罗里达州、佐治亚州、爱达荷州、伊利诺伊州、艾奥瓦州、堪萨斯州、肯塔基州、路易斯安那州、明尼苏达州、密苏里州、新泽西州、纽约州、北卡罗来纳州、俄亥俄州、俄勒冈州、宾夕法尼亚州、田纳西州、得克萨斯州、弗吉尼亚州、西弗吉尼亚州、威斯康星州。另外,印第安纳州和密歇根州采用主观判断标准。因此,大多数州认为只有基于合理的错误判断而使用致命武力进行防卫才能被认定无罪,不合理的错误行为最终被认定为谋杀罪。

值得注意的是,20 世纪初开始美国法院很难在正当防卫案件中采用纯粹的客观主义标准,许多法院将被告人的特殊情况纳入理性人的标准中。例如,通过考虑防卫人与被害人之间的体型差异、防卫人的精神状态、二者在案发之前的关系等,判断防卫人当时产生恐惧的合理性。之

---

① 对合理性的判断标准主要分为 3 种:(1)纯客观性标准,即判断一个理性人在当时的处境下是否会像行为人一样行事;(2)准客观性标准,即判断一个具有与防卫人相似特征的理性人是否会相信行为人有必要实施致命性武力;(3)判断一个完全与行为人特征相同的人当时是否会相信有必要实施武力。以上 3 种均属于客观性判断标准,而只判断行为人当时是否真诚且合理地相信有必要实施武力的判断才属于主观性标准。

后美国对防卫人合理相信的判断经历了从客观标准到客观标准主观化的演变,这种变化影响现代美国各州的判断标准。

(三)正当防卫性质不清晰对退避义务的影响

19 世纪的美国法院经常将正当性杀人(防止重罪)与免责性杀人(自我防卫)交叉使用,法院经常在同一正当防卫案件的判决书中同时出现"正当性"和"免责性"两种词汇。例如 1893 年路易斯安那州的韦斯特案(State v. West):"行为人对其生命或人身进行客观且必要的防卫而实施的杀人行为具有可免责性,但是为了使此杀人行为具有正当性,防卫人必须合理相信其正在面临紧迫的生命危险或重大的人身伤害……"①

再如,1878 年肯塔基州的一个案例中提道:"如果被告人没有合理理由认为他当时面临危险,即使想以他主观地相信即将面临危险而认定其行为具有正当性,依旧无法以自卫为由对其进行免责。"②关于这种混淆最明显的例子是道森案(Dawson v. State)中检察官在公诉状中的表述:"我的回复是,只有当某些事情被展示出来的时候,才能使可免责性事由正当化……"③

实体法上对正当性杀人与免责性杀人的处罚并无任何区别,因而二者之间的混淆不会产生重大的影响。只有在一种情况下这种混淆会影响防卫人杀人性质的认定,即防卫之前是否应当退避的问题。正如布莱克斯通在《英国法律释义》中将自卫杀人分为两种,阻止重罪的杀人与自我防卫的杀人。在早期的普通法规则以及相关著作中,只有自我防卫下的杀人才要求防卫人必须退避。但 19 世纪中期美国许多法院同样要求类似阻止重罪的防卫人也必须履行退避义务。一些法院混淆了正当性与免责性事由,将阻止重罪与自我防卫杀人混为一谈,进而要求在两种杀人案中都必须先行退让。另一些法院认为只有在"自我防卫"情况下

---

① 54 State v. West,45 La. Ann. 14,19,12 So. 7,9(1893).

② 5 Kennedy v. Commonwealth,77 Ky.(14 Bush) 340,353(1878).

③ 7 Dawson,33 Tex. at 502.

才有义务退避。[①] 产生这种混淆的原因是可以被推断出来的，在前述分析普通法对杀人行为的规定中发现，英国普通法有史以来对正当性杀人与免责性杀人的区分并不清晰，同时布莱克斯通在其著作中将可免责杀人用“自我防卫”一词加以表述，极易使法学工作者认为可免责性就是自我防卫的专属性质。这种混淆影响美国现代正当防卫制度，尤其是在对行为人实施防卫前是否应履行退避义务这一问题时，各州态度不一的部分因素便源于此。

第三节　现代普通法国家刑事正当防卫的规定

20 世纪后英国通过英国《枪支法》、英国《刑事法》以及英国《刑事司法及移民法案》等对正当防卫的构成要件与认定规则进行了改革与完善。现代美国的正当防卫制度主要由各州立法机构制定，没有统一的联邦法律或最高法院先例。绝大多数州的立法机构则以美国《模范刑法典》为蓝本并结合本州的实际情况制定法律，截至 1980 年，美国多数州对本州的普通法进行了法典化，已经有 24 个州制定了刑法典。此外，其他普通法系国家关于防卫的规定也以制定法的形式确定下来。

一、英国现行法律对正当防卫的规定

在英国刑法中，保卫人身权利，包括自己的权利和他人的权利，仍由普通法所调整，保卫财产权利由 1971 年《刑事损害法》调整，而逮捕和防卫犯罪则由 1967 年《刑事法》第 3 条调整。英国普通法关于自卫的经典声明是枢密院在帕尔默案[②]中确定的规则：如果防卫人受到攻击或真诚

---

① See Richard Singer, *Resurgence of Mens Rea: II—Honest but Unreasonable Mistake of Fact in Self Defense*, Boston College Law Review, Vol. 28(3), 1986.

② Palmer v. R [1971] AC 814.

地相信他(或与防卫人有一定距离的另一个人甚至是他的财产)受到迫在眉睫的攻击的威胁,即使这种相信是不合理的,防卫人也有理由对侵害人实施防卫行为以合理地避免实际或迫在眉睫的危险。英国普通法也认为,为了使防卫武力的限度被认为是合理的,必须与特定情况下产生的必要性相称。同时,虽然英国普通法没有规定撤退的义务,但在 R v. Bird(Debbie)一案中,法院认为,"有证据表明被告人不想打架,这表明她的行为是合理的,是出于善意的自卫"[①]。换言之,普通法虽未明确规定撤退义务,但在司法实践中,防卫人撤退的行为会作为其正当性的重要认定依据。

此外,至少从亨利八世统治时期开始,偷盗以及其他非法侵害人的防卫行为从一项可免责性事由转变为一项正当性事由。在英国,拥有并携带防卫武器是一项古老的义务并作为新教徒的一项权利被写入 1689 年英国《权利法案》。但第一次世界大战后,为保障社会安定与公共秩序的恢复,1920 年英国出台了英国《枪支法》并设置了枪支登记制度,由此大幅限制了英国人使用枪支进行防卫的范围。此后,英国公民的防卫权限被大大限缩。如 1953 年英国《预防犯罪法》禁止公民在公共场所携带任何可作为攻击性武器的物品。警察可以在没有搜查令的情况下阻止、搜查和逮捕任何他们认为违反法律的人。英国政府垄断使用武力的理由是保护公民被视为社会的特殊责任,即警察的责任。自该法案颁布以来,曾有人因携带剃刀、锄柄、石头和胡椒桶而被捕。

1967 年英国《刑事法》第 3 条规定:"(1) 任何人可以在使用当时场景下合理范围内的武力,以期阻止犯罪或者实施、协助实施对罪犯、犯罪嫌疑人或非法在逃人员的合法抓捕。(2)本条第一款之规定取代普通法上关于何时使用上述武力可以被上述目的正当化的规则。"由此确定了英国的刑事正当防卫由私人防卫和执法防卫两大类组成,同时通过普通法规定了必要性和合理性作为正当防卫制度成立的两大基本

---

① R v. Bird(Debbie) [1985] 1 WLR 816.

构成要件。[①]

到 2004 年,随着暴力犯罪急剧上升,英国公民发现自己成为法律的受害者,最典型的案例是 2000 年托尼·马丁(Tony Martin)一案,该案受害人马丁远在郊外的农舍被抢劫了 6 次。该案的发生引发了英国群众要求修订 1967 年英国《刑事法》的强烈呼声,直到 2007 年戈登·布朗的内政大臣杰克·斯特劳承认有关正当防卫的法律亟须修改。因此,2008 年英国《刑事司法及移民法案》第 76 条对正当防卫的合理性与必要性重新进行了规定。该法第 76 条第 7 款规定,审理自卫案件时法院应考虑到下列因素:(1)合法的防卫人可能无法精确地衡量必要性的准确范围;(2)行为人只要真诚地、本能地认为其行为是为合法目的所必需即可证明其已经实施了合理的行为。此外,该法案还规定,若有证据表明被告人错误地判断了自我防卫或他人防卫的限度,陪审团可以考虑其主观认知是否合理以确定其主观防卫的合理性。

综上所述,英国的正当防卫制度经历了漫长的变化与发展过程,1967 年通过普通法取消了退避的义务,直到 2008 年通过相关法案才完善了对正当防卫行为的认定标准。其早期对防卫必要性的认定采用的是客观标准,即行为人必须合理相信(reasonable believe)其行为是必要的方可成立正当性。2008 年之后对必要性的认定转变为主观判断标准,即判断行为人的防卫是否为必要以行为人是否真诚(genuinely believe)为标准。

二、美国《模范刑法典》中正当防卫的相关规定

美国《模范刑法典》(Model Penal Code,MPC)对正当防卫的规定主

---

① See R. v. Duffy[1967] 1 Q. B. 63. 根据普通法的规定"关于撤退义务的技术规则"已被合理性与必要性取代,认定正当防卫"在决定是否有必要使用武力和武力是否合理时应考虑的一个因素"。有观点认为,这一变化的影响实际上加剧了自卫的正当性辩护,因为对"合理性"的认定决定了一切,由于不能使用极端武力来保护财产,被抢劫非法侵害的防卫人唯一能做的就是"徒手与强盗抗争并用武器威胁他"。See Glanville Williams, *Textbook of Criminal Law*, 2nd ed., London, 1983, p. 507.

要分布在第3.04条至第3.11条。该法典在普通法基础上进行了修改以适应美国的实际情况的需要。美国《模范刑法典》与普通法规则在许多方面都不同,主要分为对自我防卫的规定、对他人防卫的规定、对财产防卫与住宅防卫的规定等方面。

(一)MPC关于自我防卫的规定与普通法有所差异

第一,对“武力”的定义与普通法不同。行为人关于使用武力防卫的必要性认识被修正为主观认识必须具有合理性,这与普通法的规定不同。另外,该法典对使用武力的条件规定为“在当时的情况下,必须立即行为”,而普通法规则为“紧迫需要”,将防卫人实施防卫的时间较普通法提前了许多。第二,对“致命性武力”的规定与普通法不同。普通法规则采用的主要为客观判断标准,即侵害人的目的是实施杀人行为,但若结果未造成防卫人死亡或严重的身体伤害,则不认定为“致命性武力”。美国《模范刑法典》则采用主观判断标准,即只要侵害人有造成他人死亡或严重身体伤害的主观目的,即使结果与预期目的不一致,其行为仍属于“致命性武力”。第三,对允许使用“致命性武力”防卫的情形规定不同。该法典规定只有在下列情况下才允许使用致命性武力进行防卫:(1)生命安全;(2)人身安全;(3)免遭强奸;(4)免遭绑架。[①] 但是普通法中并未允许对绑架实施“致命性武力”进行防卫,因为普通法认为绑架行为不一定会对生命或身体构成严重威胁。第四,对禁止使用“致命性武力”的规定不同。美国《模范刑法典》规定行为人在意图造成死亡或者严重身体伤害因而在同一冲突中挑拨针对自己使用的武力的情况下,禁止使用“致命性武力”。[②] 这一点与普通法规则不同,普通法中不包括“非致命性袭击者”,但MPC的概念要窄于普通法。第五,关于退避义务的规定不同。美国《模范刑法典》虽然采纳了普通法关于退避义务的一部分,即若行为人知道其可以通过撤退保护自己,则不能使用致命武力进行防

---

① See Model Penal Code § 3.04(2)(b).

② See Model Penal Code § 3.04(2)(b)(i).

卫。但是MPC对退避规则提出了许多例外情况,其中最重要的是对“城堡主义”的规定,但是该法典对该规则也规定了例外情况,主要指两种情况下即使侵害行为发生在“城堡”内也必须履行退避义务:(1)退让者是最初的攻击者且希望重新获得自卫的权利;(2)退避者并非最初的攻击者,但他被同一工作地点的同事攻击。[①] 第六,对“事实错误主张”的辩护与普通法不同。普通法规定防卫行为的正当性是基于行为人对紧迫危险的合理认识,即行为人必须合理地相信其当时正在面临紧迫的侵害,因而若行为人认知不合理则自卫的辩护无效。但是美国《模范刑法典》认可“不完善”的辩护,即只要行为人主观上认为其有必要使用武力自卫即可获得有效辩护。

(二)MPC关于他人防卫与财产防卫的规定与普通法有所差异

MPC关于他人防卫的规定与普通法之间的差异主要体现在对防卫的合理认识方面。普通法认为若被害人无权自卫,但是防卫人有合理的理由相信被害人有权进行自我防卫,那么防卫人不能使用武力保护被害人。但根据美国《模范刑法典》的规定,行为人只要确信在当时的情况下,为了保护第三人,即使自己使用武力防卫也是正当的,那么防卫人的行为便具有正当性。[②]

关于财产防卫方面,普通法规定行为人只有在确信以下3种情况存在时方可使用非致命武力防卫:“(1)确信实施武力针对的对象正在非法占有其财产;(2a)当财产被剥夺后,迫切地需要使用武力;(2b)即便不是迫切的,只要确信其他人无权主张拥有财产。法典的规定相对于普通法更为宽泛。而MPC只要行为人确信自己比非法占有财物的他人更早地占有财务,即可使用非致命武力进行财产防卫。”[③]

---

① See Model Penal Code § 3.04(2)(b)(ii)(A).

② See Model Penal Code § 3.05(1)(b).

③ [美]美国法学会编:《美国模范刑法典及其评注》,刘仁文、王祎等译,法律出版社2005年版,第54~55页。

三、美国各州制定法中的相关规定

美国现代正当防卫制度主要由各州立法机构决定,没有统一的联邦法律。[①] 19 世纪到 20 世纪初,美国多数州立法机关在普通法的基础上制定了针对犯罪的法规条例。这一立法活动主要受到英国培根、边沁(Bentham)等法学家法律改革运动与美国《模范刑法典》的影响。其中,有不少州对本州普通法进行了法典化,形成了系统、完整的刑法典。到 1980 年,刑事法已经法典化的州和地区有:亚拉巴马州、阿拉斯加州、亚利桑那州、阿肯色州、加利福尼亚州、哥伦比亚特区、佐治亚州、爱达荷州、伊利诺伊州、印第安纳州、缅因州、密歇根州、密西西比州、密苏里州、内布拉斯加州、内华达州、新墨西哥州、北达科他州、南达科他州、俄克拉何马州、南卡罗来纳州、田纳西州、华盛顿州、怀俄明州等。

各州和地区对正当防卫的规定基本采用美国《模范刑法典》的立法体例。采取法典化的州和地区将正当防卫规定在总则部分,如科罗拉多州的正当防卫法律规定在科罗拉多《刑法典》第 1 章第 7 部分的正当事由与刑事责任免除中。未采用法典化的州体例结构相对混乱,但基本都在正当性事由下分别对自卫防卫、他人防卫、财产防卫、住宅防卫以及执法防卫进行了规定。有的州比较特殊,并未按照刑法总则的形式将防卫规定提炼出来,而是规定到犯罪下,如加利福尼亚《刑法典》将正当防卫的规定置于杀人罪中,沿用的是普通法的模式,将杀人罪分为可免责的杀人与正当性杀人,在正当性杀人下规定了为防卫自己、他人财产、住宅而杀人的正当性情况。[②]

---

① 因此,各州在制定正当防卫法律方面的做法各不相同。例如,虽然几乎所有州都在城堡主义中设置了撤退义务的例外,但各州的做法各不相同,如必要性、相称性的要求,“城堡”的定义,城堡内受保护的居住者以及可能触发该原则的侵害程度等不同。

② See West’s Ann. Cal. Penal Code § 197.

四、普通法系其他主要国家关于正当防卫的规定

尽管普通法系国家的刑事防卫制度源自英国普通法规则，但在分类及具体构成要件规定上不尽相同。本节选取几个具有代表性普通法国家的防卫制度进行简要介绍与说明。

除英美之外，加拿大刑法也将防卫作为一般辩护理由，具体包括执法防卫、人身防卫和财产防卫 3 种类型。加拿大《刑事法典》第 34 条规定了可以采取防卫行为的各种情况，加拿大法律采用了英国传统普通法的紧急性、相称性和退避义务的要求。该法典第 34 条规定：遭受非法攻击是进行人身防卫的前提条件。同时，加拿大刑法规定人身防卫的时间条件为：始于攻击将要发生，止于攻击结束。在主观条件方面，加拿大《刑事法典》第 35 条规定行为人只有在自卫意图而不是故意导致死亡或严重人身伤害的意图支配下实施的行为才能成立正当防卫。[①] 根据加拿大《刑事法典》第 34 条、第 36 条、第 37 条的规定，人身防卫的限度条件是"有合理理由相信为保护自己免遭死亡或严重人身伤害所必要"，换言之，在限度条件上采用主观主义的判断标准，即以行为人的"合理相信"为标准。如在 R v. Creighton 中，加拿大最高法院适用了一个纯粹客观的标准。[②] 它认为不应考虑个人特征或背景因素。但随后，在 Lavallee v. R[③] 中，加拿大最高法院重新考虑了其先前的决定并跟随美国的趋势修改了标准，即考虑行为人的主观相信以及使其在心理上个性化。

印度《刑法典》第 96 条规定："行使防卫权而实施的任何行为，不构成犯罪。"印度刑法中的正当防卫具体包括人身防卫和财产防卫。关于印度对正当防卫的时间要件，印度《刑法典》第 102 条规定："人身防卫权，从实施犯罪的企图或威胁引起危害人身的恐惧时开始，即使该犯罪

---

① 参见赵秉志主编：《英美刑法学》(第 2 版)，科学出版社 2010 年版，第 127 页。

② See R v. Creighton [1993] 3 SCR 3.

③ Lavallee v. R [1990] 1 SCR 852.

尚未实施;并且,只要这种危害人身的恐惧继续存在,这种防卫权也就继续存在。”因此,印度刑法中的人身防卫始于侵害人的行为引起防卫人恐惧时,止于恐惧消失。同时,印度刑法对防卫的限度条件也作了具体的规定,具体分为无限防卫权和普通防卫权。

马来西亚刑法对正当防卫作为一项抗辩事由进行了详细的规定。马来西亚《刑法典》第 91 条至第 106 条对防卫的成立条件、行使及其限度作了全面规定。[①] 马来西亚《刑法典》将正当防卫划分为人身防卫与财产防卫两个方面,同时对人身防卫的时间条件作了明确的规定。该法典第 102 条规定,当实施某种犯罪或企图实施某种犯罪的威胁已经表现出来,防卫人出于合理理由担心其人身将遭受威胁时,便有权行使正当防卫。此外,马来西亚刑法还对人身防卫的限度条件作出了明确的规定,即如果防卫人能够合理相信侵害行为会导致死亡、重伤结果发生,故意强奸妇女或故意满足非法性欲的犯罪或故意绑架、抢劫等犯罪,以及导致防卫人担心无法求助于公权力的非法拘禁等犯罪行为,防卫人可以采取足以致死或致伤的手段和强度。换言之,以上情形中,防卫人可以行使无限防卫权。此外,在任何情况下防卫人行使防卫权所造成的客观危害后果均不可超过达到防卫目的所需的范围。

小　结

普通法刑事正当防卫规则主要源于英国普通法,普通法国家现代正当防卫的类型及构成要件均承袭了英国的普通法规则,如防卫的性质、防卫起因、防卫条件、退避规则等。随着 19 世纪美国独立,其法院在司法判例中逐渐形成了脱离普通法规则重新认定防卫行为的典型判例,这些判例虽然无法全部脱离普通法,但是在认定标准、防卫时间以及先发

① 参见赵秉志主编:《英美刑法学》(第 2 版),科学出版社 2010 年版,第 128 页。

制人的杀人行为等方面具有创新性。20 世纪后在法学理论的发展与法典化运动的影响下，美国各州以及其他普通法系国家开始形成了符合本地实际情况与法治理念的刑事制定法。其中，美国制定法以美国《模范刑法典》为蓝本，采用了精细化的立法体例，按照防卫的类型分别进行了规定。美国《模范刑法典》是研究与分析普通法刑事正当防卫的关键，该法典既沿袭了多数普通法规则，又在一定程度上进行了改造。在各州层面，防卫制度各具特色，因此，很难简单地去解释普通法的正当防卫制度是什么。故对普通法正当防卫制度的研究不仅需要从法律史的角度分析，还需要结合防卫理论、制定法以及普通法国家的司法判例进一步具体分析。

| 第二章 |

普通法刑事正当防卫的理论构成

英美刑法体系的构成要素主要包括犯意(mens rea)、犯罪行为(actus reus)、融合原则(principle of concurrence)、损害(harm)、因果关系(causation)、严格责任和抗辩理由(general defenses)7个方面。[①] 前6项因素从归罪的角度建立了犯罪构成的基本框架,而抗辩理由则作为对刑法体系的补充,7个因素共同构成了当前英美国刑法理论的基本框架。其中,正当防卫属于抗辩事由中最典型的一类事由,刑法的基本理论直接影响具体刑法制度的设计与适用,故研究普通法中的正当防卫理论有必要将其置于整个刑法理论框架中进行分析以窥探该制度的本质与全貌。本章试图从4个方面对普通法刑事正当防卫理论进行分析。首先,探讨正当防卫的价值追求,从英美刑法基本理论入手,分析英美刑法的主要任务与目标并在此基础上探索正当防卫的价值与原则。其次,分析英美抗辩事由的基本理论以及正当防卫在抗辩事由中的性质。再次,分析正当防卫理论及正当性防卫与免责性防卫理论的区别对司法适用的

---

① 参见何勤华、夏菲主编:《西方刑法史》,北京大学出版社2006年版,第374页;[美]约书亚·德雷斯勒:《美国刑法精解》,王秀梅等译,北京大学出版社2009年版。

影响。最后,从微观视角具体分析英美正当防卫理论的几大构成要素。

第一节　刑法理论基础

一、功利主义

功利主义在英美刑罚理论中占据着非常重要的地位。贝卡里亚(Beccaria)、边沁、霍姆斯(Holmes)、斯蒂芬(Stephen)和20世纪赫伯勒·威克斯勒(Herbert Wechsler)的著作以及美国《模范刑法典》中均提及该理论。古典功利主义的代表人物边沁认为,刑罚的目的不是实施单纯的报复,而更应重视刑罚对社会犯罪的控制。因此,功利主义刑罚观更加强调刑罚的预防与补偿效用,法律的目的是促进社会的总体幸福最大化。功利主义在应用于刑法的过程中又发展出其他的派系,如传统的一般预防理论、特殊预防以及矫正论。[①] 功利主义非常重视对犯罪的实现预防,认为法律的作用不应该仅限于对犯罪行为实施报复。边沁认为:

> 惩罚的首要目的是防止发生类似的犯罪。刑罚方法同样是有用的,尽管犯罪已经被制止,被害人也得到补偿,但仍然需要防止处于同一罪犯或者其他罪犯的类似的犯罪。过去发生的毕竟只有一个行为,而未来则未可限量。已经实施的犯罪仅涉及某一个人,类似的犯罪将可能影响整个社会。[②]

功利主义的预设前提是快乐主义与理性人,即行为人会根据需求做出促进其总体幸福的行为。一个理性人实施犯罪的动机便是增进幸福,

---

① 参见[美]约书亚·德雷斯勒:《美国刑法纲要》,姜敏译,中国法制出版社2016年版,第14页。

② [英]吉米·边沁:《立法理论——刑法典原理》,孙力等译,中国人民公安大学出版社1993年版,第26页。

但是其会权衡因犯罪行为所带来的风险与获得幸福之间的利弊，若预见的痛苦（刑罚）与预期获得的快乐（犯罪所得回报）之间不成比例，就不会促成犯罪行为的实施。

因此，比例原则是功利主义的衍生原则，并在英美正当防卫理论中占据重要地位。按照功利主义原理，刑罚的适用必须比较所犯罪行的恶与所受刑罚的恶，只要惩罚能够矫正的罪行之恶大于刑罚之恶，惩罚就是善的。为了使刑罚成为善的惩罚，边沁提出了罪刑相适应原则。边沁特别指出，罪刑相适应不应是数学化的相称，以免法律过于细微和复杂，而应以简洁、明确作为最重要的价值追求。在罪刑相适应原则的基础上衍生出重要的比例原则，即如果一个人有机会犯不同的罪，则法律应引导和促使其不犯更严重的那个。

二、报应主义

报应主义指刑罚是由过错者自由选择违反社会规范时所得到的刑罚便是正当的。与功利主义不同，报应主义者认为，有过错者就应当被处罚。因此，报应主义主张行为人应承担与其可归责的罪行或应得的惩罚相应的痛苦，这在道德上是正当的。正如康德所言："可以这样说：'如果你诽谤了别人，你就是诽谤了自己；如果你偷了别人的东西，你就偷了你自己的东西；如果你打了别人，你就是打了你自己；如果你杀了别人，你就是杀了你自己。'这就是报复的权利……任何一个人对别人所作的恶行，可以看作是他对他自己作恶。"[①]报应主义是英美刑法中解释刑罚思想与目的的最古老的一种学说。报应主义的思想最初源于《旧约全书》中的"以眼还眼"观。正当防卫在英美早期的刑法思想中正是一种"以牙还牙，以眼还眼"的思维模式。但是这一理论随着现代法治的发展逐渐被资本主义刑法学抛弃。

报应主义与功利主义的区别在于：第一，报应主义关注过去，并将行

---

① ［德］康德：《法的形而上学原理：权利的科学》，沈叔平译，商务印书馆 1991 年版，第 166 页。

为人过错当作刑罚正当化的唯一依据。功利主义关注未来,刑罚的功能在于预防犯罪,使社会总体幸福最大化。只要对社会有益,即使行为人有过错亦可不施以重罚。第二,报应主义预设的前提是行为人享有自由意志与选择,因此其所实施的违反社会规范的行为是自己选择的结果,故刑罚是应得的惩罚。功利主义预设的行为人是理性人,故对其施加刑罚应以理性人的思维判断对社会所产生的效用。

三、实用主义

实用主义对英美国刑法学(尤其是美国刑法学)的影响深远,以至于当我们提到英美国法律便无法回避对实用主义理论的描写。美国刑法中实用主义理论则主要体现为其对于美国刑法的立法建构与发展的渗透。根据詹姆斯的观点,实用主义主要包括研究方法与真理理论两个方面。实用主义者认为理论或者真理并非一成不变的,而是可以通过经验与主动的分析得以掌握的。美国实用主义法学的代表人物当属霍姆斯,而实用主义与美国法律结合后产生的最大结果就是美国法律研究与实践的公然工具主义转向。[①] 与功利主义不同的是实用主义法学主要关注的并非所谓"基本原则"而是注重对某一特定问题的解决,注重对案件事实最基本的尊重。

实用主义法学所派生的最直接的理论是"情境理论",该理论在普通法正当防卫中体现得尤为明确,即注重"某种事态被视为工具或者目的的根本完全取决于其所处在的情景"[②]。"情景理论"关注事态发生时当事人所处的环境或情境是否能够被法律所认同或责罚,这正是美国法院审理正当防卫案件时必然会考察的要素之一。

实用主义法学的另一个特点是经验主义的行为模式。正如霍姆斯

---

① 参见李立丰:《论完善中国刑法学研究方法的一种选择:以美国实用主义法学理论为视角》,载《清华法治论衡》2012 年第 1 期。

② 李立丰:《论完善中国刑法学研究方法的一种选择:以美国实用主义法学理论为视角》,载《清华法治论衡》2012 年第 1 期。

的名言:“法律的生命不在于逻辑而在于经验。”[①]由于实用主义法学关注事实胜于关注理念、原理,故经验是法官审理案件的主要依据。值得注意的是,这里的经验不能理解为对先例的刻板引用,由于每一种判例都是基于过去特定情境、特定历史等因素而形成的判决结果,严格遵循先例便是要求法官对其所处的社会环境置若罔闻,这本身就与实用主义理念相左。霍姆斯所论断的“经验”正是现实生活中的“源头活水”,其要求法官在遵守先例所形成的基本原则的基础上,灵活根据社会生活不断变化的特点赋予先例新的生命。如此,经验便不是墨守成规式的判例,而是融入了法官对现实生活与法律理念的深刻理解的智慧。

第二节 正当防卫的价值追求:自由与秩序的选择

价值是指主体对客体的需求以及客体对主体的满足。正当防卫的价值主要指作为主体的个人、社会、国家对正当防卫制度的需求,以及正当防卫制度将如何设计才能满足以上主体的需求。由于这里的主体包括个人、社会与国家,故正当防卫在公民社会将多大程度上满足以上3种主体的需求决定了正当防卫在不同社会形态下体现为不同的内容与形式。

自由与秩序是正当防卫最根本的价值追求。防卫是人类在面临外界攻击时别无选择的一种自我保存手段。人类进入公民社会后,防卫虽被世界各个国家的法律保留下来,但由于国家形态的差异,正当防卫制度在法律设计上有着较大的差异。甚至同一国家在不同时期对防卫制度的理解也会有差别。这种差别本质上是各个国家对自由与秩序的不同追求所导致的。正如美国刑法学者弗莱彻所言:“像退避义务这样的

---

① [美]小奥利弗·温德尔·霍姆斯:《普通法》,冉昊、姚中秋译,中国政法大学出版社2006年版,第1页。

争点,只不过呈现了更深层的意识形态冲突迹象。”[①]

一、秩序的守护者:正当防卫是国家暴力的衍生品

早在18世纪布莱克斯通就奠定了普通法防卫观的理论基础。他认为,在公民社会“国王及其法庭是讨公道的地方,可以给受到违法伤害的人所有应得的补偿”[②]。布莱克斯通将国家视为公民权利的维护者,任何挑战国家权威的行为都不能被视为是正当的,除非当事人已经退无可退。换言之,不法侵害意味着对社会秩序的否定,而正当防卫则是对社会秩序的否定之否定,故国家存在的主要作用是维护社会秩序。若退避能同时保全争斗双方的生命,就是维护社会最大的善。[③] 贝尔·约瑟夫(Beale Joseph)在20世纪初继承了这一思想,主张在证明违法行为是否具有正当性时只需考虑国家的利益,法律的作用是对受侵害的权利进行救济,而非保护因遭受他人侵害而处于危险中的权利。[④] 主张防卫权是国家垄断暴力的衍生品的观点认为,防卫制度的设计必须同时考虑侵害人与防卫人的利益。如果防卫人能通过退避保全自我时,就不应该诉诸武力进行防卫。

在普通法历史上,防卫作为国家暴力衍生的性质体现得更为明显。只有根据国王命令执行杀人的行为才是正当性杀人,出于自卫的杀人只能被认定为免责性杀人,因为无论出于何种原因,私人冲突都被认为是破坏国家秩序的行为。这种以强调秩序价值为基础的正当防卫理论往往会引出一系列的重要规则。如实施防卫前必须履行退避义务,要求权衡防卫人损失与侵害人利益,将防卫限制在挽救生命与身体的范围内以及限制第三人介入防卫行为等。

---

① [美]乔治·弗莱彻:《反思刑法》,邓子滨译,华夏出版社2008年版,第635页。

② W. Blackstone, *Commentaries on the laws of England* Vol. 4, Oxford University Press, 2016, p. 180 – 181, 185.

③ 参见[美]乔治·弗莱彻:《反思刑法》,邓子滨译,华夏出版社2008年版,第630页。

④ See Joseph H. Beale, *Retreat from a Murderous Assault*, Harvard Law Review, Vol. 16: 8, 1903.

二、自由的化身:普通法正当防卫的自治理论

普通法防卫规则所遵循的另一个重要价值是自由主义。根据生物学家的分析,大脑的边缘系统控制着恐惧和愤怒等基本情绪,巨大的压力会促使其足以压倒人类的理性思维,这种情绪会挣脱理性控制,驱使人做出无意识的决定。[①] 换言之,防卫是人类的本能,是对行动自由的保护途径。正当防卫中的个人自治理论就是对自由主义推崇的体现。个人自治理论采用了一种预设,即对于正当防卫的问题,关键不在于斗争双方的利益冲突而在于对防卫人自治的单边损害。他人侵害个人自治权就是对个人自由范围的阻碍,故防卫人有权驱逐侵害人以恢复其自治领域。自治理论创造了一种特权空间,鼓励个人使用武力防卫侵害人以维护社会秩序。

自治理论在英国各个历史时期的法律制度中均有深厚的根基。如前一章所提到1532年英国立法承认杀死盗窃者、抢劫者的行为是正当的。又如爱德华·柯克爵士写道:“任何人都不应向窃贼之类的人让步,都不应放弃任何东西。”[②]洛克也支持自治理论,人有绝对的权利捍卫本人的自由和其他权利不受侵犯。[③] 但事实上,个人自治与正当防卫真正建立理论间的联系是在19世纪的德国,德国关于正当防卫的著名理论是“法无须向不法让步”。与前述侧重维护社会秩序不同,个人自治更多关注防卫人的权利地位,自治理论下推导出的防卫无须履行退避义务。

自治理论对英美法系的学者来说是陌生的,因为与免责事由下的防卫相比,自治理论更带有“绝对”的色彩,这与崇尚功利主义及比例原则的英美刑法理论来说似乎并不相容。虽然自治理论在英美法系中并不占有重要地位,但是在现代英美刑法中仍有两个地方能看到是对该理论的回应。其一是城堡主义,其二是每个人都有绝对的权利防御重罪行

---

① See Joseph E. LeDoux, *The Emotional Brain*, *Fear*, *and the Amygdala*, Cellular and Molecular Neurobiology, Vol. 23, 2003.

② [美]乔治·弗莱彻:《反思刑法》,邓子滨译,华夏出版社2008年版,第625页。

③ 参见[英]洛克:《政府论》(下篇),叶启芳、瞿菊农译,商务印书馆2018年版,第11页。

为。另外，自治原则对美国南部各州有深远的影响，对退避理论的思考是美国各州在正当防卫制度上产生分歧的关键所在。

第三节　刑事抗辩事由

一、犯罪构成与抗辩事由的关系

正当防卫在英美国刑法中属于一项抗辩事由，分析犯罪论与抗辩事由之间的关系对本书的研究主题非常重要。虽然抗辩事由是从相反的角度补充犯罪构成，但在理论运用中存在诸多问题。英美当前刑法结构的主要区分是犯罪构成与抗辩事由的区分。换言之，任何能够阻止对被告人定罪的事由都可被称为“抗辩事由”。各国多数刑法都围绕 3 种理论进行运作，即犯罪构成原理、一般抗辩事由和归责原理。英美刑法理论中抗辩事由置于犯罪构成体系内部，即若符合刑法分则规定的行为存在抗辩事由，便不符合犯罪构成要件（见图 1）[①]。与此相反，我国的违法阻却事由是在犯罪构成体系之外解决的。

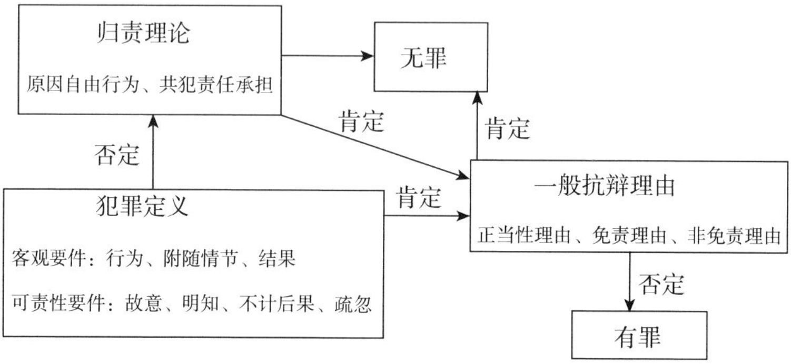

图 1　当前美国刑法的运行结构

① 参见［美］波尔·H. 罗宾逊、何秉松、王桂萍：《美国刑法的结构概要》，载《政法论坛》2004 年第 5 期。

美国学者波阿斯·桑格罗(Boaz Sangero)曾提出犯罪论与抗辩事由之间的关系在理论中的运用主要表现为4个问题:第一,犯罪论中的罪刑法定原则是否能适用于抗辩事由;第二,抗辩事由的举证责任应如何分配;第三,正当防卫是否需要具备主观要件,还是只需具备客观要件即可;第四,关于假想防卫的合理性问题。[①]

(一)罪刑法定原则的适用问题

罪刑法定是刑法中的一项基本原则,但是抗辩事由是否能适用罪刑法定原则是区分犯罪与抗辩事由的核心问题。桑格罗认为,这一问题需要从刑法规范的明确性与法院的权威性两个方面进一步分析。罪刑法定原则要求对禁止行为作出详细和明确的定义,但立法者无法详细列举抗辩事由的种类,只能采用概括的法律语言对其进行抽象的解释。罗宾逊(Robinson)认为,即使在抗辩事由的制定中,模糊的表述也是无效的。与罗宾逊相反,弗莱彻认为因为抗辩事由通常比较抽象,没有合理的可能性预测将构成这些情况的所有类型,故建议应对犯罪和抗辩事由进行区分,允许抗辩事由比定罪的规定更加模糊。[②] 事实上,"合理性"和"必要性"等术语本来就含混不清,却是抗辩事由不可或缺的一部分。

法院的问题在于其应当如何解释刑法规定的抗辩事由,以及法院是否有权创设新的抗辩事由。支持意见认为,法院创设刑法罪名会违反罪刑法定原则,但抗辩事由不会,反而有利于被告人。正如罗宾逊所述,他支持对抗辩事由适用"有利于被告人"的解释,这实际上意味着对抗辩事由的广泛解释缩小了刑事禁止的范围。这是当前美国学者所普遍认同的观点。反对意见认为,对罪刑法定原则应采取毫不妥协的适用以否定法院对抗辩事由的创设权。[③]

综上所述,关于罪刑法定是否适用于抗辩事由的问题,英美刑法理

---

① See Boaz Sangero, *Self-defence in Criminal Law*, Hart Publishing, 2006, p. 20.

② See Boaz Sangero, *Self-defence in Criminal Law*, Hart Publishing, 2006, p. 20.

③ See Boaz Sangero, *Self-defence in Criminal Law*, Hart Publishing, 2006, p. 22.

论界存在很大的争议。桑格罗认为,应当在详细区分正当性抗辩事由与免责性抗辩事由的基础上进一步分析。因为免责性抗辩事由本身不具有行为指导性(如对于类似精神病的行为人法律并不具有指导意义),其主要效用在于指示法院赦免对此类行为人的刑事责任。正当性抗辩事由具有明确的行为指导性,故正当性抗辩事由应当适用罪刑法定原则并对其进行详细而明确的规定。但是对于含糊不清的抗辩事由,法院有责任以有利于被告人的原则对其进行广泛的解释。

(二)正当性抗辩事由的主观认知问题

对于认定正当性抗辩事由时是否要求行为人具备主观认知,罗宾逊与弗莱彻的观点存在很大的差异。罗宾逊认为,行为仅需具备客观条件即可,无须要求行为人具有主观认知要件。弗莱彻认为,行为人至少应认识到自己所处的情况才能实施相应的行为,如在正当防卫中行为人只有主观上认识到自己正在面临紧迫性不法侵害才能认定其防卫行为具有正当性。换言之,只有在行为人具备主观认知的情况下行为才具有法律意义和价值。

(三)假想防卫问题

如果不区分犯罪和抗辩事由就没有必要要求错误具有合理性,正如就犯罪定义中的事实部分而言,也不需要以错误具有合理性来否定责任。认为犯罪和抗辩事由之间存在实质性的区分的观点并没有关于假想防卫问题的任何具体回答。关于这一问题,后文将详细进行讨论。

(四)抗辩事由举证责任分配问题

罗宾逊与弗莱彻在关于犯罪构成与正当性抗辩事由之关系上表现出明显不同的立场。罗宾逊在 *A Theory of Justification*: *Societal Harm as a Prerequisite for Criminal Liability*① 一文中阐述了自己的观点。他认

---

① Paul H. Robinson, *A Theory of Justification*: *Societal Harm as a Prerequisite for Criminal Liability*, UCLA Law Review, Vol. 23, 2005.

为，刑法的主要目的是避免有害后果而不是惩罚不具有危害性的非法意图，因此客观损害应该成为刑法制度中的一项必要条件。由于刑法无法罗列出各种情况下正当的行为，故通常会规定具有客观危害性的行为类型，而对抗辩事由则概括出不会造成客观危害的情况。罗宾逊认为，即使正当性事由被称为"抗辩事由"，但他更倾向于将其视为犯罪的一个要素（一个消极的要素）。他的反问是如果在具备正当事由的情况下没有造成任何客观损害，那么惩罚的依据何在。

由此可见，罗宾逊主要站在功利主义的角度认为正当行为只要满足客观要件即可而无须考虑行为人的主观因素。相反，弗莱彻则更加关注违法行为而非损害结果。[①] 他认为，正当性抗辩事由与犯罪构成理论具有本质的区别。关键的区别根本不是刑法所关注的损害（如杀死一只苍蝇，完全不属于刑法调整的范畴）和对某一罪行的正当性抗辩事由的损害（如面对杀人行为实施正当防卫）之间的区别。与罗宾逊不同，弗莱彻坚持认为法院不应该仅仅通过平衡行为造成的损害和避免的损害就认定行为是正当的。鉴于罗宾逊认为正当的不当行为在道德上与普通的、被允许的行为不相上下（因为任何一种行为造成的伤害都不会超过它所防止的伤害），弗莱彻坚持认为这两者之间存在着根本性的道德差异，即普通的、被允许的行为通常是无可非议的，但正当的不当行为虽然被允许却存在道德冲突。尽管在某些情况下公民被允许实施不法行为，但其只有在事后向法庭证明当时的行为实际上是特定情况下才被允许的。这不仅意味着行为人有充分的理由违反法律，而且这个充分的理由必须是其当时采取行动的理由。因此，他的基本观点是必须同时考虑行为人的主观因素，但只有主观相信无法产生正当性，故主观相信必须是合理的，即从社会的角度来看，正义的行为必须在道德上也是正义的。以堕胎为例，他认为放弃犯罪和正当性抗辩事由之间的区别，将会导致人们

---

① See George P. Fletcher, *The Right Deed for the Wrong Reason: A Reply to Mr. Robinson*, UCLA Law Review, Vol. 23, 1975.

认为堕胎与杀死一只苍蝇具有同样的性质。[①]

在提到防卫时，弗莱彻认为，私人防卫的客观行为要件并不足以阻却定罪。在"正当行为"的情况下，防卫人需具备一定的主观认知要件，即至少要正确认识到其所实施防卫的情况。换言之，需将防卫目的作为必要条件才能构成正当性抗辩事由。对此，笔者更同意弗莱彻的观点，即犯罪构成要件和正当性抗辩事由构成要件之间存在实质性的区别。若从功利主义的角度出发，刑法更加关注对犯罪的预防作用，故只需对行为的客观方面进行把握即可。但是，若将抗辩事由与犯罪构成视为同一性质的刑法理论，无视行为人的主观因素则会使刑法仅作为冰冷的维护社会的工具而易忽视道德的作用。正如弗莱彻所言，放弃二者之间的区别会导致某种情况下杀人与杀死一只苍蝇没有任何区别。虽然当前我国未将堕胎行为纳入刑法规制的范畴，但对精神病人或无刑事责任能力人实施防卫行为的处理都会涉及对以上问题的认定。若只关注客观行为则对精神病人实施正当防卫将无条件地属于抗辩事由。但若考虑到防卫人的主观因素，将会是另外一种结果。关于这一问题将会在后文具体论述。

二、正当性与免责性抗辩事由的区别

正当防卫在所有刑法理论中作为一项抗辩事由（或违法阻却事由）毋庸置疑，但是在各国法律规定中表现出较大的差异。如美国《模范刑法典》对抗辩事由的类型进行了划分。该法典在第 3 章中规定了"正当性"的抗辩理由，例如自卫和执法权，在第 4 章中以标题为"责任"规定了如精神病、未成年等抗辩理由。在标题为"责任的一般原则"的第 2 条的各款中规定了如认识错误、醉态、胁迫、同意、警察圈套等，以及在"序言"第 1 条中规定了时效、先前起诉等抗辩事由。其中美国刑法典中有 3 类典型的抗辩理由，即正当性抗辩事由（justification）、免责性抗辩事由和

---

① See George P. Fletcher, *The Right and the Reasonable*, Harvard Law Review, Vol. 98, 1985.

非—无罪抗辩事由(non-exculpatory defenses)。[①] 前两类抗辩事由的划分与正当防卫的认定密切相关,故本节将主要讨论正当性抗辩事由与免责性抗辩事由的区分对正当防卫的影响。

有关正当性与免责性的区别,经典表述可见于哈特的《惩罚与责任》一书中:

> 就“正当理由”而言,自卫者所实施的行为被视为法律不加谴责甚至予以欢迎的行为。然而,在杀人(例如意外杀人)是被免除责任的场合,刑事责任却是根据一种迥然相异的理由而被排除。在这种情况下,行为人所做的事实令人痛惜的,但他在行为时的心理状态具备了用以排除对个人的公开谴责或惩罚的大量情节之一种或数种。这是对个人的公平或正义的一项要求,它独立于刑罚的任何总目的之外,且不论法律是善,还是从道德的角度来看属中性,抑或是恶,这一要求都有其价值。[②]

因此,刑法不惩罚精神病人的攻击行为是因为行为人本身具有可宽恕的情节,即使其行为已经构成了犯罪,但法律并不鼓励这种行为。自卫杀人的本质是行为本身在道德与法律上是一件值得鼓励的事情。正如弗莱彻所言,主张正当事由就是承认行为符合犯罪构成要件,但对行为是否违法提出疑问,正当事由要证明的是行为的正义性,而免责事由就是承认行为违法,但要寻求避免将违法行为归责于行为人。[③]

现代英美刑法不再像过去一样对正当性杀人与免责性杀人进行严格的区分,正如弗莱彻指出,英美刑法中用“理性人”一词取代了正当性与免责性之间的区别。本节所要探讨的是如果正当性抗辩事由与免责

---

① 参见[美]保罗 H. 罗宾逊:《刑法的结构与功能》,何秉松、王桂萍译,中国民主法制出版社2005年版,第77页。

② [美]H. C. A. 哈特:《惩罚与责任》,王勇等译,华夏出版社1989年版,第13~14页。

③ 参见[美]乔治·弗莱彻:《反思刑法》,邓子滨译,华夏出版社2008年版,第551页。

性抗辩事由都能产生使被告人无罪释放的结果，那么区分二者究竟有什么意义。其实并非所有人都认为二者之间的区别值得关注，例如美国《模范刑法典》的起草者就对此持怀疑态度。他们认为，区分二者给法律体系带来的复杂性会远远大于由此带来的好处。持肯定态度的学者认为，区分二者对认定正当防卫有重要的意义。首先，能够向公民提供明确的道德指引。例如受虐妇女杀夫行为应当是正当行为还是免责行为，若不强调二者之间的区别，则刑法不能对公民的行为进行明确的指引。其次，对于认定第三人防卫的性质具有重要的价值。例如面临正在进行的 V 的不法侵害，行为人 D 实施的防卫行为必然是正当的，而第三人 X 协助 D 的行为也应是正当的。但若 D 杀死 V 的行为仅仅是免责性的，如 D 是精神病患者，而 X 是完全刑事责任能力人，那么 X 协助 D 的行为便不能被认为是正当的。最后，对可免责行为进行防卫与对正当行为进行防卫的性质不同。例如对精神病人的攻击进行防卫应被认定为紧急避险或者假想防卫而非正当防卫。

综上所述，在英美国刑法中没有必要对所有问题都进行正当性与免责性的区分，只是少数情况下若对二者不加以区分则会因不同的情况产生同样的结果，最后造成法律的不公。因此，涉及特殊情况时有必要将二者区分开来才能推导出合理的结论。

三、正当防卫的性质

在英美现代刑法理论中，正当防卫是正当性抗辩事由的性质在刑法理论与实务界都是毋庸置疑的。即便如此，罗宾逊和弗莱彻之间依然存在一定的分歧。罗宾逊认为正当性抗辩事由是法律所鼓励的一种行为，从功利主义的角度来看，在正当事由的情况下，该行为不具有社会危害性。[①] 弗莱彻认为，重要的不是行为的社会危害性而是行为在道德上是

---

① See Paul H. Robinson, *A Theory of Justification: Societal Harm as a Prerequisite for Criminal Liability*, UCLA Law Review, Vol. 23, 2005.

否正当,只有在道德上正当的行为才能被法律认定为具有正当性。[①] 另外,弗莱彻和德雷斯勒之间也存在分歧。[②] 德雷斯勒认为,弗莱彻对正当性的认识过于狭隘,正当性不仅涵盖道德上的"善",也包括中性或"可容忍"的行为。桑格罗认为,为了结束上述观点的分歧,必须明确将正当防卫定性为正当性事由的主要目的是正当防卫应被概括为一种正当的和道德上"善"的行为。

上述不同观点的分歧表明,对正当防卫的性质认定,各学者站在不同的立场且使用不同的原理才会产生相异的观点。以功利主义为代表的刑法学者关注行为对社会的影响,即关注行为的客观方面,只要行为不具有社会危害性就应具有正当性。弗莱彻等人更加关注行为人的主观方面,即行为不仅要正当同时必须具有道德上的正当性,要求行为人在实施防卫行为时要具备主观认识能力才能认为该行为值得法律与社会鼓励。笔者同意弗莱彻的观点,将正当防卫定性为正当事由的主要目的应是通过立法引导公众的行为,让公众认识到何种行为是被鼓励的,何种行为仅仅是被法律宽恕但不认可的,故必须强调行为人的主观认知要件才能发挥立法的引导教育作用。

第四节　刑事正当防卫的正当化根据

大多数国家的法律制度都承认正当防卫的正当性,即某种行为符合犯罪构成要件,但能够阻却违法甚至被法律与社会鼓励。正当防卫的性质在英美刑法史上虽然经历了免责事由与正当事由之争,但是当前学界

---

① See George P. Fletcher, *The Right Deed for the Wrong Reason: A Reply to Mr. Robinson*, UCLA Law Review, Vol. 23, 1975; George P. Fletcher, *The Right and the Reasonable*, Harvard Law Review, Vol. 98, 1985.

② See Joshua. Dressler, *New Thoughts about the Concept of Justification in the Criminal Law: A Critique of Fletcher Thinking and Rethinking*, UCLA Law Review, Vol. 32, 1984.

与实务领域均认可正当防卫属于正当性抗辩事由。本节将通过不同刑法学者提出的不同观点对英美正当防卫的正当化根据进行介绍与分析。

一、生命权:正当防卫理论的根基

在分析正当防卫的正当化根据之前,首先需要确定的一个基本法理问题是,当行为人使用致命武力进行防卫时,防卫人的防卫权与侵害人的生命权之间的价值衡量问题。换言之,防卫人是否有使用私人武力剥夺他人生命的权利。

生命权不仅被英美国家视为最基本的人权,[①]在其他国家甚至国际组织的立法中也对生命权进行了确认。有关生命权的理论存在绝对论与相对论两大主要派系。绝对论坚持启蒙思想下的自然权利理论,认为人的权利是自然本性的要求,是先于社会而存在的具有先验性的权利。相对论者认为应将人权置于社会与历史的体系中思考。英美国家权力相对论的代表人物胡克认为:“所谓人类的自然权利也是这样,其最后的根据也要看它在增进人类幸福方面对个人以及社会具有什么功用利益。”[②]人权相对论的观点源自19世纪的功利主义,强调所有权利应受到社会整体利益的约束。因而,人权绝对论与相对论的争论本质上是自然法学派与功利主义学派之间的理论冲突。

20世纪70年代以后,功利主义在英美法学界占据主要地位,因此英美大多数学者支持人权相对论,认为生命权并非一项绝对权力。在关于人权与权利的概念问题上,边沁反对自然法学派的先验理论,认为二者不应以自然法思想下的绝对原则为基础,而应以“最大多数人的最大幸

---

① 如美国《独立宣言》对生命权作了如下表述:“我们认为这些真理是不言而喻的:人人生而平等,他们都从他们‘造物主’那里被赋予了某些不可转让的权利,其中包括生命权、自由权和追求幸福的权利。”参见何勤华主编:《外国法制史》(第6版),法律出版社2016年版,第190页。

② 杜钢建:《人权绝对论与人权相对论——当代美国关于人权法哲学的辩论》,载《法学研究》1992年第2期。

福”为判断标准,他主张必须先有政府然后才能谈得上权利。[①] 功利主义者认为只要有利于最大多数人的最大幸福,个人或团体甚至一个国家的行为都是符合道德的。换言之,功利主义将人的权利当作实现幸福的手段而非最终目的。这一点与康德的伦理学截然不同(康德认为人在任何时候都不能当作手段对待)。因而功利主义为国家进入个人权利领域甚至干涉个人的生命权提供了理论基础。

在英美刑法学领域,同样普遍奉行功利主义刑法理论,例如波阿斯·桑格罗认为不存在绝对的生命权。确定生命权的绝对性要求在任何情况下不得以任何理由侵犯生命权。这意味着在战争、革命和正当防卫中夺取他人生命不具有合法性,这一理论显然不能被接受。[②] 持同样观点的还有美国刑法学者卡迪什[③]、阿施沃斯(Ashworth)[④]等。以上学者基于功利主义的伦理观与刑法观,一致认为生命权不是一项绝对权利,因而在特定情况下为了社会利益或团体利益,故意杀人应当是正当的,如死刑、执法行为和正当防卫。但使用致命武力必须控制在一定的范围内才能真正满足公共利益的需求,因此致命武力的防卫行为必须满足相称性与必要性的要求才能实施。

综上所述,英美正当防卫中使用致命性武力的正当性主要源自功利主义理论的解释。功利主义认为即使是人的生命权也应该置于最大多数人的利益中,一切权利都应以公共利益的需求为主,那么生命权便成为一种实现社会幸福的手段而非最终目的。此时,生命权不是绝对权而是一种相对权,在特定的价值冲突下对他人实施致命武力属于正当行为,其中包括正当防卫。

---

① 参见[英]边沁:《政府片论》,沈叔平等译,商务印书馆 1995 年版,第 7 页。

② See Boaz Sangero, *Self-defence in Criminal Law*, Hart Publishing, 2006, p. 41.

③ See Sanford H. Kadish, *Respect for Life and Regard for Rights in the Criminal Law*, California Law Review, Vol. 64: 4, 1976.

④ See Ashworth, *Self-Defense and the Right to Life*, The Cambridge Law Journal, Vol. 34: 2, 1975.

二、侵害人责任：一项关键要素

（一）侵害人责任理论概述

侵害人责任是英美刑法中最基础、最普遍的正当防卫正当化理论基础。美国刑法学者弗莱彻指出，侵害人罪责理论在德国、英国和美国都得到了认可，却只在普通法中占主导地位，大陆法系未将其作为主要的理论支撑。[①] 这一理论从侵害人的视角出发关注侵害人的权利与责任，以所有人都享有平等的生命权为逻辑基础，并派生出权利丧失理论与侵害人值得保护性下降理论两种学说。

侵害人权利丧失理论主要指侵害人因其行为构成犯罪而丧失了一般生命权（或与生命有关的请求权），以证明被害人实施防卫的正当性。奥米辛斯基（Omichinski）用人们普遍接受的"生命权的道德丧失"来阐述这一理论。她认为，尽管生命权传统上被认为是不可转让的，但从哲学的视角来看生命权可能会丧失。[②] 但这一理论受到了多数学者的批判。如卡迪什在《刑法尊重生命与权利》一文中详细论证了防卫杀人的正当性根据。[③] 他认为，不应将受害人与侵害人的生命价值进行比较从而得出防卫杀人是正当的结论。原因主要有以下 3 点：第一，该理论违背了生命权平等的原则。第二，该理论无法解释生命与其他身体伤害之间的衡量问题，例如对绑架或强奸等犯罪行为实施致命性防卫的正当性。第三，如何衡量侵害人与受害人的生命价值，如 20 个侵害人的生命和 1 个受害人的生命孰轻孰重。无责任能力的侵害人与受害人的生命价值孰轻孰重。尽管有人从功利主义的角度解释允许受害人或第三人

---

① See George P. Fletcher, *Proportionality and the Psychotic Aggressor: A Vignette in Comparative Criminal Theory*, Israel Law Review, Vol. 8, 1973.

② See N. M. Omichinski, *Applying the Theories of Justifiable Homicide to Conflicts in the Doctrine of Self-Defense*, Wayne Law Review, Vol. 33, 1987.

③ See Sanford H. Kadish, *Respect for Life and Regard for Rights in the Criminal Law*, California Law Review, Vol. 64: 4, 1976.

使用致命武力进行防卫，因为从整体来看，将对犯罪行为形成一种威慑，这符合社会利益的需要。但卡迪什认为，这一解释并不充分，因为这意味着受害人或第三人可以实施报复性武力以维护社会公共利益，而根据法律将正当防卫的时间延长至侵害完成以后显然不合理。卡迪什认为，最好的解释并不是从侵害人的生命权丧失论中推导出受害人有实施致命性防卫的权利，而是任何人均有在法律保护下免受他人生命侵犯的权利。根据霍布斯、洛克的理论，个人向国家让渡特权应以国家有责任保护个人免受侵害为前提。因此，受害人以致命武力防卫数个侵害人以维护其生命是正当的。

侵害人责任理论的另一个变种是侵害人值得保护性下降理论。该理论认为侵害人并未丧失任何权利，而是在衡量利益冲突时实施了犯罪行为导致其利益价值一定程度上被降低了。侵害人值得保护性下降理论的本质是“紧急避险”正当性辩护的一种变体，其又被称为“较小危害理论”。正如弗莱彻主张侵害人实施犯罪行为意味着放弃其部分权益，而这种放弃的程度与其犯罪程度直接相关。[①] 但桑格罗认为这种假设是虚构的，侵害人权益降低的根据并非弃权而是其罪责。事实上正当防卫的客体应当包括两个方面，即攻击本身和侵害人罪责，攻击被视为防卫定义的一个固有组成部分，因此只需集中分析侵害人罪责因素。在这里桑格罗引用了洛克在《政府论》中的一段文字论证侵害人罪责的基本原理。

> 战争状态是一种敌对和毁灭的状态；因此，凡用言语或行动表示对另一个人的生命有着沉着的、确定的企图，而不是出自一时的意气用事，他就使自己与他对宣告这种意图的人处于战争状态。这样就把他的生命置于那人进行防御和支持其斗争的任何人的权力

---

① See George P. Fletcher, *Proportionality and the Psychotic Aggressor: A Vignette in Comparative Criminal Theory*, Israel Law Review, Vol. 8, 1973.

之下,有丧失生命的危险。我有享有毁灭那以毁灭来威胁我的东西的权利,这是合理和正当的。因为基于根本的自然法,人应当尽量地保卫自己,而如果不能保卫全体,则应优先保卫无辜的人的安全。一个人可以毁灭向他宣战或对他的生命怀有敌意的人。他可以这样做的理由就像他可以杀死一只豺狼或狮子一样。因为这样的人不受共同的理性法则的约束,除了武力和暴力之外没有别的法则。[①]

从洛克的这段文字中至少可以得出3个结论:(1)在公民社会之外不存在道德责任;(2)侵害人罪责引起其权益价值的减损;(3)若必须追究责任,不应该追究无辜一方的责任。[②] 该结论正是本节所讨论的侵害人权利丧失理论与侵害人权益降低理论的来源。

侵害人责任有两种主要的内涵:(1)该理论有较强的比例性要求,即强调若受害人不实施防卫其所遭受的预期损害与实施防卫对侵害人的损害之间必须成比例。(2)针对无责任能力的侵害者不能实施正当防卫。基于受害人的防卫权利源自侵害人的罪责,当侵害人为无责任能力人时并不存在罪责问题,因而防卫人便失去了防卫的正当化依据。对无责任能力人实施防卫的问题经常构成刑法学界对侵害人责任理论的批判。不可否认的是,学者们认为这是该理论固有的和决定性的缺陷,这一缺陷常常成为学界否认其存在的原因,下文将详细讨论这一问题。

(二)对无责任能力人防卫的正当性:侵害人责任理论的缺陷

关于侵害人责任的争议焦点主要集中在对无责任能力人的防卫问题上。针对无责任能力人的防卫问题,英美刑法学界展开了激烈的争论。以弗莱彻为代表的批判派始终认为侵害人责任理论无法解释对无责任能力人防卫的正当性问题,这一问题应当用受害人自主性理论才能得到合理的解释。但桑格罗希望能为该问题找到合理的解释。他认为

---

① [英]洛克:《政府论》(下篇),叶启芳、瞿菊农译,商务印书馆2018年版,第11页。

② See Boaz Sangero, *Self-defence in Criminal Law*, Hart Publishing, 2006, p. 46.

对无责任能力人的防卫自始至终不应纳入正当防卫的范围而属于紧急避险或假想防卫。尽管侵害人责任具有重大道德和法律意义,但仅以这一因素作为正当防卫的正当化根据将会偏离其本质,还应考虑到其他极为重要的因素,特别是社会法律秩序。

值得注意的是,英美学者在以下两个问题上的观点是一致的:(1)行为人无权对于"正当性"行为的攻击实施正当防卫;(2)即使是否定对无责任能力人实施正当防卫的学者,通常也不主张受害人屈服于这类人的攻击。桑格罗认为采用紧急避险或假想防卫理论完全可以为认定此类防卫行为无罪提供合理的解释。但这一解释依然需要进一步讨论,即探讨无罪释放的基础——属于正当性事由还是只是一个免责性事由。

弗莱彻在《比例性与精神病侵害人:比较犯罪论中的一个小插曲》一文中对侵害人责任理论进行了批判。[①] 他用精神病人侵害的案例检验正当防卫与紧急避险理论。他坚决否定用紧急避险解释对精神病人攻击的防卫性质。他认为这种解决方案会产生以下消极的结果:(1)这样将无法为第三方协助被害人提供正当性根据;(2)认定为紧急避险将导致攻击的一方拥有自卫权,因为在"紧急避险"的免责事由范围内,被害人的防卫行为将被视为一种"不法行为";(3)如果受害人使用武力第三方将有权协助攻击的一方。同时,弗莱彻认为"紧急避险"理论忽略了无责任能力人防卫的一个重要特征,即对抗的一方是攻击方而另一方是防卫人。

桑格罗反驳了弗莱彻的观点,他认为即使用紧急避险理论无法为第三方介入提供正当理由,但至少如果第三方为受害人的近亲属时,其依然有权根据紧急避险的要求协助受害人。另外,攻击者仅有权在免责性行为的范畴内实施正当防卫,而无权对"正当性"行为实施正当防卫。与"紧急避险"相比,正当防卫的独特性并不仅仅是攻击,而且与侵害人责

---

① See George P. Fletcher, *Proportionality and the Psychotic Aggressor: A Vignette in Comparative Criminal Theory*, Israel Law Review, Vol. 8, 1973.

任有关。在典型的正当防卫案例中,侵害人可以决定停止攻击,但无责任能力人如精神病人缺乏这样的意志能力。另外,桑格罗认为在任何文化秩序框架内包括道德、法律和实践中,比例性都是一种核心的、不可放弃的要求。正当防卫的正当性根据的另一个非常重要的因素是社会法律秩序,防卫行为本质上是保护社会秩序,与防卫具有完全责任能力的侵害人不同,对无责任能力的侵害人采取防卫措施并不能保护社会秩序,因为其不具备罪责性,对法律秩序的破坏在法律意义上与动物无异。

桑格罗进一步强调,紧急避险的抗辩事由更适合此类案例,即由于侵害人的特殊情况,需要受害人履行严格的退避义务以及遵守严格的比例性要求。对于第三人协助,若不存在假想防卫(第三人不知侵害人是无责任能力人)、紧急避险(根据他与受害人的关系),或者以较小危害(一种极小的可能性)等情形,就没有理由支持第三人以伤害无责任能力人的方式保护受害人。

弗莱彻认为,侵害人责任理论无力证明对无责任能力人的防卫的正当性,他提出了应从受害人的视角对这一情况进行论证,即受害人的自主性理论。受害人获得防卫权的正当性依据应源于每个公民在市民社会所享有的自治权,这样一来,无论是被无责任能力人还是其他行为人攻击,行为人均有权防卫。笔者认为,从本质上来讲以桑格罗为代表的观点源于功利主义理论,如前所述,道德丧失理论、最小危害理论与比例性原则均源于功利主义原理。从这一原理出发,侵害人罪责理论认为对无责任能力人的防御不属于正当防卫,因为这样将无法产生有利于公共利益的社会效果,只是单纯维护了受害人的利益。但是与桑格罗相反,弗莱彻坚持认为应将对无责任能力人的防卫归入正当防卫的范畴,主张采用德国的受害人自主性理论予以解释,具体内容下一节将详细分析。

三、维护防卫人自治权

第二种正当防卫的理论依据预设了这样一个前提:正当防卫的重要

特征不在于双方之间的利益冲突,而在于对防卫人自治权的单边伤害。若防卫人的自治领域因侵害人而受损,防卫人便有权驱逐侵害人以恢复其个人领域的完整性。这是支持受害人自治权理论的弗莱彻对该理论的阐述。根据这一理论,个人自治权与防卫权共同构成了正当防卫的本质。正当防卫所要求的只是攻击行为的非法性。因此,若侵害人的行为仅属于免责性行为(如精神病人的攻击),那么其行为依然属于不法行为,而防卫人的防卫行为便具备了正当性。因此,重点不在于侵害人的罪责而在于受害人的自治权。

尽管自治理论在当代英美刑法中已不占主导地位,但其在英美各个历史时期的法律制度中都有很深的根基。如 1532 年英国立法确立了杀死窃贼、抢劫者和其他攻击者的行为是正当的。[①] 弗莱彻认为,在这一点上洛克也表达了类似的观点,即人有绝对的权利捍卫本人的自由和其他权利不受侵犯。虽然自治理论在当今英美防卫理论中并不新颖,但是依然有两个地方折射了这一理论的精髓,即"城堡主义"和防止实施重罪的绝对权利。

自治理论为个人提供了巨大的特权空间,以此鼓励个人通过伤害侵害人以维护社会秩序。正如弗莱彻所言,采用这一原则可以达到威慑反社会行为的目的。弗莱彻将正当防卫比作国家之间的战争,他认为任何社会共同体都有绝对的权利驱逐外国侵略者,遭受他人攻击者应当有绝对的权利抗击侵害、保护自己的重大利益。[②] 保卫生存空间不是要惩罚侵害人的行为,而是要消除客观上的侵害行为以保护自己与维护社会秩序。

另外,在德国和苏联采用自治原则的法律体系中,存在对比例原则的排斥。[③] 弗莱彻以德国法中占主导地位的"权利"一词为基础进行解释,他认为"权利"的发展源于康德,这一理论只对受害人有利。侵害人

---

① See 24 Hen. VIII, c. 5(1532).

② 参见[美]乔治·弗莱彻:《反思刑法》,邓子滨译,华夏出版社 2008 年版,第 625 页。

③ See George P. Fletcher, *The Right and the Reasonable*, Harvard Law Review, Vol. 98, 1985.

没有类似的“权利”,其不要求受害人考虑侵害人的利益从而导致防卫的程度完全由受害人决定。这一理论在司法实践中最经典的判例是 1920 年德国法院的判决。在该判决中,德国最高法院维持了对果园主人射杀偷苹果之人的无罪判决。裁决中德国最高法院讨论了“正绝不能屈服于不正”的规则,并确定在这种情况下仅需根据必要性要求允许开枪杀人。由此可见,对比例原则的否定或敌意是自治原则的核心内涵,换言之,自治理论与比例原则之间是一种互不相容的关系。

桑格罗不同意自治原则在正当防卫中的地位,同样持此看法的还有克雷姆尼泽(Kremnitzer)。克雷姆尼泽认为,个人权利是相对的而非绝对的,因此正当防卫中的权利不仅涉及防卫人,也要考虑到侵害人,同时法律不仅保护侵害人本身也涉及其行为。[①] 桑格罗反对弗莱彻将正当防卫比喻为战争,认为这种比喻歪曲了正当防卫的本质,即仅为一种防御行为。与战争相比,正当防卫中法律保护的是无辜的防卫人,而不是以防卫为借口攻击他人的好战的斗士。与战争的比较掩盖了正当防卫权仅限于非法侵害行为的重要限制。如果正当防卫是一场战争,那么任何法律制度都不应以必要性或比例性对其进行限制。事实上,以自治原则为主导的德国也无法避免规定正当防卫的必要性条件,这意味着这一理论并未完全将侵害人的权利置之度外。

弗莱彻认为,德国“正不必屈服于不正”的规则表达了“公民社会中自治的人”的重要性。桑格罗对这一观点表示怀疑,他认为德国法律将个人权利描述为绝对权利的论述具有误导性。[②] 若一个社会无须任何比例原则,开枪射杀仅偷窃一个苹果的年轻人的行为是正当的,那么这个社会的文明程度值得反思。另外,将正当防卫权视为一种典型的个人权利与国家承诺保护公共利益为主的事实不符,这将挑战国家维护公共秩序的职能。为了解决针对较轻危害使用致命武力防卫的困难,德国采用

---

① See Kremnitzer, *Proportionality and the Psychotic Aggressor: Another View*, Israel Law Review, Vol. 18, 1983.

② See Boaz Sangero, *Self-defence in Criminal Law*, Hart Publishing, 2006, p. 63.

了民法中的权利滥用原理,即防卫人实施的防卫行为与侵害力度不成比例便会构成权利的滥用。但桑格罗认为,权利滥用的本质是比例原则的变体。尽管如此,自治原则解释正当防卫的正当性依然具有三大优势:第一,自治原则从防卫人的视角思考,为包括无责任能力人的防卫在内的防卫提供了最佳的解释。问题的重点并不是防卫人的行为而是社会秩序鼓励或承认这种行为具有正当性。第二,自治原则的反实证价值的存在。但反对自治原则的观点认为,这一理论在最坏的情况下将导致对比例原则的全面否定。第三,这一理论为守法公民的权利和自由提供了最大保护。然而,桑格罗认为,在对比例原则的全面讨论中,无论从价值、道德还是从实践的角度来看,这样最大限度的保护对社会是不可取的。

四、维护社会法律秩序

维护社会秩序原理构成了另一种刑事抗辩的基础,多数法律制度均接受允许个人在特定情况下使用武力预防犯罪。其中,防卫他人更能凸显正当防卫与犯罪预防之间的重叠。维护社会秩序理论通常不作为正当防卫正当性的唯一理由,而是与其他理论结合起来使用,但作为正防卫正当性的诸多因素之一,其中最重要的因素是对被害人合法利益的保护。

弗莱彻也提到了维护社会秩序理论,但他并未强调该理论和自治原理之间的区别,而倾向于选择后者作为主导理论吸收前者。例如在讨论正当防卫的基本原理时,他提到了至少 4 种不同的理论,唯独未提及社会法律秩序。[1] 在 *Proportionality and the Psychotic Aggressor*: *A Vignette in Comparative Criminal Theory* 一文中,他对社会秩序进行了深刻的思

---

① 参见[美]乔治 · P. 弗莱切:《地铁里的枪声——正当防卫还是持枪杀人》,陈绪纲、范文洁译,北京大学出版社 2007 年版,第 23 ~ 45 页。

考。[1] 如前所述他将侵害人攻击受害方的行为比作一场战争。因此,对个人的攻击就应看作对整个社会秩序或法律秩序的攻击。同时,他认为"法律秩序"意味着将侵害人推到了社会与法律的边缘。侵害人被视为社会的敌人,即使他是无责任能力人。事实上,即使他提到了社会法律秩序,其主导思想依然是受害人自主性,一切以维护受害人的利益为主。

克雷姆尼泽在 *Proportionality and the Psychotic Aggressor*: *Another View* 一文中回应了弗莱彻的观点并详细讨论了社会法律秩序理论。[2] 他在否定受害人自治排他性的基础上论述了保护社会法律秩序的重要因素。违法行为具有超越行为人与受害人关系范围的意义,因而攻击受害人的同时也是对法律和社会秩序本身的攻击,个人通过防卫行为不仅保护自己的权利,其行为也具有保护社会秩序的价值。

克雷姆尼泽认为,正当防卫与紧急避险之间的区别也是基于这一关键因素。正当防卫的特点在于危险来自非法攻击,实施防卫行为的对象是违法行为。根据维护社会秩序理论,被害人是社会、公共秩序和法律制度的代表和保护者,防卫行为是为了消除非法攻击。同时,如果警方在事件发生时能及时赶到,也会像受害人一样进行防卫,因此这一行为也是执行公权力的代表。受害人的行为符合公众利益的需求,具有震慑作用。克雷姆尼泽认为,在正当防卫的情况下,保护受到威胁的合法利益需要被另一种利益所补充,即保护公共秩序和法律体系不受侵害。相反,在紧急避险中公共秩序维护者损害了他人的合法利益。他把维护社会法律秩序理论看作一种削弱退避义务的理由,因为这不再是单纯的个人退避更是法律和秩序的退避。根据这一理论,与侵害人利益相对立的不仅是受害人的利益还有社会法律秩序。

克雷姆尼泽还用该理论阐述了对比例性的观点,他认为超出一定限

---

① See George P. Fletcher, *Proportionality and the Psychotic Aggressor*: *A Vignette in Comparative Criminal Theory*, Israel Law Review, Vol. 8, 1973.

② See Kremnitzer, *Proportionality and the Psychotic Aggressor*: *Another View*, Israel Law Review, Vol. 18, 1983.

度的防卫行为同样构成了对社会法律秩序的侵犯,因而防卫行为必须限制在一定的范围内。事实上,对侵害人的过度防卫损害了社会法律秩序。这一理论的另一层含义是正当防卫不适用于无责任能力的侵害人,因为在没有刑事责任的情况下,侵害人的行为不具有社会危害性。

埃泽尔(Eser)也对该问题提出了自己的看法。他在 *Justification and Excuse* 一文中认为,正当防卫与社会维护法律和秩序的结合,一方面导致了正当防卫的扩大,另一方面导致了对正当防卫的限制。[①] 从扩大层面看,主要为防卫他人提供了充分的理由,因为防卫他人不仅是协助受害人,同时符合维护社会法律秩序要求;从限制的层面看,正当防卫的权利是相对的而不是绝对的,只有当符合社会秩序的要求时这种权利才存在。因此,埃泽尔认为这一角度支持了退避义务、比例要求等对防卫的限制条件。

桑格罗认为,将保护社会法律秩序作为正当防卫的唯一理论是不能接受的。[②] 重要的是要确定该理论的使用范围以及与之并存的其他正当性的理论,这些理论共同构成正当防卫的基础。他认为,维护社会法律秩序这一理论的权重应与受到危害的特定利益的权重以及侵害人罪责的权重成正比。对社会法律秩序的损害在针对故意犯罪的侵害中尤其重要,因为这危及受害人的生命。

综上所述,我们可以看到学者们对维护社会法律秩序理论在论证防卫正当性根据的观点上并未达成一致。但可以确定的是,该理论在任何时间都不能作为正当防卫的主要理论根据。若将维护社会法律秩序单独作为正当防卫的理论依据,那么个人将不得不扮演警察的角色,对公共利益承担起本应属于国家的责任或义务。关于这一理论的批评并不鲜见,无论是英美法系还是大陆法系都有不少学者对其提出尖锐的

---

① See Eser A, *Justification and Excuse*, American Journal of Comparative Law, Vol. 24, 1976.

② See Boaz Sangero, *Self-defence in Criminal Law*, Hart Publishing, 2006, p. 72.

批判。[①] 美国《模范刑法典》更倾向于桑格罗、克雷姆尼泽的观点，要求正当防卫严格遵循比例性原则，维护社会法律秩序不能排除防卫人履行退避义务。正如克雷姆尼泽所述，超出一定限度的防卫行为同样构成对社会法律秩序的侵犯。但在美国未采纳美国《模范刑法典》的州，如佛罗里达州，由于各种因素的作用，这些州并不要求严格履行退避义务而是充分运用个人自治原理与维护社会法秩序原理，给予防卫人充分的权利击退侵害人以保护个人利益与恢复社会稳定。具体将在第三章中分析该内容。

五、较小危害理论

较小危害理论是在20世纪西方刑法学中逐渐发展起来的，19世纪西方的主要刑法典中没有提到这一理论，即在迫在眉睫的风险即将造成重大损害的情况下，行为人有权违反法律禁止性规范。[②] 20世纪以后，苏联以及西德和美国[③]的刑法中都承认了这一理论。较小危害理论的主要含义有以下3点：第一，对法律禁止规范的违反是为了挽救比违法所引发的损害更重要的利益。这两个相互冲突的因素指避免的损害与预期的危害，即需要考虑违反法律规范所避免的损害与预期会发生的损害。只有避免损害的价值大于预期损害的价值时行为才是正当的。第二，违反禁止性法律规范必须以最小的损耗换取最大的利益。即使所避免的损害的利益更高，但若方式合理则行为虽违法也具有正当性。第三，违反禁止性规范的条件必须是为了避免迫在眉睫的危险。[④]

---

① 以德国为例，维护社会法律秩序被称为“法确证原理”，法确证原理是为补充个人保全原理本身的缺陷而推出的，但法确证原理因为内容过于空泛、抽象，被不同人群根据自身需求赋予各种不同的含义，因而成为可以从自己的主观评价导出任何结论的万能原理。参见张明楷：《正当防卫的原理及其运用——对二元论的批判性考察》，载《环球法律评论》2018年第2期。

② 参见[美]乔治·弗莱彻：《反思刑法》，邓子滨译，华夏出版社2008年版，第623页。

③ MPC § 3.02.

④ 参见[美]乔治·弗莱彻：《反思刑法》，邓子滨译，华夏出版社2008年版，第624页。

沃瑟曼(Wasserman)认为,正当防卫与紧急避险的主要区别在于紧急避险这一理论最后产生了一系列的困难,如对退避义务的论证,即如何权衡防卫人的损失和侵害人收益(挽救生命)的难题。[①] 若侵害人的生命价值足以被其罪责所贬损,那么这种防卫一定会扩展到严重的身体伤害上。弗莱彻认为,既然没有理所应当的适合冲突利益的砝码,也就没有办法规定罪责在给侵害人的利益打折扣的过程中究竟有多重要。另外,关于防卫他人的正当性问题,正当防卫理论产生一种与防卫人特权同时空扩展的普遍介入的权利。任何人都有权以维护更高利益价值为目的行事。无论谁损害了侵害人的利益,防卫行为都将维护当时情况下更高的权益。法院需要判断所牺牲的利益与所保护的利益之间的价值大小以确定紧急状态中防卫人行为的正当性。正当防卫中,决定双方利益价值大小的不是司法人员而是立法者。

利益衡量理论的优点在于同时兼顾冲突双方的利益,既考虑受害人的人身损害又要关注侵害人被受害人不必要的防卫行为所造成的损害。该理论与保护生命权、规制个人间互殴等法律目标相一致。较小危害理论的内涵是在这一理论框架内建立比例性要件。尽管不要求防卫人所保护的人身损害大于或等于实际所遭受的人身损害,但是人身损害之间的某种关联是绝对必要的。

较小危害理论同样存在缺陷并遭到许多学者的批评。例如正当防卫的案件绝大多数涉及人身损害,有时侵害人所造成的人身损害超过了受害人所预防的损害。[②] 因此,大多数人同意为了保护生命权或抵抗重大人身伤害如强奸等行为而使用防卫甚至致命防卫的行为是正当的。或者当一个受害人面临多数侵害人的非法攻击时可以使用致命武力进行防卫。也有人考虑到概率的因素,如防卫人面临死亡的风险极大时也可以实施致命性防卫武力。如果像紧急避险那样对侵害人与受害人的

---

① See Wasserman. David, *Justifying Self-Defense*, Philosophy & Public Affairs, Vol. 16, 1987.

② See Wasserman David, *Justifying Self-Defense*, Philosophy & Public Affairs, Vol. 16, 1987.

人身损害进行衡量，那么通常会导致一种具体的衡量，例如将侵害人的生命与被害人的生命价值进行比较。这些必须放在天平两端的“抽象利益”是什么？正如前述所提到的公认方法是利用它来降低侵害人利益的价值，即在利益衡量中最常见的抽象因素是侵害人罪责。其他重要的抽象利益包括被侵害人的自主性和社会法律秩序。所有这些因素的共同之处在于，其倾向于受害人而对侵害人不利。侵害人生命的折扣程度决定了防卫人可否使用致命武力反抗强奸、严重身体伤害、不可恢复的财产损失，甚至可能是较不重要的利益损失。其基本前提是，若侵害人的行为非法地置他人利益于不顾，则其值得保护性也就降低了。桑格罗认为，虽然较小危害理论应该被接受，但这一理论仅仅为正当防卫提供了一个框架，这个框架必须被具体的内容充实，如人身损害与相关的抽象利益。[①] 抽象利益应考虑所有重要的因素，如受害人的自主权、侵害人罪责和社会法律秩序。

六、正当防卫理论的主要争议

分析与阐释正当防卫理论的主要价值在于能够全面地为防卫行为的正当性找到合理的解释。但正如前所述，只有一种理论无法全面为其提供充分的论证，现实往往是必须将几种理论相结合才能全方位为正当防卫寻找立足的基础。这些不同的理论之间常常存在矛盾或冲突，这些矛盾与冲突也造成了立法与司法中对同一问题产生不同规定、不同解释的紧张局面。

（一）退避义务

正当防卫中防卫人是否应履行退避义务在英美不同时期、不同地区之间产生了较大的差异和分歧。以美国为例，首先，美国《模范刑法典》

---

① See Boaz Sangero, *Self-defence in Criminal Law*, Hart Publishing, 2006, p. 46.

对防卫人使用致命武力防卫规定了退避义务。[①] 其次,采用美国《模范刑法典》的州也规定了退避义务,如阿拉斯加州、康涅狄格州、夏威夷州等。另外一些未采用该法典的州则主张无须履行退让义务,如亚拉巴马州、亚利桑那州、佛罗里达州、佐治亚州、路易斯安那州等。我们并不能完全得出结论断定这些不同的州受到不同防卫理论的影响导致在退避义务的观点上存在较大的差异。但从前文的论述中的确可以发现这些理论起到了一定的作用。

较小危害理论中蕴含着退避义务。若要在防卫人的身体或荣誉与侵害人的生命之间做出选择,几乎所有人都会同意保留侵害人的生命,因为没有任何事物比一个人的生命更加重要。因此,权衡利弊的结果就是防卫人必须尽可能地退避至墙角,谨慎选择使用致命性防卫武力。但在受害人自主性理论中,便是截然不同的观点。根据"正无须向不正让步"的法谚,防卫人的退避代表了向违法行为的让步。受害人自治理论并不关注侵害人与受害人之间的利益衡量,关键在于受害人或防卫人的自治权。因此,不同理论推导出了不同的防卫规则,由此产生了截然不同的判决结果。

(二)侵害人罪责

自治理论与较小危害理论的共同之处在于二者都要求侵害人的行为必须是违法的或不正当的。但较小危害理论依赖对侵害人罪责的确定,而自治理论只关注防卫人自治。根据前文分析,侵害人罪责理论的难点在于对无责任能力人的防卫问题。自治理论认为只要侵害了防卫人的自治领域,即使是无责任能力人也可对其实施防卫。但较小危害理论认为不能对无责任能力人的侵害行为实施致命性防卫武力,因为无法证明防卫人的利益一定大于侵害人的利益价值。美国《模范刑法典》第

---

① See MPC § 3.04. 行为人能够通过采取某些替代措施(如行为人可以通过撤退,放弃对某物的占有权或遵从对方要求)来完全安全地避免使用致命性武力的必要,但仍使用该武力的,其行为不具有正当性。

3.11条允许对无责任能力人的侵害实施防卫,只不过采纳该法典的州均未采纳不法侵害这一定义。

(三)比例性原则的争议

布莱克斯通是这样表述比例原则的:“不可以用死亡来防止某种行为,除非实施这种行为将以死刑惩罚之。”[①]弗莱彻认为,“对这一等式不能做机械的理解,因为这意味着废除死刑的司法辖区将不可能在任何时候使用致命性武力进行防卫。布莱克斯通的主张中真正有价值的不是致命武力等价于死刑,而是致命武力的使用必须以犯罪威胁的严重性来正当化”[②]。

普通法完全接受了比例性原则,这主要表现在正当防卫中对使用致命防御武力与非致命防御武力的规则作了明确的区分,以及将防卫权区分为防卫人身、防卫住宅和防卫财产等不同的特权。以自治理论为正当防卫正当化依据的国家如德国便没有如此明确的区分,因为其预设所有的法益都享有平等的权利并应受到同等的保护。坚持自治理论的观点展现了对比例性原则的敌对立场,认为法院审判中机械地适用比例性原则判断防卫的正当性缺乏灵活性,没有考虑影响防卫人武力的其他因素。关于比例性的分析将在下一节中具体地展开论述。

综上所述,正当防卫中一些规则的不同表现形式蕴含了不同理论之间的冲突,例如美国由于各州情况不同,在制定正当防卫时所采用的理论亦各不相同。美国《模范刑法典》及以其为蓝本制定刑法典的各州很明显地接纳了功利主义思想并运用了比例性原则,在退避义务、对防卫人使用武力方面的严格限制上充分体现了比例原则的思想。但在未采用美国《模范刑法典》的州,如佛罗里达州似乎更加倾向于自治理论,尤其在2005年出台“不退让法”之后被许多州效仿。相比美国《模范刑法典》这些州更加关注防卫人的自治权利,鼓励防卫人采用更为积极主动

---

① [美]乔治·弗莱彻:《反思刑法》,邓子滨译,华夏出版社2008年版,第633页。

② [美]乔治·弗莱彻:《反思刑法》,邓子滨译,华夏出版社2008年版,第633页。

的方式捍卫自己的人身与财产安全。正如弗莱彻所述，对正当防卫不同理论的分析与论证的意义在于，指出像退避义务这样具有强烈争议性的规则只不过是呈现了更深层的意识形态冲突的迹象。解决这些争议的方法不是孤立地解读这一冲突迹象而是探索这些争议背后隐藏的思想价值。他认为，虽然刑法学者能够清晰地指出较小危害理论与自治原则之间的区分，但解决这些冲突并非易事。

第五节　刑事正当防卫的构成要件

以英美为代表的普通法正当防卫的构成要件有其自身的特色。由于受到比例原则的影响，英美正当防卫明确区分了致命性防卫和非致命性防卫。对致命防卫武力的完全独立构成了英美正当防卫的一个主要特征。另一个主要特征是强调对合理相信要件中理性人的审查。这两个特点在美国法律中尤其重要以至于有公认的观点表示，正当防卫有两个核心的区别，即致命性防卫武力与其他种类的防卫武力、合理防卫与不合理防卫的区别。[①] 因此，英美正当防卫的构成要件主要包括6个方面的内容，即致命性武力、必要性、紧迫性、合理相信、比例性以及退避规则。

一、防卫起因：不法侵害

不法侵害是受害人或第三人采取防卫措施的起因条件。因此，认定不法侵害在正当防卫中的适用范围非常重要。同时，侵害行为会在特定情形下随着侵害人的决定发生转变，即侵害人的身份在特定情形下可能发生转变，这对认定正当防卫具有重要意义。

---

① See BoazSangero, *Self-defence in Criminal Law*, Hart Publishing, 2006, p. 114.

（一）不法侵害的范围

从理论上看，侵害人任何可能损害受害人合法利益的行为都可能成为正当防卫的起因条件，但实际中并非如此。英美有关正当防卫的表述中经常会出现“攻击”（attack）一词用以描述侵害行为，但是必须注意该词与美国刑法中的攻击罪（offence of assault）之间的区别。攻击罪要求某种程度的身体接触，而 attack 的范围更广，还包括不属于攻击罪范围的行为，如攻击受害人的财产。除使用“attack”一词以外，美国《模范刑法典》也使用“force”用以扩大攻击的范围，如英国《刑法》草案的起草者认为可以将武力（force）定义为包括对对人身、财产威胁使用武力以及不使用武力的非法监禁。

另外，在判例法中对“侵害人”的定义通常解释为行为人违反法律规定且按常理推断会导致他人人身遭受严重损害或致命性损害后果的人。[①] 结合上述对侵害行为的分析，关于“侵害人”有 4 个方面值得注意：第一，行为人即使仅仅开始实施非致命性的武力，也属于侵害人。第二，第一个使用武力的人不一定是侵害人。如行为人以威胁的方式展示手中的器械但没有着手使用该器械攻击他人，那么该行为人不能被认定为侵害人。第三，若行为人的行为是正当的则不能被认定为侵害人，如依法履行职务行为的公务人员。第四，防卫人在冲突中是否丧失防卫权的问题通常需由陪审团决定，[②]由陪审团根据“侵害人”概念的合理解释作出判断。

（二）侵害人的身份转变

防卫过程中侵害人的身份会随着侵害行为的变化而发生转变，这里存在一个关键的问题，当致命性侵害行为与防卫行为同时发生时如何认定真正的侵害人。首先，结合前文所述致命性侵害人指按照常理推断必

① See U. S. v. Peterson, 483 F. 2d 1222, 1233 (D. C. Cir. 1973).

② See Swann v. U. S. 648 A. 2d 928, 933 (D. C. 1994).

然会导致致命性后果的行为人。致命性侵害人重新获得防卫权的唯一方法是停止侵害行为并明确将其停止侵害的意图告知受害人。[①] 值得注意的是,该规则适用的条件十分严格,侵害人必须通过明确的行为或语言告知受害人停止侵害的意图,被动的撤离或语言模糊的告知均不适用这条规则。

其次,存在防卫人以明显不合比例的方式对侵害人实施防卫,如侵害人仅拍打对方,防卫人却使用致命性的工具对侵害人进行致命性打击的情形。此时,侵害人是否能转变为受害人转而对最初的受害人行使防卫权?针对该问题美国判例法中对这一情况的认定并不一致。许多法院认为以上这种情况下初始的侵害人重新获得了防卫权,可以实施防卫行为甚至是致命性防卫行为保护自己的人身安全。[②] 也有法院认为,上述情况中初始侵害人无权使用致命性防卫行为对抗受害人的反抗,侵害人必须先履行退避义务,只有在退无可退而受害人又穷追不舍的情况下侵害人才能获得防卫权。[③] 但有时法院也会认为,非致命性武力拥有“不完美”的自卫权,这种防卫权一般被定罪为“一般杀人罪”而非“谋杀罪”。

二、防卫时间:紧迫性

英美正当防卫的紧迫性是必要性要件的直接衍生物。换言之,离开必要性要件,紧迫性没有直接的意义或价值。更确切地说,紧迫性之所以被要求仅仅是因为没有紧迫性要件就无法保证防卫行为的必要性。[④] 在英美防卫理论中,防卫的时间要件并不严苛。这与普通法的历史以及

---

① See State v. Morrow 41 S. W. 3d 56,59(Mo. Ct. App. 2001).

② See Watkins v. State 555 A. 2d 1087,1088(Md. Ct. Spec. App. 1989).

③ 参见[美]约书亚·德雷斯勒:《美国刑法精解》,王秀梅等译,北京大学出版社 2009 年版,第 206 页。

④ See Richard A. Rosen, *On Self-Defense, Imminence, and Women Who Kill their batterers*, North Carolina Law Review, Vol. 71, 1993.

英美防卫理论有着密切的联系。关于紧迫性要件需要注意其包含的主要内容,对其提出反对意见的主要观点以及关于陷阱装置的合法性等问题。

（一）紧迫性要件的内容

紧迫性要件要求具备哪些内容,即要求受害人法益被侵害的危险具有紧迫性,还是要求侵害人的侵害行为具有紧迫性？对此问题,美国《模范刑法典》和各州制定法并未明确规定防卫的时间要求,但是大部分州均对防卫的紧迫性做出了明确的要求。如美国《模范刑法典》第3.04条中同时出现了紧迫性和必要性的要求（immediately necessary）,其他州制定法也有相关的规定。因此,紧迫性在法律上属于防卫的时间要件。紧迫性在防卫过程中往往表现为两种状态:攻击的紧迫性与危险的紧迫性。桑格罗认为,二者之间的区别在于防卫人虽然无法预期即将发生的危险,但是完全可以预料到侵害人即将发动的攻击行为。[①] 在这一情形下,正当防卫的正当性只能基于在即将发生的侵害行为中已经表现出的危险,不能基于未展现出的危险。换言之,在多数情况下攻击的紧迫性与危险的紧迫性几乎是重合的,这时只需考虑攻击紧迫性即可。但在有些情况下攻击的紧迫性与危险的紧迫性具有明显的差距。他举了一个例子,假设A在B的车辆上安装了一个设备,计划在一年后对其造成损害。这一装置在一年后的任何时候都可能会被B无意间触发。这一情况下A着手安装装置便是开始实施侵害行为,但是这一行为不应被视为符合紧迫性要件,因为危险的发生与攻击的实施之间的时间距离过于遥远。因此,桑格罗认为在这种情况下最好应考虑危险的紧迫性。

紧迫性的要求主要体现在两个方面:一方面,防卫行为必须在危险已经产生时尽早实施,但不应当早于危险出现时;另一方面,最迟在侵害行为结束以前。若防卫行为过早则缺乏紧迫性,而过晚的防卫则有报复的嫌疑。换言之,危险应当是一种即将发生的且近在眼前的侵害行为。

---

① See Boaz Sangero, *Self-defence in Criminal Law*, Hart Publishing, 2006, p. 154.

（二）紧迫性要件的反对观点

尽管紧迫性被认为是正当防卫中非常重要的构成要件之一，但是仍有一些学者对其提出了反对意见，认为应当废除对紧迫性的要求。若是出于对防卫行为必须在侵害行为已经开始到尚未结束的时间限制，那么这个问题已经在必要性要件中得到了解决。[①] 在庭审环节中，紧迫性是判定必要性的先决条件。这一观点随着美国社会对受虐妇女处境的关注日益得到学者们的支持。受虐妇女所面临的环境与传统观念中的紧迫性侵害不同，持久性的家庭暴力侵害缺乏紧迫性特点，因而其并非紧迫危险中的受害人。根据理查德·罗森（Richard Rosen）教授的观点，紧迫性“只是发展了必要性原则，如果在紧迫性和必要性之间有冲突，必要性应当是优先的”[②]。他认为，有时虽然危险不是迫在眉睫，但它一定会发生。如人质发现了一个逃跑的机会，只有杀死劫持者才能安全地逃跑。显然，即使危险不是迫在眉睫，防卫行为也是必要的。

因此，若对于行为人来说真正存在有必要防卫的情形，则无须要求危险具有紧迫性。美国《模范刑法典》支持了这一理论，并在一定程度上扩大了普通法中的规定。该法典用“在当时的场合立即必需”取代了普通法中的“紧迫性需要”，在用语上比普通法更早地授予受害人防卫权。[③] 例如，受虐妇女 D 在其丈夫 V 准备出门从车内取出枪支射杀她之前杀死了 D。根据传统的普通法规则，D 以正当防卫主张抗辩会因危险不具有紧迫性而无法得到主张，但是根据美国《模范刑法典》的规定，D 可以运用正当防卫对抗 V，只要其有理由相信等待 V 取枪回来射杀自己再反抗为时已晚。

美国普通法防卫时间要件的宽泛性可寻迹于普通法的历史中。根

---

① See Allhoff Fritz, *Self-Defense Without Imminence*, American Criminal Law Review, Vol. 56, 2019.

② Richard A. Rosen, *On Self-Defense, Imminence, and Women Who Kill Their Batterers*, North Carolina Law Review, Vol. 71, 1993.

③ See Model Penal Code § 3.04.

据第一章的分析可知，现代美国自卫法在早期普通法中有两个历史根源：一是抗辩事由，二是预防重罪的正当理由。最初任何一种情况下，紧迫性都不是一项具体的要求。中世纪的自卫规则允许被告人只能在最危险的情况下为保护自己的生命而杀人且需要撤退。尽管普通法的防卫规则相当严格，但早期基于重罪的防卫规则要宽松许多。不仅不要求紧迫性危险作为防卫要件，杀人的正当理由甚至可以不限于自卫。被告人只需要证明为了防止重罪发生或者为了逮捕罪犯而杀人是必要的。因此，紧迫性在英美法中并没有悠久的历史沿革，紧迫性的存在也是为证明防卫行为的必要性。例如美国的城堡主义以及近些年所颁布的坚守阵地法，在以上情况中实施致命性防卫行为更侧重于对必要性的考察。

（三）对紧迫性的挑战：先发制人与陷阱装置

英美刑法有一种共识，即受害人无须等到侵害人实施攻击行为才可以防卫，防卫人为了击退侵害人在某些情况下可以采取预防行为。[①] 美国学者将致命武力的使用视为“预先的攻击行为”，而在某种意义上他们承认所有的自卫案件都包括预先的攻击行为。[②] 争议的焦点在于预先的攻击可以提前到何时或者何种程度。但这种预先攻击的允许不仅会增加对防卫必要性要件的质疑，同时也会对防卫紧迫性要件提出挑战，更甚者将直接影响行为人实施攻击行为的正当性。由于潜在受害人的自主性因素，预期的侵害人罪责与社会法律秩序在防卫行为正当化中的作用变弱。若行为人选择的时间点过早，其行为很可能会损害而不是保护社会法律秩序。因此，紧迫性的好处在于减少不必要致命性防卫行为的风险。

另一个有关紧迫性的问题是安装陷阱装置行为的合法性问题。美

---

① See Joseph H. B. Beale, *Homicide in Self-Defense*, Columbia Law Review, Vol. 3, 1903.

② See Larry. Alexander, *A Unified Excuse of Preemptive Self-Protection*, Notre Dame Law Review, Vol. 74, 1999.

国《模范刑法典》第3.06(5)条规定了为防卫财产使用装置的情况。但陷阱装置的使用并不局限于财产防卫方面,对住宅的防卫也可以使用陷阱装置。如A在家中安装了一个设备,目的是电死不速之客。A不在家时,B试图闯入其室内盗窃,因触电造成严重的人身损害。又如D训练其饲养的狗撕咬陌生人的喉咙。V因与C发生争执企图非法伤害D,被狗撕咬致死。以上情形能否被认定为正当防卫?

陷阱装置是正当防卫紧迫性要件的一种特殊情况,它对正当防卫的时间点问题提出了尖锐的挑战。换言之,这是一种先发制人的行为,防卫行为不具有典型性,其主要受制于侵害人实施侵害行为的时间。关于陷阱装置需要考虑两个方面的问题:一是侵害人罪责。侵害人罪责在设置陷阱时是未知的,只有在攻击时和陷阱激活时才会展现出来,因而存在一种随机因素。因为侵害人可能是一个完全无辜的人,如醉酒的邻居、无责任能力人或执法人员,在这种情况下设置陷阱的行为就是不正当的,因为其对社会法律秩序造成了严重的损害。桑格罗认为,这一难题可以通过限制防卫人使用可见的装置来解决,例如使用带尖板条的栅栏或适当的标志等能够轻易让入侵者得到警告的装置来实现防卫,而不能用隐藏的陷阱,如高压电线或弹簧枪。二是陷阱装置的特别之处在于行为人设置陷阱的阶段并不存在危险的紧迫性,由此可能会否定该行为适用正当防卫的情况。但必须指出的是,在设置陷阱阶段防御力量没有被激活,而是被推迟到后面侵害行为即将发生之时,在没有紧迫危险的情况下设置陷阱与有紧迫性危险的情况下装置被激活之间存在一定的时间差距。

普通法对这一问题作了规定,当侵害人的入侵行为发生时而事实上受害人当场实施防卫措施是合理且正当的,则受害人可以使用陷阱装置。[①] 因此,普通法认定陷阱装置的合理性在于当事人在场的情况下能合理、正当地实施正当防卫。但之后普通法规则发生了变化,越来越多

---

① See People v. Ceballos, 526 P. 2d 244, (Cal. 1974).

的案例不支持使用陷阱装置进行防卫。[①] 美国《模范刑法典》则完全禁止使用机械装置进行防卫，即装置不能是用来造成死亡或严重身体伤害的装置，且该装置必须是防卫该财产所通常使用的装置并且行为人必须尽到使用装置的合理注意义务。美国《模范刑法典》避免了因陷阱装置的随机性带来的不确定因素，因为现代法律应将刑事责任建立在行为人的行为与罪责上，而不是建立在完全随机的因素上。

三、防卫限度之一：必要性

（一）必要性的理论基础

必要性要求可以说是所有国家法律制度甚至从古至今以来最容易被接受或认可的一项要件，人们甚至一致认可必要性是构成正当防卫最基本、最重要的条件，但必要性条件并不能从前述所有正当防卫基本原理中推导出来。例如侵害人罪责理论、受害人自主性理论中均未提到正当防卫的必要性要求，而较小危害理论中更加注重对比例性原则的要求，亦未明确提及必要性。因此，只剩下社会法律秩序理论对必要性提出了明确的要求。根据这一理论，受害人或者第三人实施正当防卫的另一层意义在于维护社会法律秩序，其代替尚未来得及介入冲突的公权力履行相应的义务，如果失去对必要性的要求，正当防卫便不具有正当性。在情况并不紧迫时，为保护被威胁的法益采用温和的方式，如诉诸公权力予以保护，比运用私人武力进行防卫更为可取，因为私力救济有时更容易伤害侵害人以及损害社会法律秩序。故社会法律秩序理论要求正当防卫必须具备必要性。

（二）必要性要件的要求

英美对正当防卫的必要性条件与我国基本无异，主要从防卫行为的角度进行分析，但是美国正当防卫必要性极为强调站在防卫行为发生时

---

① See People v. Ceballos, 526 P. 2d 241, (Cal. 1974); Falco v. State, 407 So. 2d 203 (Fla. 1981).

认定而非根据损害结果进行判断。

首先，对必要性的要求可以从质和量两个方面去理解，即对侵害行为的防卫从质和量两个方面都是必要的，在质方面要求在当时情况下不存在其他更合适的选择，在量方面则要求注意防卫的力度。如防卫人一拳足以制止不法侵害行为，那么，在质上便不宜使用致命性工具防卫，在量上十几拳的反抗便是不必要的。但很多情况下这种区分并不能对必要性产生明确的判断作用，如侵害人连续殴打受害人直至对其身体造成严重损害，数量的积累达到了质变，此时质量与数量之间的区分便值得怀疑。

其次，必须从行为过程判断必要性而不能根据损害结果进行判断，因为结果往往具有较大的偶然性。例如当面临侵害人的致命性侵害时，防卫人亦使用了致命性武力予以防御并造成了侵害人死亡，这时应当审查的是针对侵害人的致命性侵害，受害人是否有必要采用防卫行为而非是否有必要射杀侵害人。

最后，需要注意的是，对必要性的要求不应采用过于严格的方式加以解释。在某些情况下行为人有几种可供选择的行为方式，但这几种方式均不具有排他性，即此时行为人选择最温和的防卫方式是正确的，但是若行为人选择了其他合理的方式也不能证明是不合理的，只要所选择的防卫行为符合常理就应认定符合必要性要求。

（三）必要性要件的内容

英美防卫理论认为，必要性的要求衍生出紧迫性与退避义务两项主要内容。必要性延伸出紧迫性要件这一观点在英美学界几乎达成了共识，正如前文所述，若侵害行为并非紧迫则无必要实施正当防卫，完全可以依赖公权力解决。但是关于退避义务学界存在较大的争议。退避义务要求防卫人实施防卫行为之前必须尽可能安全撤退，提出这一要求的理由是若受害人能够安全撤退，则防卫行为就不具有必要性。[①] 美国司

---

① 但是波阿斯·桑格罗认为退让义务主要是从比例性原则中衍生出来的，具体内容在下一节中具体分析。See Boaz Sangero, *Self-defence in Criminal Law*, Hart Publishing, 2006, p. 41.

法机关对退避义务的争议很大，有许多州在立法与司法实践中采用了“不退让”原则，即使防卫人有选择躲避的机会，仍然允许其无须躲避直接实施致命性武力进行防卫。具体内容将在下一节中详细论述。

另外，在防卫的必要性要件中需要注意一种情况，即不实施防卫行为而要求侵害人停止侵害的可能性。典型的案例是对非法侵入行为(trespass)[①]的防卫(财产防卫)。要求受害人(土地所有人或占有人)在实施防卫行为之前要求侵害人退出或归还其财产。如美国《模范刑法典》第3.06条明确规定在对财产实施防卫之前必须履行提出归还要求的义务，以及对同一要求的3种例外情况。[②] 因此，对财产防卫不能按照人身防卫的标准进行判断，必须将劝退义务进行前置才能采取攻击性防卫措施。针对财产侵害，受害人还可以选择向法院起诉要求对所涉财产上的合法利益进行保护。这种情况仅限于受害人可以通过司法救济使其在财产上的权利得到充分保护。但在提到防卫的必要性时必须考虑受害人等待法律程序的时间成本，以及因等待致财产进一步受损的情况，受害人将获得损害赔偿的可能性评估应当包括查明侵害人的能力和由侵害人支付赔偿的可能性等因素，这种向法院寻求救济的选择也带有退让的痕迹。

四、防卫限度之二：比例原则

比例原则这一要件主要阐释了英美在防卫限度上的明确态度。必要性与比例原则的要求表明，在正当防卫中侵害人的权利已受到一定程度的重视与尊重。必要性与比例性要件的结合说明正当防卫中受害人使用防卫武力的限度必须与其所维护的法益或价值要保持一定的比例关系。美国《模范刑法典》以及各州刑法将正当防卫区分为使用致命武

---

① trespass指侵害或侵入行为。在美国现代法律中，trespass有3类：侵害他人财物、侵害他人人身以及侵入他人土地。这里主要指侵害财物与土地等财产的行为。参见薛波主编：《元照英美法词典》，北京大学出版社2017年版，第1356页。

② See Model Penal Code § 3.06(3)(a)(I),(II),(III).

力与非致命武力防卫，并将必要防卫分解为防卫人身、防卫住宅、防卫财产等不同的特权，体现了普通法在防卫限度方面较为谨慎且现实操作性较强的设计理念。

（一）比例原则的内容

比例原则指防卫人使用武力的程度不能明显超过其受到威胁的程度（侵害人的预期危害度）。换言之，受害人使用致命性武力对非致命性的侵害进行防卫的行为不符合比例性的要求，因此不具有正当性。另外，即使防卫人使用致命性武力防卫具有必要性，但是若缺乏比例性，其防卫行为仍不具备正当性。通常反对比例性要件的观点认为，在防卫行为的预期损害与侵害行为的预期损害之间进行衡量会导致因衡量标准过于僵硬而对防卫人不利。显然，比例性原则有诸多缺陷，其主要原因在于法律不能期待防卫人在当时的情况下作出精确而理性的判断。

桑格罗认为，比例性要件的基本原理具有两层核心含义。[①] 第一是关于比例性要件存在的必然性，第二是比例性应具有相当的灵活性。侵害人自主性原理与保护社会法律秩序原理是支撑比例性原则存在的两大基本原理。因为对侵害人的过度防卫不仅不能保护社会法律秩序，反而对其造成了严重的伤害，故不遵循比例原则将会从根本上否定防卫的正当性。例如，行为人 D 为了防卫侵害人 V 的拳头，用刀具对其要害部位进行捅刺致其死亡。这种情形下行为人作为受害人有权使用武力防卫自身安全，但是其使用的工具以及武力造成了对比例原则的严重偏离，这种偏离不仅侵犯了侵害人的自主性，同时严重违反了对社会法律秩序的遵守和维护。比例性原则不仅要求平衡正当防卫中各方的抽象利益，而且要求对防卫人所遭受损害的预期危险与侵害人的损害之间保持一定的平衡。这一要求符合前文中论述的较小危害理论原理。因此，从前述任何一种原理出发，比例性原则都具有存在的必要性。

比例性原则的第二个核心含义是灵活性。如上所述，比例性原则应

① See Boaz Sangero, *Self-defence in Criminal Law*, Hart Publishing, 2006, p. 167.

注重对抽象利益的衡量,若仅将侵害人的预期损害与防卫人的预期危险进行单纯的比较,那么会使比例原则显得非常僵化甚至极其严格。因比例原则意味着防卫人在实施防卫时需要理性地衡量其行为是否超过侵害人预期的危险,这对于面临紧急危险的行为人来说,显然被附加了过重的风险与压力。正当防卫与紧急避险最大的区别在于防卫人所面临的侵害属于非法侵害,用紧急避险理论中的利益衡量论去解释正当防卫中的比例原则必然会导致对防卫人不公正。罗宾逊也认为,实际上要求防卫人进行精准的利益衡量是不现实的,因为被防卫的价值是抽象的,其不仅包含了受害人本身的法益,同时包括社会法律秩序,此二者的叠加如何同受害人的法益进行衡量在实践中并不具备有效的操作性,故灵活的比例要求是可取的。①

在应用比例原则时,英美学者多数主张为行为时的防卫与损害程度进行衡量,反对以结果为标准的唯结果论。因为结果往往具有不确定性,很多情况下并非为防卫人所能预料到,因此从行为发生时的角度去衡量更加合理。桑格罗认为,在对双方损益进行衡量时,应考虑的主要因素有双方的相对实力、侵害人的多样性、侵害人过去针对防卫人是否有过暴力行为、各方使用武力的类型及强度等。② 由此可以避免仅从防卫结果的角度判断案件而得出不公正的结论。

(二)比例原则的争议

与必要性相比,正当防卫中的比例原则并没有得到学者甚至所有国家的一致认可。英国与美国接纳了比例原则,法国也近乎承认了比例原则在防卫理论中的地位,但是德国与苏联刑法拒绝采纳该原则。德国的理论对于英美普通法学家来说似乎不是可接受的,至少在布莱克斯通以来,普通法传统中几乎所有人都认为使用武力防卫必须符合必要性与合

---

① See Paul H. Robinson, *Myron Moskovitz, and Jane Grall*, Criminal Law Defenses, Vol. 2, 1984.

② See Boaz Sangero, *Self-defence in Criminal Law*, Hart Publishing, 2006, p. 175.

理性要求。[1] 二者要求防卫中必须反复权衡相互冲突的利益，在平衡的基础上普通法法院制定了一项规则，规定为保护生命、住所和财产等特定利益而允许使用武力的范围。[2] 因此，在普通法传统中不存在任何绝对的正当防卫的概念，正当防卫通常由多种不同的防卫手段组成，每一种方式保护不同的、特定的法益。防卫的程度取决于所保护法益价值的重要性，如对人身的防卫程度必然大于对财产的防卫。[3]

与英美刑法相反，德国刑法认为所有的法益均应受到同等程度的对待，对生命、财产甚至个人荣誉等法益并未有过于清晰的划分。虽然德国法学家在分析紧急避险时使用了利益衡量理论平衡相互冲突的利益，但对待正当防卫时没有具体使用比例性原则。弗莱彻认为，对比例性原则的不同态度源于不同的正当防卫理论基础。[4] 德国刑法理论中的防卫观与尊重个人自治、维护法律秩序紧密相关。但对个人自治的强调容易引发过度防卫正当化的难题，如 1920 年德国最高法院将射杀苹果盗窃者的行为认定为正当防卫。这一判决显然偏离了比例性与合理性的要求，而这一难题也一直困扰着德国刑法理论。之后德国学者借用了民法中"滥用权利"原理试图解决这一问题。如在巴伐利亚州的判决中，法院认定被告人使用武力保障自己的停车位属于正当防卫，但最后又补充道这一防卫权被滥用了，因为防卫人"施加危害与侵害的威胁不成比例"。这个判例之后常被用来支撑"滥用权利"的原理以限制正当防卫的不当

---

① See Comment, *Justification for the Use of Force in the Criminal Law*, Stanford Law Review, Vol. 13, 1961. 英国刑法，1967, ch. 58, sec. 3(1) 规定："一个人可以在适当的情况下使用武力来预防犯罪……"这条规则被认为是为了控制自卫的情况。

② 美国《模范刑法典》第 3.04 节规定自我防卫，第 3.05 规定防卫他人，3.06 规定防卫财产。特别是在美国，提到了防止犯罪的特权。如加利福尼亚《刑法典》Calif. Penal Code sec. 693。这一特权以绝对性的语言表达：防卫方可以施加"充分的抵抗"以防止对其人身、家庭或财产的侵犯。然而，实际上，这一特权似乎与自卫和保护财产的特权合并在一起，并受到同样的合理武力规则的约束。

③ See George P. Fletcher, *Proportionality and the Psychotic Aggressor: A Vignette in Comparative Criminal Theory*, Israel Law Review, Vol. 8, 1973.

④ See George P. Fletcher, *Proportionality and the Psychotic Aggressor: A Vignette in Comparative Criminal Theory*, Israel Law Review, Vol. 8, 1973.

行使。但“滥用权利”原理的主要问题在于合法性的审查。因为权利滥用的认定并非由立法者制定而需要由法院在具体案件中进行裁定，因此还构成了对刑事责任严重扩张的风险。前文分析犯罪和抗辩事由的区别时提到了罪刑法定原则在犯罪与刑法违法阻却方面的适用并不相同。故“滥用权利”原理在适用中会存在很大的问题。

因此，对比例原则的争论本质上呈现了对正当防卫理论不同程度的倾向性，而不同国家在不同时期采纳的理论实际上表达了更深层次的意识形态冲突。解决这些纷争的方法不是孤立地对某一争议的焦点进行简单的解读，而应挖掘隐藏在深处的思想价值。正如弗莱彻所述，即使我们能够参透自治原则与较小危害理论之间的意义，这些问题也不见得更容易解决。① 主张采用比例原则意味着对绝对主义以及自治理论的谨慎态度，受功利主义思想的影响对事物进行权衡与计算的观念深深地刻在了英美刑法理论中。比例原则正是功利主义思想的衍生品，而这一原则对于崇尚绝对主义、尊崇个人自治的德国来说又显得过于机械与僵硬。这也是英美与德国在正当防卫理论与实践中存在差距的原因之一。

（三）比例原则与致命性防卫武力

对致命性防卫武力的限制是英美防卫制度的显著特征之一，即在立法中将防卫武力区分为致命性与非致命性防卫，这一划分的本质是对比例原则的明确表达。如美国《模范刑法典》第3.04(2)(b)、3.06(3)(d)、3.07(5)(ii)条对致命武力作了详细的限制性规定，即只有当防卫人面临极其严重的威胁时才能使用致命性武力防卫，在一般威胁侵害中只能使用非致命性武力。致命武力与非致命武力以及合理防卫与不合理防卫之间的区别被美国刑法认为是最重要的两大核心内容。美国《模范刑法典》第3.11(2)条中对致命武力作了如下规定：

“致命武力”，指行为人造成死亡或者严重身体伤害而使用的武

---

① 参见[美]乔治·弗莱彻：《反思刑法》，邓子滨译，华夏出版社2008年版，第636页。

力,或者行为人知道具有造成死亡或者严重身体伤害的实质危险的武力,蓄意向他人所在方向或者向相信他人所在的车辆开枪,属于致命武力。无论是否显露武器,如果行为人的目的仅在于使他人产生行为人在必要时会使用致命武力的恐惧,行为人以造成死亡或者严重身体伤害相威胁不属于致命武力。

关于使用致命性武力防卫的一个重要问题是对强奸侵害的防卫问题。当行为人面临强奸非法侵害时使用致命性防卫武力的行为是否具有正当性?纯粹的等效伤害观认为,只有在强奸会造成相当于死亡的伤害的情况下才是相称的。关于这个问题,里维瑞克(Leverick)认为强奸本质上是一种"道德伤害",换言之,它是一种对权利的侵犯,无论强奸给受害者造成什么样的身体、精神或物质伤害,都是对受害者人性的否定。对强奸的威胁使用致命武力是符合比例性原则的,因为强奸已经触犯了受害者的基本底线,相当于剥夺了她的生命。① 同时,桑格罗认为,对被强奸者的预期伤害(即使限于精神上的伤害)是非常严重的,因此受害人使用致命性武力防卫符合比例原则的要求。根据正当防卫的基本原理,比例性原则的要求应该是灵活的,单纯从对受害人的预期伤害低于对侵害人的预期伤害方面解释比例性是不合理的。只要受害人所预期受到的伤害足够严重,武力力量的使用就不会完全不成比例。桑格罗指出,鉴于生命价值的至高无上性,法律应制定明确的指导性规则以限制致命防卫武力的使用。关于人身安全的表述应使用较为广泛的术语,如身体和精神的健康与完整性,因为在某些情况下即使对人的身体没有实际损害,但对于精神的折磨也会造成受害者人生不可逆的损害因而属于遭受严重损害的范围,对于这类型的损害也应允许使用致命性防卫武力。

英美刑法对致命性防卫武力进行单独的限制性规定正是对比例原则的遵循。由于致命性防卫武力涉及对侵害人生命权的剥夺,故必须对

---

① See Leverick. Fiona, *Killing in Self-Defence*, Oxford University Press, 2006, p. 156 – 157.

其进行明确性的规定,将其控制在一定的范围之内,如此才能与非致命性防卫武力形成鲜明的对比,给予防卫人明确的指导价值。

五、防卫限度之三:退避义务

退避义务是必要性要件中第二项重要的内容,桑格罗认为退避义务更多源于比例原则。受害人在使用防卫措施,特别是致命性防卫措施之前是否应履行退避义务是英美刑法防卫问题中最具有争议的一个问题。如美国《模范刑法典》以及各州在履行退避义务的问题上存在很大的差异,这也反映了防卫背后实质理论的差异。

(一)退避义务的理论基础分析

不同的防卫理论对撤退义务的要求必然不同,从何种理论中推导出退避义务是本节所要分析的重点。当面临正在进行的不法侵害时,受害人有两种途径可供选择,其一是使用必要的防卫措施,包括致命性的防卫;其二是选择撤离现场。根据前文所述,退避义务可从必要性原则中得到论证,但也有观点认为撤退义务属于必要性要件与比例性原则的混合问题,[①]而桑格罗认为这一问题主要涉及比例性原则。[②]

支持撤退义务的观点认为,必要性要求受害人选择撤退,因为如果受害人能够安全撤退,其所面临的危险便不复存在,而防卫行为便不具有必要性。根据第一章的分析,退避义务最初源自英国普通法中的规定。美国学者比尔在 *Retreat from a Murderous Assault* 一文中,从必要性的立场出发详细阐述了退避义务的产生与变革过程。[③] 英国普通法规定当侵害人企图谋杀受害人时受害人有义务退避,但当侵害人意图抢劫受害人时受害人无撤退义务。这一结论似乎并不合乎常理,但其确实是从

---

① See Kremnitzer, *Proportionality and the Psychotic Aggressor: Another View*, Israel Law Review, Vol. 18, 1983.

② See Boaz Sangero, *Self-defence in Criminal Law*, Hart Publishing, 2006, p. 193.

③ See Joseph H. B. Beale, *Retreat from a Murderous Assault*, Harvard Law Review, Vol. 16, 1903.

必要性的角度理解这一问题的,即当受害人面临致命性袭击时,其履行退避义务能有效保护侵害人的生命,因此退避是必要的;而在抢劫案例中,即使受害人退避也无法使其财产得到恢复,此时退避便不具有必要性。因此,从必要性要件推导出的退避义务并不符合人们对于正当防卫的法律直觉。支持退避义务的观点更关注对生命和身体完整的法益保护并将这种法益置于社会秩序之上,而鲜有考虑较小的价值,如受害人的荣誉。①

反对撤退义务的观点认为,虽然受害人履行撤退义务有助于保护其人身安全与完整性,但是会导致受害人的荣誉遭受严重的损害,因为其撤退行为将被视为懦夫的表现。如前所述,更为有力的论点是撤退义务还会损害受害人的自主性以及社会法律秩序。对退避义务的否定更现代的理由是退避将造成对社会法律秩序的损害。从侵害人处撤退意味着法律和公共秩序对侵害人的退避,而不仅仅是防卫人的退避。维护社会法律秩序的意义还在于威慑社会犯罪。另一种观点认为侵害人生命和身体完整的价值比威慑更重要,因为威慑主要是国家的职能而不应强加于个人。

为反驳不退让的观点,桑格罗认为应进一步加入比例性因素对退避义务正当性的论证。他认为对退避问题的彻底研究表明"退避义务"一词并不准确,受害人有权站在其本身所在的地方并无义务退避。但有时侵害人的攻击力度并不需要受害人使用致命性防卫武力。换言之,防卫力量不符合比例性的要求,这一要求表面上看更像是防卫人的退避,但实际上只是对比例性原则的一种遵从。

---

① 有关对荣誉的理解,不同的文化之间存在显著的差异。在美国一些州或地区荣誉具有更高的地位,这些州或地区最大限度地承认个人的荣誉感,坚定地捍卫自己的意志,不愿表现得像个懦夫。例如,在美国的南部和西部各州或地区传统上否定退避义务,而在东部和北部各州或地区要求在适用致命性防卫武力之前必须先行退避。See Daniel. Sweeney, *Standing up to Stand Your Ground Laws: How the Modern NRA-Inspired Self-Defense Statutes Destroy the Principle of Necessity*, Cleveland State Law Review, Vol. 64, 2016.

退避义务和不退让规则之间的争论在英国普通法中有着悠久的历史根源。这一争论在几百年前跨越大洋出现在美国各州的正当防卫理论和联邦最高法院的相关判例解释中。不退让规则在美国扎根的原因主要有以下几点。

首先,法院支持不退让规则的主要原因在于对生命权的重视。俄亥俄州最高法院在欧文案[①]中明确确认了这一理由,认为不退让规则是"防止发生损害生命的最可靠的方法;而这一点通过让那些想成为强盗、杀人犯、破坏者等的人知道,在某种程度上,他们的生命掌握在他们的目标受害者手中"。法院宣布不退让法通过阻止潜在的侵害人来拯救生命,比退避规则能挽救更多的生命。

其次,霍姆斯大法官在布朗案中支持不退让法,拒绝退避规则的理由是该规则要求无辜的防卫者在面临即将到来的死亡或严重伤害时,在使用武力之前考虑和评估他们安全撤退的机会的要求不公正地加重了他们的负担。霍姆斯法官在布朗案的声明中说"在高举的刀面前,不能要求超然思考"[②]。他认为强制执行退避义务的法律责任是不公平的,因为这是建立在对人类在严重的情绪压力下进行理性思考(不切实际)的假设基础上。

最后,一些现代法庭出于清晰和公平的考虑采用了不退让规则。根据卡尔弗森法院的基本原理,不退让法可以提高透明度,因为它避免了陪审团调查一个通常无法回答的问题的需要,即防卫人是否真正知晓有退避的余地,因而不退让规则对无辜的防卫者来说比退避规则更公平。[③]退避义务迫使无辜的防卫者在受到侵害时评估其退避的安全度,并在可能的情况下选择采取其他行动之后才有权以致命武力防卫。法院认为这样的义务有利于侵害人但不利于防卫人。卡尔弗森认为"要求合法的受害人撤退对侵害人有利,对受害人不利",这意味着如果被迫在无辜的

① Erwin v. State,29 Ohio St. 186,200(Ohio 1876).

② 256 U. S. 335(1921).

③ See Culverson v. State,797 P. 2d 238(Nev. 1990).

生命和非法侵害人的生命之间作出选择,法律应该站在前者而不是后者一边。

(二)普通法规则关于退避义务的规定

普通法对退避规则作了明确的规定,要求受害人在使用致命武力防卫之前先行履行退避义务。即使如此,早期的英国学者也承认退避规则有例外情况。除了退避规则,英国普通法中不退让规则虽然比美国在范围上更有限,但至少自17世纪马修·黑尔爵士和爱德华·科克勋爵的著作发表以来一直是英国法律的一个显著特征,这两种学说在18世纪的威廉·布莱克斯通和迈克尔·福斯特爵士以及19世纪早期的爱德华·海德·伊斯特的著作中都是一条持续的线索。[①]

现代英国刑法中没有明确的法律规定防卫人一定要履行退避义务,其只要证明当时被逼无奈才实施防卫即可。陪审团只需要裁决被告人是否合理地坚守自己的立场进行防卫或者理性人是否会抓住机会逃跑。[②] 美国法律中存在致命性防卫行为与非致命性防卫行为的区别。对于非致命性防卫行为无须履行退避义务,这一点不存在争议。争议的焦点主要集中于使用致命性防卫是否需先履行退避义务上。在美国历史上反对退避义务的观点主要集中在美国西部和南部各州,这种观点强调退避会损害一个人的荣誉感,此外,法院常常认为采用不退让规则是对英国普通法的偏离。[③] 这种观点实际上是美国法对英国普通法适用过程中的改造,不退让规则在美国部分州的适用离不开当地人文与历史因素的影响。如2005年佛罗里达州通过有争议的自卫法之前一个多世纪,美国一些司法管辖区断然拒绝了英国普通法中的退避义务。公民有权坚守自己所在的地方,在不被要求退让的情况下自卫杀人,这一思想后

---

① See W. Blackstone, *Commentaries on the laws of England Vol.* 4, Oxford University Press, 2016, p. 184 – 185.

② See R v. Bird [1985] 1 WLR 816.

③ See RM. Perkins, *Self-Defense Re-Examined*, University of California at Los Angeles Law Review, Vol. 1, 1954.

来被称为“真汉子”(true man)学说。[①]该学说盛行于19世纪晚期新近扩张的美国南部和西部,将植根于荣誉观念的学说即敢于反抗敌人的“真汉子”法律化。[②] 甚至连美国最高法院也表达了对“真汉子”学说的赞同。

> 在我们的判断中确立了这样一种学说:当行为人没有过错并在其合法居住的地方受到暴力侵害时,可以不退让适用暴力防卫自己;在合理行使自卫权的情况下杀死侵害人的行为是正当的。[③]

退避规则在美国法律中被称为少数人规则,因为各州的大多数立法者和大多数法院都采取了否定退避的立场。根据美国有关法规、法院裁决或两者结合的规定,超过30个州采用了“坚守阵地法”,禁止起诉对致命侵害人使用致命武力而不首先试图撤退的人,或为这些人提供正当的防卫理由,帮助其免于被指控犯有杀人罪。[④]

(三)退避义务的例外

即使是退避义务也有一种例外情况,即已经被广泛认同的城堡主义,城堡主义是普通法系中被普遍认同的退避义务的一项例外规则。这项规则认为,受害人若在家里或者自己的住宅或庭院遭到袭击时,即使有机会通过退避保护自己的人身安全,也有权直接实施防卫行为。城堡主义源于英国普通法,英国的住宅防卫与自我防卫是截然不同的。保护住所不是基于保护当事人自己免受身体侵害的权利,而是保护公民的住

---

① See Jeannie. Suk, *The True Woman: Scenes from the Law of Self-Defense*, Harvard Journal of Law & Gender, Vol. 31, 2008.

② See Robert. Leider, *Understanding* “*Stand Your Ground*”, WALL ST. J. (Apr. 18, 2012), http://www.wsj.com/articles/SB10001424052702304432704577350010609562008, Mar. 21, 2023.

③ Beard v. United States, 158 U. S. 550, 562(1895).

④ See Cynthia V. Ward, *Stand Your Ground and Self-Defense*, American Journal of Criminal Law, Vol. 42, 2015. 2013年夏天,佛罗里达州的一个陪审团宣判枪杀特雷沃恩·马丁的乔治·齐默尔曼无罪后,一场关于退让和不退让的长期法律辩论在美国展开。

宅不受侵犯。每个人的家就是他的城堡,也是他抵御伤害和暴力的堡垒。

从19世纪起,美国法律开始与英国普通法发生急剧的分裂。美国人对勇敢和荣誉的向往与拓荒生活相适应,这是英国人退避规则无法满足的。1895年美国联邦最高法院通过比尔德诉美国案首次确立了现代城堡学说。[①] 比尔德因谋杀一名非法侵入者,审判法院指示陪审团比尔德有义务在使用致命武力之前撤退即使是在他自己的住宅内。初审法院指示陪审团,即使比尔德杀人是必要的,但其能通过退避避免争端进一步升级就必须首选履行退避义务。在推翻初审判决时,联邦最高法院指出,尽管美国和英国在使用致命武力之前都有撤退的义务,但英国普通法和美国许多司法管辖区的法律都有一个一贯的例外,即当一个人在家中受到攻击时允许他不退让。20世纪初美国人普遍认为,在自己家中受到攻击的人使用致命武力之前没有义务撤退,只要他有理由相信有必要挽救自己的生命。[②] 到20世纪20年代,当一个人待在家里时绝对不退让的特权已经扩大到包括被告人有理由害怕即将死亡或严重身体伤害的任何情况。[③] 2005年10月以暴力著称的美国佛罗里达州将其城堡主义和自卫规则编纂成一组名为"坚守阵地法"的法律规则。这项新的法律规则免除了防卫人在使用致命武力之前的退避义务。美国学者认为城堡主义正当化的理由有两个:第一,某些情况下虽然是自我防卫的案件,法院却将其视为"住宅防卫"的一种形式。因为房屋居住者允许为保护住宅的神圣性不被侵犯而对他人实施杀人行为。第二,住宅被视为抵御他人侵害的最后神圣庇护所。因此,即使有退避的可能性也无须强迫行为人退让。[④]

---

① See Beard v. U. S. 158 U. S. 550(1895).

② See Alberty v. United States, 162 U. S. 499, 505, 509(1896).

③ See Brown v. United States, 256 U. S. 335, 343(1921).

④ See Catherine L. Carpenter, *Of The Enemy Within, The Castle Doctrine, And Self-Defense*, Marquette Law Review, Vol. 86, 2003.

除此之外,城堡主义还有一个关键的问题:当攻击者是受害人的共同居住者时,其是否可以不退让直接进行防卫?这个问题引起英美学界的关注,因为许多杀人案件中受害人与侵害人之间具有亲密关系。[①] 尤其是在家中长期被虐待的妇女是否有权对其丈夫行使自卫权的问题。由于近年来美国法院更为关注受虐妇女的境况,大多数涉及退避的防卫案件已经采纳了侵害人作为同居者与案件不相关的规则,如即使侵害人与受害人为共同居住者,受害人也无须从家中逃离。[②] 反对意见认为,法律并未对此作出明确的立法,不能轻易得出结论。

六、防卫意图:合理相信

主观因素是正当防卫要件中不可缺少的一部分。美国《模范刑法典》第3.04(1)条中提道,行为人相信对他人或者向他人使用武力是为防止他人在当时情况下针对自己使用非法武力即时必要时,对他人使用该武力具有正当性。在美国各州刑法中均有要求行为人实施防卫时必须具备主观要件的规定。但本书需要厘清的并非仅仅是制度如何规定,更重要的是为何要求制度如此设定主观要件,以及为何普通法将正当防卫主观要件,定位在合理相信的范畴内。

(一)合理相信的基本原理

主观要件是正当防卫的构成要件之一,但也有部分学者认为正当防卫无须要求行为人的主观方面,即防卫只需符合客观要素即可。因此,对于主观要素的看法存在一定的分歧。在前文第三节中提到了犯罪论与刑事抗辩事由的区别,以及正当性事由与免责性事由的区别,这两组区别在论证正当防卫的主观性要件上具有非常重要的意义。若根据犯罪与抗辩事由在构成要件上没有实质性区别的理论,则不需要任何主观要件来论证正当事由,只需具备客观要件即可。相反,若从本质上区分

---

① See State v. Shaw 441 A. 2d 561,566(Conn. 1981).

② See State v. Glowacki 630 N. W. 2d 392,400(Mnn. 2001).

犯罪和正当性抗辩事由则要求行为人必须主观上认识到实施正当防卫的必要性以便其根据紧急情况采取防卫措施。此时，正当防卫只有在行为人具备主观认知的情况下才具有法律意义。[①] 关于这一问题，弗莱彻的观点具有重要的价值，即"正当的行为"必须在道德上也是正当的。他支持建立正当性抗辩事由需具备主观因素，因为正当性抗辩事由的本质是行为人有充分的理由违反刑事规范，故只有主观上具备充分认知的人才有正当理由。[②]

对于主观要件在正当防卫中存在的必要性，桑格罗认为维护社会法律秩序是一个重要的原因。当行为人主观上认识到其防卫行为的必要性时，表明其行为起到了保护社会法律秩序的作用。相反，若行为人实施攻击侵害人的行为并非出于防卫意图，而是出于完全独立和犯罪的考虑（如对侵害人的故意侵害），那么，他的行为已经损害了社会法律秩序而具有实质违法性，故其行为必然不具有正当性。因此，在正当防卫中必须要求行为人具备防卫的主观认识。

（二）主观要件：合理相信

1. 概述

英美刑法判断防卫正当性的另一个标准是基于合理情境。换言之，若行为人有充分的理由相信为了保护自己而使用武力是必要的，即使其主观认知最后被证明是错误的，防卫行为也是正当的。[③] 相反，若事后在客观上证明其行为属于防卫但不合理，则仍属于违法行为。因此，按照传统的规则，行为人不合理地、过失地使用致命武力实施了杀人行为，应当承担法律责任，即使其坚信他的行为是合法自卫。但是，有些州如堪

---

① 见前文第二章第三节内容。

② See George P. Fletcher, *Should Intolerable Prison Conditions Generate a Justification or an Excuse for Escape*? University of California at Los Angeles Law Review, Vol. 26, 1979.

③ See R. v. Williams (G) 78 Cr App R 276; R. v. Oatbridge, 94 Cr App R 367; State v. Simon, 646 P. 2d 1119, 1120 – 1121 (Kan. 1982); People v. Goetz, 497N. E. 2d 41, 46 – 48 (N. Y. 1986); State v. Bradley 10 P. 3d 358 (Wash. 2000).

萨斯州将这种不合理的、过失的防卫称为“不完美、有缺陷”的防卫，以此减轻被告人因杀人而应受到的处罚。[①]

2. 合理相信判断标准：理性人与合理相信标准

普通法历史上，判断正当防卫合理性标准的方法主要分为 3 种：第一种是完全客观的标准，即判断“一个理性人”是否会实施与被告人同样的行为；第二种是完全主观的标准，即询问被告人是否主观上真诚地相信其正在实施的行为具有必要性；第三种观点采用“准客观”或“准主观”标准，即判断一个具有被告人特征的理性人是否会像被告人那样做。第三种观点被 20 世纪初多数法院所采用。从 20 世纪初开始，英美法院很难在正当防卫案件中运用完全的客观标准。[②] 法院开始将被告人的主观特征注入理性人标准中，即采用第三种判断标准，这首先表现在对受害人和防卫人之间体格差异的比较上，受害人体型大小成为证明防卫人恐惧的必要证据之一。[③]

将客观理性人标准主观化最典型的案例是 1986 年美国伯恩哈德·戈茨（Bernhard Goetz）案，该案受审之前提出的程序问题主要集中于正当防卫的判断标准问题。在法院审理中，被告人戈茨主张任何一个理性人在此情况下都会这么做，即都会认为只有使用致命性武力才能足够抵抗对方的袭击。此案产生了关于“理性人”判断标准的争议。法院在一份声明中明确强调，被告人实际背景的每一个方面都可以被认为与审判有关，并得出结论，该标准包括被告人在内的所有涉案人员的身体特征以及被告人拥有的任何可以为相信他人意图是要伤害他或抢劫他提供合理依据的经验。在这一案件中，虽然立法机关已经阐明了检察官在指示大陪审团时所使用的客观标准。但上诉法院拒绝了完全主观和完全

---

① See Kan, Stat. Ann § 21 – 3403(b)(2011).

② 现行美国采用客观判断标准的州主要有亚拉巴马州、加利福尼亚州、密西西比州、新墨西哥州、南达科他州、华盛顿州，其余州均采用主观判断标准。

③ See Richard Singer, *Resurgence of Mens Rea: II—Honest but Unreasonable Mistake of Fact in Self Defense*, Boston College Law Review, Vol. 28, 1986.

客观的标准,而是采用了“准客观、准主观”的标准。

另一个涉及“理性人”标准的典型问题是受虐妇女杀夫案。此类案件主要涉及长期遭受家庭暴力的妇女不堪忍受丈夫虐待,在其未遭受暴力期间将丈夫杀害致死的情况。此类案件审理时,法院常常采用男性标准衡量其使用致命武力的情况。这种类型的案件产生了关于“理性人”的一个关键问题,即所谓“理性人”是否区分性别。在戈茨案中,显然正当防卫理论已经开始采用“准客观”或“准主观”的标准,即结合行为人的具体情况进行综合性的判断。但许多学者认为,根据行为情境衡量行为的正当性并不合理,因为“行为情境”一词本身就模棱两可,没有确定的标准。[①] “理性人”的判断标准如此不确定,只能交给陪审团定夺。[②] 因此,正当防卫主观方面的认定标准在实践中存在不可忽视的操作问题,美国各州刑法与司法实践在这一问题上也存在不同的认定方式,这些不同的标准导致法官对案件性质的认定存在天壤之别,这些都值得我们去深入思考。

小　　结

当前国外有关防卫的正当性根据主要有作为可免责事由的防卫理论、较小危害理论以及维护自治理论。以上 3 种理论在英美国家中均占据重要的地位,尤其是较小危害理论在英美防卫理论中起到了主流的作用,这种理论的基本特点是对相互竞逐的价值和利益权衡的一种假设。基于这一理论衍生出美国防卫理论对比例原则的尊崇,以及美国《模范刑法典》和少数州对退避规则的接纳。另外,虽然英美正当防卫中的构成要件与多数国家基本相似,但在具体内容以及实践操作上仍然存在较

---

① 参见[美]美国法学会编:《美国模范刑法典及其评注》,刘仁文、王祎等译,法律出版社 2005 年版,第 51 页。

② 关于受虐妇女的问题将会在之后的章节中具体分析。

大的差异,如对必要性要件的理解、比例原则的遵循以及退避义务的要求均与防卫的基础理论相关。对这些问题的分析有助于我们重新审视我国防卫理论存在的问题。长期以来,我国有关正当防卫的研究主要集中于两个领域:其一,对正当防卫正当化根据的探索;其二,对正当防卫构成要件的讨论。这两个问题本质上具有内在的逻辑一致性,即只有对正当防卫的正当化根据进行准确合理的定位,才能在此基础上构建完善的构成要件。因此,思考正当防卫在中国特色社会主义话语下的正当化根据具有重要的意义,关于这一点笔者将在后文试图给出一些解释。

第三章

普通法防卫规则成文化：以美国防卫类型为例

英国刑法关于人身防卫的规则仍由普通法调整，财产防卫由1971年英国《刑事损害法》调整，而逮捕和防卫犯罪则由1967年英国《刑事法》第3条调整。美国各州的防卫规则基本成文化并通过判例法的形式补充与完善。本章以美国《模范刑法典》与各州制定法为例分析普通法国家正当防卫的主要类型。美国刑事防卫主要包括自我防卫、他人防卫、财产防卫、住宅防卫和执法防卫5种。由于本书仅针对个人防卫问题进行讨论，执法防卫涉及的对象特殊，故不作重点分析。正如第二章所述，普通法接纳了比例原则，故立法者根据侵害人侵害的对象对防卫进行了类型化的规定，将行为人使用必要武力进行防卫分解为不同的种类或特权，并将防卫武力划分为致命性防卫武力与非致命性武力。这与我国采用概括式的规范模式不同。美国法学会制定的美国《模范刑法典》与各州刑事制定法都有关于正当防卫的具体规定，其中美国《模范刑法典》对自卫（第3.04节）、他人防卫（第3.05节）和财产防卫（第3.06节）以及住宅防卫和执法防卫（第3.07节）分别作出了系统而详细的安排。

根据美国国家结构,联邦政府与50个州均有各自的刑法,每部刑法的内容均不相同,但2/3的刑法典都以美国法学会制定的美国《模范刑法典》为蓝本。正如美国著名法学家保罗·H.罗宾逊所言:"《模范刑法典》反映了当前美国刑法之状况,这令其他任何一部刑法典都难望其项背。"[①]因此,本章主要以美国为例,对美国《模范刑法典》与各州的刑事制定法中的防卫制度进行梳理,分析普通法国家正当防卫的基本制度。

第一节 自我防卫

自我防卫是正当防卫中最重要的一种形式,也是被各国最早承认的防卫形式。正当防卫制度从自卫中发展起来,直到今天英美狭义的"自卫"一词经常被用来描述更广泛的正当防卫。自我防卫在美国有详细的规定,其中关于致命性武力防卫与非致命性武力防卫、退避义务与不退让等规定,美国《模范刑法典》与各州都有不同的规定。

一、美国《模范刑法典》中关于自我防卫的内容

(一)自我防卫的正当性与普通法有所差异

美国《模范刑法典》第3.04(1)条规定了自我防卫时使用武力的一般原则。"对因防卫自己而使用武力的正当性作了规定。依照美国《模范刑法典》第3.09条的规定,行为人相信对他人或者他人使用武力是为防止他人在当时的情况下针对自己使用非法武力所即时必要时,对他人使用该武力具有正当性。"[②]该条对自我防卫的要件进行限定。首先,实施自我防卫的必要性在于对侵害人的武力对抗,行为人需要满足合理相

---

① [美]美国法学会编:《美国模范刑法典及其评注》,刘仁文、王祎等译,法律出版社2005年版,第1页。

② MPC § 3.09.[美]美国法学会编:《美国模范刑法典及其评注》,刘仁文、王祎等译,法律出版社2005年版,第61~62页。

信原则。换言之,美国《模范刑法典》中自卫的特权不是基于客观的侵害事实,而是基于当事人主观上的合理相信,行为人的主观上的确信足以支持该抗辩理由的成立。但若行为人的主观相信被证明是错误的,并且是由于过失(过于轻率或疏忽大意)而形成的确信,则可能面临承担该法典第3.09条规定的轻率或疏忽之罪的刑事责任。其次,要求自我防卫只能运用在“必需”或必要的前提下。有关必要性的要求,在前文中有论述到,必要性不仅仅涉及使用防卫武力是否必要,同时对紧迫性也提出要求,如防卫人使用非致命性武力可以防卫自身的情况下不得使用致命性武力。

关于行为人使用武力防卫的正当性情形,美国《模范刑法典》与普通法存在两方面的区别。

第一,关于防卫的主观认知要件问题。根据美国《模范刑法典》第3.04(1)条的规定:“行为人主观上必须具有合理认知,这与普通法中的规定不同。普通法规定行为人防卫的正当性是基于行为表现的合理性,而非必须要求主观认识的合理性。”[①]行为人有充分的理由相信为了防卫而使用武力是必要的,即使事后被证明其主观认识是错误的,其防卫行为也应被认定为具有正当性。例如,若防卫人D合理地相信V将对其实施非法侵害,于是使用致命性武力杀死V,即使事后证明D的主观判断是错误的,V并非要对其实施侵害行为,那么按照美国《模范刑法典》的规定,被告人D则不能主张正当防卫。此时,需要根据行为人事实错误的判断是轻率还是疏忽,认定其犯有过失杀人罪或疏忽大意的杀人。但是按照普通法规定,其可以成功地主张自我防卫进行抗辩。关于事实错误的主张,普通法自我防卫主张的特权是基于合理的表象而非客观事实。若行为人有充分的理由相信实施武力是对抗非法侵害所必需,尽管这种主观认识事后被证明是错误的,防卫行为也应具有正当性。相反,

---

① MPC § 3.04(1).[美]美国法学会编:《美国模范刑法典及其评注》,刘仁文、王祎等译,法律出版社2005年版,第47页。

如果行为人的主观认知事后被证明是正确的,但是在事发当时却不具有合理性,则自卫行为不具有正当性。[①] 在"事实认识错误主张"的辩护方面,美国《模范刑法典》采纳了认可"不完美"辩护的观点。例如,D 因为错误地以为 V 企图杀死自己而使用了致命性武力致 V 死亡,当 D 被检方以故意杀人罪起诉时,D 的自卫抗辩是有效的,但是当 D 被起诉为过失杀人罪时,其自卫的抗辩则无效。美国《模范刑法典》认可"不完美"辩护与普通法形成了较大的差异,普通法不认可这种类型的抗辩,尽管事实上 D 只是过失犯罪中的事实认识错误者,但普通法依旧会以故意杀人定罪,而美国《模范刑法典》则会以过失杀人罪认可其辩护。

第二,关于防卫时间的问题。美国《模范刑法典》第 3.04(1)条使用了"在当时的情况下针对自己使用非法武力所即时必要时",与普通法中"紧迫性需要"的表述存在区别。这一表述的差别对行为人实施自我防卫的时间产生了重要的意义。例如,在受虐妇女杀夫案中,如果根据普通法的规定,行为人只能在其丈夫实施暴力时使用武力以自卫,但是若按照美国《模范刑法典》的规定,该妇女在丈夫对其施暴的准备阶段就可以进行自卫,例如看到其丈夫出门去车里取枪时先用枪杀了他。这符合美国《模范刑法典》中所规定的"当时情况下……所必要"。

(二)自我防卫中使用必要武力的正当性限制

美国《模范刑法典》第 3.04(2)条对防卫人使用必要武力的情形作了 3 款严格的限制。

1. 美国《模范刑法典》第 3.04(2)(a)条规定了使用武力不具有正当性的情形

美国《模范刑法典》第 3.04(2)(a)条规定,"虽然逮捕非法,但行为人

---

① See People v. Watie, 100 Cal. App 4 th 866, 877(2002); State v. Clark, 826 A. 2d 128, 134 – 135(Conn. 2003); People v. Goetz, 497N. E. 2d 41, 46 – 48(N. Y. 1986).

知道该逮捕由治安法官[①]实施时，为抗拒逮捕而使用武力”，或者“（ii）行为人知道使用武力的财产占用人、占有人或者代表二者的他人是基于保护财产的主张而使用武力时，为抵抗上述人员的武力而使用武力”[②]。这两项规定表明在两种情况下行为人不得使用武力防卫。一方面，对治安法官所实施的逮捕，无论是否合法均不能进行武力防卫；另一方面，对于有正当理由占有财产者武力保护财产的行为，不得实施武力防卫。

这里需要注意的是美国《模范刑法典》对“非法侵害”的定义。美国《模范刑法典》第3.11（1）条对“非法武力”进行了定义：“未取得武力所针对的人同意而对其使用的包括扣留在内的武力，并且使用该武力构成犯罪或者可以引起侵权诉讼，或者如果不存在非特许使用武力的抗辩（如缺乏意图、疏忽，或者意识能力；胁迫；年轻；或者外交身份）时，能构成该犯罪或者可以引起侵权诉讼。无论赞成在其他规定中是否合法有效，除造成死亡或者严重身体伤害外的赞成均属于本条所指的同意。”[③]使用“非法武力”的人成为“攻击者”，“攻击者”无权主张自卫。虽然美国相关规定没有明确对攻击者进行定义，但是可以将其界定为那些行为确定违法，且依据常理推断将必定产生致人死亡或重伤后果的人。[④] 关于“攻击者”的概念，美国学者德雷斯勒（Dressler）认为，需要注意4个方面：第一，行为人即使仅仅开始实施非致命性的攻击，也应被认定为“攻击者”。第二，“攻击者”并非一定是首先使用非法武力的人。例如，行为人V以威胁的方式出示手中的武器，但实际上并未使用武器，而受威胁者D则使用武器进行攻击，此时D仍有机会主张自卫。第三，若行为人的行为具有正当性，即使其行为具有煽动性也不能被认定为攻击者。第

---

① 治安法官（peace officer）指被任命负责维持公共秩序和公共安全的文职官员，如行政司法官、警官等。参见薛波主编：《元照英美法词典》，北京大学出版社2017年版，第1038页。

② MPC § 3.04（2）（a）.［美］美国法学会编：《美国模范刑法典及其评注》，刘仁文、王祎等译，法律出版社2005年版，第47页。

③ MPC § 3.11（1）.［美］美国法学会编：《美国模范刑法典及其评注》，刘仁文、王祎等译，法律出版社2005年版，第63页。

④ See United State v. Peterson，483 F. 2d 1222，1233（D. C. Cir. 1973）.

四,被告人在冲突中是否丧失自卫权的问题通常由陪审团决定,陪审团将根据“攻击者”概念的合理解释作出判断。①

然而,对于美国《模范刑法典》第3.04(2)(a)条第ii款的规定依然存在例外,即在以下情况中,即使对基于武力保护财产的人也能够进行自我防卫。首先,如果行为人是“正在履行职责的公职官员,或是对正在履行职责的公职官员提供合法协助的人员,或是实施合法逮捕或协助实施合法逮捕的人员”。这里主要给予特殊主体自我防卫的权利,这些主体主要包括履行公职的人员及其合法协助人员。其次,“行为人的财产被非法剥夺,并且正在实施第3.06条规定的恢复占有或者自行取回”。这条例外规定了当行为人防卫所针对的财产被他人非法剥夺时无须遵循第ii款的规定。最后,“行为人相信该武力对于防止自己死亡或者严重伤害有所必要”。当行为人主观上认为必须实施防卫武力才能制止对方对自己的死亡或严重伤害威胁时,无须遵守第ii款的规定。这里需要注意,前提条件必须是能防止死亡或重大伤害。

2. 美国《模范刑法典》第3.04(2)(b)条对行为人使用致命性防卫武力的限制

美国《模范刑法典》第3.04(2)(b)条规定:“除行为人相信使用致命武力对于防止自己死亡、严重身体伤害、绑架、以武力或者威胁的方法强制性交有所必要外,使用该武力不具有正当性。”②该条款对使用致命性武力作出了规定。一方面,行为人需要有主观上的认知,即相信自己面临死亡或重大身体伤害、绑架、强奸等危险;另一方面,以上危险必须是死亡或重大的人身损害,才可以实施致命性武力。这里美国《模范刑法典》在立法例上采用了“列举+概括”模式,对使用致命性武力进行了详细解释。该条包含了两个重要的信息。

---

① 参见[美]约书亚·德雷斯勒:《美国刑法精解》,王秀梅等译,北京大学出版社2009年版,第205页。

② MPC §3.04(2)(b).[美]美国法学会编:《美国模范刑法典及其评注》,刘仁文、王祎等译,法律出版社2005年版,第48页。

一方面,相对于普通法的规定,美国《模范刑法典》关于“致命性武力”的定义更为广泛。美国《模范刑法典》第3.11(2)条对“致命武力”进行了定义:“行为人为造成死亡或者严重身体伤害的实质危险的武力。蓄意向他人所在方向或者向相信他人所在的车辆开枪,属于致命性武力。无论是否显露武器,如果行为人的目的仅在于使他人产生行为人在必要时会使用致命性武力的恐惧,行为人以造成死亡或者严重身体伤害相威胁不属于致命性武力。”[①]普通法中即使行为人有杀害他人的主观意图,但只要其行为并未造成死亡或重大身体损害,即行为人的主观意图与客观事实结果不一致,仍然会被认定为行为人使用了“致命性武力”。[②]美国《模范刑法典》要求构成致命性武力的条件必须符合主客观一致,普通法则仅要求行为人具有致人死亡或重大身体损害的主观意图。

另一方面,使用致命性武力包括4种情况:行为人面临死亡、重大身体损害、强奸和绑架。对于前3种情况下使用致命武力没有太大的争议,但是,由于绑架并非一定会对受害人造成身体或生命威胁,美国学界对该点一直存在较大的争议。

同时,美国《模范刑法典》第3.04(2)(b)条列举了使用致命性武力不正当的情形。其中,第i款规定:“行为人意图造成死亡或者严重身体伤害,因而在同一冲突中挑拨针对自己使用的武力。”这里类似于我国正当防卫中所提到的挑拨防卫,即侵害人实施的侵害行为身最初由防卫人引起,此时防卫人实施致命性武力不具有正当性。值得注意的是,这里排除了行为人使用非致命性武力的情况。换言之,虽然行为人是主动挑起冲突的一方,但其所使用的只是一般的非法武力,此时受害人实施了致命性武力进行防卫,那么行为人不会因此丧失其自卫权。

第ii款规定了3种不得实施致命性武力防卫的情形。“行为人知道采取躲避,或者将其对某物的占有返还对于该物主张权利的人,或者对

---

① MPC § 3.11(2).[美]美国法学会编:《美国模范刑法典及其评注》,刘仁文、王祎等译,法律出版社2005年版,第63页。

② See State v. Moore,729A. 2d 1021,1027(N. J. 1999).

于无履行义务的行为，遵照不得实施该行为的要求时，可以完全安全地避免使用该武力的必要性。”[①]该款规定的3种不得实施致命性武力防卫的情形包括：第一，针对行为人履行躲避义务的情况，即行为人实施致命武力之前，如果能通过退避使自己逃离危险的环境时，要先履行退避义务。第二，针对财产类的侵害，若行为人能通过返还对某类财产的占有避免发生冲突，则要求以返还财产的形式避免实施致命性武力防卫。第三，针对不作为的义务时，法律规定禁止实施该行为时，不得使用致命武力防卫。

需要注意的是，退避义务并非绝对，若存在特殊情况行为人无须履行退避义务，可直接实施致命性武力。首先，美国《模范刑法典》第3.04(2)(b)(ii)(A)条规定：“行为人不负从其住宅或者工作场所躲避的义务，除非行为人是最初的侵犯者，或者行为人在其工作场所受到他人的侵犯，行为人知道他人的工作场所与其相同”。[②] 这条规定就是美国著名的城堡主义。但是，美国《模范刑法典》将住宅的范围扩展到工作场所，即当侵害行为发生在受害人的住所以及工作场所时，行为人可直接实施致命性武力进行防卫，无须履行退避义务。但若行为人是引起冲突的一方或者侵害人与受害人发生在同一工作场所时不能适用该条的规定。其次，美国《模范刑法典》第3.04(2)(b)(ii)(B)条规定：“在履行职责时使用武力具有正当性的公职官员，在协助公职官员时使用武力具有正当性的人员，或者在实施逮捕或者阻止脱逃时使用武力具有正当性的人员，不因上述行为针对的人或者代表其第三人所做的抵抗或者威胁的抵抗，而负担终止履行该职责、终止实施该逮捕或者终止阻止该脱逃的义务。”[③]该条是履行公职的人员无须遵循退避义务的规定，但是这里的公

① MPC § 3.04(2)(b). [美]美国法学会编：《美国模范刑法典及其评注》，刘仁文、王祎等译，法律出版社2005年版，第47页。

② MPC § 3.04(2)(b)(ii)(A). [美]美国法学会编：《美国模范刑法典及其评注》，刘仁文、王祎等译，法律出版社2005年版，第47页。

③ MPC § 3.04(2)(b)(ii)(B). [美]美国法学会编：《美国模范刑法典及其评注》，刘仁文、王祎等译，法律出版社2005年版，第48页。

职人员已经不是指单纯的行为人。换言之，本书所研究的正当防卫狭义上不包括执法防卫，仅涉及关于公民面临紧迫性非法侵害所实施的防卫行为。

美国《模范刑法典》第3.04(2)(c)条规定："除本款a项和b项另有规定外，使用防卫性武力的人可以基于使用武力而未实施躲避，未返还占有，未实施其无法律义务的行为或者未停止合法行为时，行为人相信的情况来估计使用武力的必要性。"[①]该条表明，退避、返还占有物等措施仅适用于第2(b)(ii)(A)和(B)条规定的特殊情形。当这些实施行为的要求不存在时，行为人应以行为时的主观认识或主观判断为标准判断在自我防卫时实施武力的必要性。若事后证明，行为人当时的主观认识是错误的，则依照美国《模范刑法典》第3.09条的规定处理。

关于退避义务，美国《模范刑法典》采纳了普通法有关退避义务的规则。若防卫人明知采用退避可以安全地保护自己，则不能直接使用致命性武力进行防卫。退避义务的例外规定主要源于美国律师协会成员对政策的不满和妥协，最重要的例外就是"城堡主义"。然而，退避义务的例外也存在例外，即基于"城堡主义"上的两个例外：第一，退避者为最初的攻击者，且希望通过退避重新获得自卫权。第二，负有履行退避义务的人被同一工作场所的工作人员攻击时，仍应履行退避义务。但是美国《模范刑法典》为保护女性权利，未要求受家庭虐待的一方必须履行退避义务，即使攻击者是其同居者。

综上所述，美国《模范刑法典》关于防卫人使用致命性武力的规则可以概括为以下几点。

第一，合法行为人D面对他人的非法攻击时，若其主观上相信必须使用致命性武力才能达到自我保护的目的，则其有权在以下3种情况下使用致命性武力：(1)行为人D已经履行了退避义务，却依然未能成功

---

① MPC § 3.04(2)(c).［美］美国法学会编：《美国模范刑法典及其评注》，刘仁文、王祎等译，法律出版社2005年版，第48页。

脱离攻击者的追杀;(2)行为人 D 没有可供退避的场所,即无条件履行退避义务;(3)即使当时存在可供退避的场所,但当 D 在其住宅内或在其工作场所且攻击者非其同事。以上 3 种情况下防卫人有权使用致命性武力进行防卫。

第二,若冲突是由行为人 D 先引起,但 D 并未以致命性攻击为目的,而防卫人以致命性武力实施防卫,此时 D 便获得了使用致命性武力防卫的权利。

第三,若冲突由行为人 D 引起,并且以致命性攻击为目的。换言之,D 主观上意图造成对方死亡或重大身体损害,则 D 无权以自卫为由杀死对方,除非 D 中途以明确的方式告知对方其放弃或结束冲突的意愿,此时对方仍未停止致命性防卫,则 D 将重新获得自卫权。但其最先引起冲突的违法行为依然会被起诉。[①]

3. 采用扣留措施作为防卫性武力

美国《模范刑法典》第 3.04(3)条规定:“使用扣留作为防卫性武力,除被扣留者因犯罪的指控被逮捕外,只有在行为人知道其能安全地终止扣留,就会采取所有合理措施终止时,才构成本条规定的正当理由。”[②]该条规定了除行为人使用肢体冲突性武力防卫以外,肯定了扣留方式实施的防卫措施,但前提条件是行为人对被扣留的侵害人有控制力,即可以保障被扣留者的安全时才具有正当性。

二、各州制定法对自我防卫的规定

除美国《模范刑法典》以外,美国其他 50 个州的刑事制定法均对自我防卫进行了规定。由于多数州在制定刑法时均以美国《模范刑法典》为蓝本,因此各州关于正当防卫的规定差别不大。但受美国各州的历

---

① 参见[美]约书亚·德雷斯勒:《美国刑法精解》,王秀梅等译,北京大学出版社 2009 年版,第 231 页。

② MPC § 3.04(3).[美]美国法学会编:《美国模范刑法典及其评注》,刘仁文、王祎等译,法律出版社 2005 年版,第 48 页。

史、政治与文化因素的影响，对行为人使用致命性武力时是否应履行撤退义务的规定存在较大的差别，这种差别直接导致各州对自我防卫的案件审理结果存在很大的不同。

（一）各州刑法关于人身防卫的一般规定

美国 50 个州均有关于正当防卫的立法规定，其中立法的内容基本围绕几大构成要件展开，即非法侵害（武力）、防卫时间、防卫限度、防卫的必要性以及防卫人的主观认知等要件。这些构成要件与本书第二章中所提到的紧迫性、比例性、必要性、合理相信等防卫的基本原理相符合。

首先，关于非法侵害（武力）的规定。非法侵害是正当防卫的起因条件，换言之，无非法侵害便无正当防卫。在美国司法理论与实践中，非法侵害是一个外延十分广泛的概念，各州对非法侵害的法律表述也存在较大的差异。根据对各州刑法规定的分析，美国各州多使用非法武力（unlawful force）一词表述非法侵害。也有一些州使用人身侵害（physical force）、非法非致命性武力（unlawful non-deadly force）、紧迫性武力（imminent force）、物理性武力（physics force）等法律术语表述非法侵害（如表 1 所示）。

表 1　各州有关“非法侵害”的法律表述

不同表述	涵盖的州
非法武力	阿拉斯加州、特拉华州、佛罗里达州、佐治亚州、夏威夷州、爱达荷州、伊利诺伊州、印第安纳州、堪萨斯州、艾奥瓦州、北卡罗来纳州、宾夕法尼亚州、田纳西州、犹他州、蒙大拿州、内布拉斯加州、新泽西州
非法人身侵害	纽约州、肯塔基州、康涅狄格州、科罗拉多州、亚利桑那州、亚拉巴马州
非法非致命性武力	缅因州、新罕布什尔州
非法干扰	威斯康星州、俄克拉何马州
武力侵害	路易斯安那州

根据前文所述,在正当防卫中使用致命武力的最基本的要件(第一个要件)就是比例性要求,即行为人只有面临致命的侵害时才能使用致命性武力防卫。所有 50 个州中,对使用致命性武力都要求符合比例性要件。[①] 从以上对非法侵害的表述中可以看到,英美法上的自卫概念与更具体的人身攻击概念相联系,这与现代普通法中没有权利的概念,没

---

① 亚拉巴马州:Ala. Code 1975 § 13A-3-23. 阿拉斯加州:ALASKA STAT. § 11.81.335(2006). 亚利桑那州:ARIZ. REV. STAT. ANN. § 13-405(2020). 阿肯色州:ARK. CODE ANN. § 5-2-607(2015). 加利福尼亚州:CAL. PENAL CODE §197(2017). 科罗拉多州:COLO. REV. STAT. § 18-1-704(2020). 康涅狄格州:CONN. GEN. STAT. ANN. § 53a-19(2019). 特拉华州 DEL. CODE ANN. tit. 11, § 464(2019). 佛罗里达州:FLA. STAT. ANN. § § 776.012 to -776.013(2015). 佐治亚州:GA. CODE ANN. § 16-3-21(2020). 夏威夷州:HAW. REV. STAT. ANN. § 703-304(2020). 爱达荷州:IDAHO CODE § 18-4009(2018). 伊利诺伊州:720 ILL. COMP. STAT. ANN. 5/7-1(2004). 印第安纳州:IND. CODE 35-41-3-2(2019). 艾奥瓦州:IOWA CODE ANN. § 704.1(2017). 堪萨斯州:KAN. STAT. ANN. § 21-5222(2011). 肯塔基州:KY. REV. STAT. ANN. § 503.050(2008). 路易斯安那州:LA. STAT. ANN. § 14:20(2014). 缅因州:ME. REV. STAT. ANN. tit. 17A, § 108(2019). 密歇根州:MICH. COMP. LAWS ANN. § 780.972(2020). 明尼苏达州:MINN. STAT. ANN. § 609.065(2020). 密西西比州:Miss. CODE ANN. § 97-3-15(2020). 密苏里州:Mo. ANN. STAT. § 563.031(2016). 蒙大拿州:MONT. CODE ANN. § 45-3-102(2019). 内布拉斯加州:NEB. REV. STAT. § 28-1409(2020). 内华达州 NEV. REV. STAT. ANN. § 200.160(2015). 新罕布什尔州:N. H. REV. STAT. ANN. § 627:4(2011). 新泽西州:N. J. STAT. ANN. § 2C:3-4(2020). 新墨西哥州:N. M. STAT. ANN. § 30-2-7(2020). 纽约州:N. Y. PENAL LAW § 35.15(2004). 北卡罗来纳州:N. C. GEN. STAT. § 14-51.3(2011). 北达科他州:N. D. CENT. CODE § 12.1-05-07(2019). 俄克拉何马州:OKLA. STAT. ANN. tit. 21, § 733(2020.). 俄勒冈州:OR. REV. STAT. §161.219(2011). 宾夕法尼亚州:18 PA. STAT. AND CONS. STAT. ANN. § 505(West 1998 Supp. 2013). 南卡罗来纳州:S. C. CODE ANN. § 16-11-440(Supp. 2012). 南达科他州:S. D. CODIFIED LAWS § § 22-16-34,22-16-35(2006). 田纳西州:TENN. CODE ANN. § 39-11-611(2014). 得克萨斯州:TEX. PENAL CODE ANN. § 9.32(West 2020). 犹他州:UTAH CODE ANN. § 76-2-402(2019). 佛蒙特州:VT. STAT. ANN. tit. 13, § 2305(2009). 华盛顿州:WASH. REV. CODE ANN. §9A.16.050(2020). 西弗吉尼亚州:W. VA. CODE § 55-7-22(2020). 威斯康星州:Wis. STAT. ANN. § 939.48(2011);Christian v. State,951 A. 2d 832(Md. 2008); Commonwealth v. Haith,894 N. E. 2d 1122,1128(Mass. 2008);State v. Hanes, 783 A. 2d 920,925-26(R. I. 2001); Gilbert v. Commonwealth,506 S. E. 2d 543,547(Va. Ct. App. 1998). 弗吉尼亚州陪审团指示:VA. PRACTICE JURY INSTRUCTIONS § §63.1,63.6(2015). 怀俄明州陪审团指示:WYO. PATTERN JURY INSTRUCTION § 8.02(2014). 马里兰州刑事陪审团指示:MD. STATE BAR Ass'N CRIMINAL PATTERN JURY INSTRUCTIONS § 5:07(2013). 俄亥俄州陪审团指示: 2 CR OHIO JURY INSTRUCTIONS § 417.27(2008). 佛蒙特州陪审团指示:VT. BAR Ass'N CRIMINAL JURY INSTRUCTION § 111(2005).

有超越特定法律和先例的法律秩序的概念有着密切的联系，这种传统使得普通法在理解德国阻止某人堵塞停车位而防卫的判决感到困惑。因此，美国自卫法中的非法侵害更明确地指向受害人本身，对社会法律秩序或者社会制度的侵害指向并不鲜明。

第二个要件是必要性要件，美国所有州的制定法或判例法中都对自我防卫的紧迫性和必要性要件进行了规定（详见表2），略有不同的是有些州使用“必要性”表述。另一些州则使用“紧迫性”（imminent or immediate），如亚拉巴马州、阿拉斯加州、亚利桑那州、加利福尼亚州、科罗拉多州、佛罗里达州、佐治亚州、爱达荷州、伊利诺伊州、印第安纳州、堪萨斯州、肯塔基州等。另外，有几个州中同时包含了“必要性”和“紧迫性”（imminence and necessity）的表述，以强调紧迫性对确认必要性的意义，[①]如佐治亚州、阿肯色州、伊利诺伊州等。例如佐治亚州法律规定：“行为人合理相信他人对其或者第三人即将使用（imminent use）非法武力，其有必要（necessary）使用或者威胁使用武力以保护自己或第三人不受他人非法侵害的行为具有正当性。”（Ga. Code Ann.，§ 16 – 3 – 21）伊利诺伊州法律规定：“行为人有理由相信其保护自己或他人不受紧迫性（imminent use）非法武力侵害行为的必要时（necessary），所实施的武力是正当的。”（IL ST CH 720 § 5/7 – 1）

表2　各州有关必要性的表述

不同表述	涵盖的州
必要性	路易斯安那州、宾夕法尼亚州
紧迫性	亚拉巴马州、阿拉斯加州、亚利桑那州、加利福尼亚州、科罗拉多州、佛罗里达州、佐治亚州、爱达荷州、伊利诺伊州、印第安纳州、堪萨斯州、肯塔基州、路易斯安那州、密歇根州、密苏里州、密西西比州、蒙大拿州、内华达州、新罕布什尔州、新墨西哥州、北卡罗来纳州、俄克拉何马州、俄勒冈州、南卡罗来纳州、南达科他州、田纳西州、得克萨斯州、犹他州、佛蒙特州、弗吉尼亚州、华盛顿州、西弗吉尼亚州

① 同时采用紧迫性与必要性的州主要参考了美国《模范刑法典》中的表述，具体参见美国《模范刑法典》第3.04条。

续表

不同表述	涵盖的州
必要性和紧迫性	佐治亚州、阿肯色州、伊利诺伊州

第三个要件是合理相信。根据第二章的分析，防卫人必须合理地相信其使用致命武力防卫是必要的。合理相信包括主观与客观两个方面的要求：一方面，防卫人必须合理地相信在当时的情况下除使用致命性武力外不能保护自己免遭非法致命性侵害，这是主观判断；另一方面，合理相信的判断以理性人为标准，这是客观判断的表现。美国大多数州都使用"合理相信"一词作为防卫的必要条件之一，大多数州采用了偏主观性的判断标准，也有少数州采用了客观的理性人标准（详见表3）。

表3　各州采用防卫判断标准的情况

不同表述	涵盖的州
主观判断标准：合理相信（reasonable believes）	阿拉斯加州、科罗拉多州、佛罗里达州、佐治亚州、爱达荷州、伊利诺伊州、印第安纳州、肯塔基州、路易斯安那州、密苏里州、蒙大拿州、内华达州、新罕布什尔州、北卡罗来纳州、俄克拉何马州、俄勒冈州、南卡罗来纳州、田纳西州、得克萨斯州、犹他州、佛蒙特州、弗吉尼亚州、西弗吉尼亚州、威斯康星州、宾夕法尼亚州、阿肯色州、康涅狄格州、艾奥瓦州、堪萨斯州、密歇根州、新墨西哥州、纽约州
客观判断标准：理性人（reasonable person）	亚拉巴马州、亚利桑那州、加利福尼亚州、密西西比州、新墨西哥州、南达科他州、华盛顿州
无法律表述	马萨诸塞州、马里兰州、怀俄明州、北达科他州、佛蒙特州

如佛罗里达州的法律规定："行为人有理由使用或威胁使用致命性武力，若其有理由相信……为防止迫在眉睫的死亡或重大身体伤害而使用致命武力是必要的。"[①]佛罗里达州法规中的"合理相信"要求当事人主观相信使用致命性武力是必要且合理的。佛罗里达州标准刑事陪审团指令明确规定了主观性与客观性的要求："在判断被告使用致命性武力是否

① Fla. Stat. Ann. § 776.012(2).

正当时，必须根据使用武力时的情况进行判断。被告人所面临的危险不一定是实际存在的；然而，为了证明使用致命性武力是正当的，危险的出现必须是客观的，并且在同样情况下一个相当谨慎和理性的人也会认为只有使用致命性武力才能保护自己。因此，至少从表面上看被告认为危险是真实存在的。”[①]马里兰州和怀俄明州法律中未提及“合理相信”的表述，但是州陪审团的指示要求被告人必须具备合理相信要件。[②] 马萨诸塞州的法律没有规定合理相信，但是该州普通法要求被告人在使用致命武力之前必须合理相信有必要使用致命性武力。[③] 另外，美国少数州拒绝了将主观上的合理相信作为自我防卫构成要件，而是采用了严格的理性人的客观标准。如亚利桑那州[Ariz. Rev. Stat. Ann. § 13－405(A)(2)(2020)]；加利福尼亚州[Cal. Penal Code § 198(2017)]；密西西比州[Miss. Code Ann. § 97－3－15(1)(f)(2020)]；新墨西哥州[N. M. Stat. Ann. § 30－2－7(B)(2020)]；南达科他州[S. D. Codified Laws § 22－16－35(2020)]；华盛顿州[Wash. Rev. Code Ann. § 9A. 16. 050(1)(2020)]。

另外，北达科他州和佛蒙特州的法律没有对正当使用致命性武力的客观或主观标准予以明确规定。如北达科他州的法律规定：“若行为人未保护自己而使用致命性武力是必要的，那么在合法自卫时使用这种武力是正当的……”[④]同样，佛蒙特州法律规定：“若行为人杀死或对他人造成身体伤害了……以下情形下应是无罪的：(1)为自己的生命进行必要的防卫……”[⑤]尽管如此，以上两个州的陪审团指示都明确指出，合理相信是自我防卫的基本组成部分。[⑥] 同时，美国所有 50 个州的法律都明确规定，

---

① Fla. Standard Jury Instructions In Criminal Cases(2010). 佛罗里达州《刑事案件中的标准陪审团指示》(2010)。

② See Md. State Bar Ass'N Criminal Pattern Jury Instructions § 5:07(2013); Wyo. Pattfern Jury Instruction § 8. 08(2004).

③ See Commonwealth v. Haith, 894 N. E. 2d 1122, 1128(Mass. 2008).

④ N. D. Cent. Code § 12. 1－05－07(2)(b).

⑤ VT. Stat Ann. tit. 13, § 2305.

⑥ See VT. Bar Ass'n Criminal Jury Instruction § 111(2005); State v. Gagnon, 567 N. W. 2d 807, 810(N. D. 1997).

任何人不得对非致命性武力、威胁或口头对抗使用致命性武力进行防卫。

(二)各州关于退避义务的规定

美国各州在对使用致命性武力是否应当先履行退避义务上有较大的差别,各州制定法或普通法将使用致命性武力进行自我防卫分为两种类型,一种要求履行退避义务,另一种无须履行退避义务。尽管受历史因素的影响,美国刑法完成了对英国普通法的继承,但17世纪之后受到自然法学与洛克等政治哲学家的影响美利坚合众国建立了一个不同于英国政府的新国家,新成立的美国并未采用英国法学家布莱克斯通所阐述的:“一个被非法侵害的行为人必须尽可能地退避的理论。”①洛克的政治和哲学思想影响了美国《独立宣言》,大多数州在正当防卫上抛弃了英国普通法中传统的退避义务,转而采用了不退让法。正如1921年霍姆斯大法官在比尔德案中表达的态度一般:“面对高高举起的刀,不能要当事人有超然的思考能力。”②从这句法律格言中可以明显地感受到美国法院对防卫人权利的确认,以及对人类面临紧迫性危险时期待可能性的关注。

美国33个州规定只要符合自我防卫的基本要件,无须在合法使用致命性武力进行防卫之前履行撤退义务。另外17个需要履行退避义务的州中超过一半的州限制了在使用致命性武力之前履行退避义务(见表4)。如阿肯色州法律[Ark. Code Ann. § 5－2－607(b)]规定不要求在防卫人住宅及住宅周围退避;康涅狄格州[Conn. Gen. Stat. Ann. §53a－19(b)]规定无须在防卫人住所或工作场所撤退;特拉华州[Del. Code Ann. tit. 11, §464(e)(2)]规定无须在住所或工作场所撤退;夏威夷州[Haw. Rev. Stat. Ann. § 703－304(5)(b)]也规定无须在住所或工作场所撤退;艾奥瓦州(Iowa Code Ann. §704.1)规定防卫人无须在住所

① W. Blackstone, *Commentaries on the laws of England Vol.* 4, Oxford University Press, 2016, p. 185.

② Beard v. United States, 158 U. S. 550, 561－63(1895).

或营业场所或工作场所撤退；内布拉斯加州［Neb. Rev. Stat. § 28－1409(4)(b)］规定防卫人无须在住所或工作场所撤退；俄亥俄州（Ohio Rev. Code Ann. § 2901.09）规定防卫人无须在其住宅或车辆内撤退；宾夕法尼亚州（Pa. Stat. And Cons. Stat. Ann. § 505）规定防卫人在住所、工作地点或他人使用枪支或枪支复制品或任何他容易能致命使用的武器时，无须履行撤退义务。此外，如果防卫人不能完全安全地撤退，或者撤退者有死亡或严重身体伤害的危险，没有一个州要求他撤退。

表4　退让州与不退让州

类型	涵盖的州
不退让（no retreat）	亚拉巴马州、阿拉斯加州、亚利桑那州、佛罗里达州、佐治亚州、印第安纳州、堪萨斯州、肯塔基州、路易斯安那州、密歇根州、密西西比州、内华达州、新罕布什尔州、蒙大拿州、北卡罗来纳州、俄克拉何马州、南卡罗来纳州、南达科他州、田纳西州、得克萨斯州、犹他州、科罗拉多州、爱达荷州、密苏里州、新墨西哥州、俄勒冈州、华盛顿州、弗吉尼亚州、西弗吉尼亚州、威斯康星州、加利福尼亚州
退让（retreat）	阿肯色州、康涅狄格州、特拉华州、夏威夷州、艾奥瓦州、内布拉斯加州、俄亥俄州、宾夕法尼亚州

Ala. Code § 13A－3－23; Alaska Stat. § 11.81.335(2006); Ariz. Rev. Stat. Ann. § 13－405(2020); Fla. Stat. Ann. §§ 776.012－013(2015); Ga. Code Ann. § 16－3－23(2020); Ind. Code § 35－41－3－2(2019); Kan. Stat. Ann. § 21－5222(2015); Ky. Rev. Stat. Ann. § 503.050(2008); La. Stat. Ann. § 14:20(2014); Mich. Comp. Laws Ann. § 780.972(2020); Miss. Code Ann. § 97－3－15(2020); Mont. Code Ann. § 45－3－110(2019); Nev. Rev. Stat. Ann. § 200.120(2015); N.H. Rev. Stat. Ann. § 627:4(2011); N.C. Gen. Stat. § 14－51.3(2011); Okla. Stat. Ann. tit. 21, § 1289.25 (2020); S.C. Code Ann. § 16－11－440 (1976); S.D. Codified Laws § 22－184(2006); Tenn. Code Ann. § 39－11－611(2014); Tex. Penal Code Ann. § 9.32(2017); Utah Code Ann. § 76－2402(2019); Cassels v. People, 92 P.3d 951, 956(Colo. 2004)(en banc); State v. McGreevey, 105 P. 1047, 1051(Idaho 1909); People v. Manley, 584 N.E.2d 477, 491(Ill. App. Ct. 1991); State v. Bartlett, 71 S.W. 148, 151(Mo. 1902); Territory v. Gonzales, 68 P. 925, 932(N.M. 1902); State v. Sandoval, 156 P.3d 60, 64 (Or. 2007); Foote v. Commonwealth, 396 S.E.2d 851, 855(Va. Ct. App. 1990); State v. Cushing, 45 P. 145, 145－46(Wash. 1896); State v. Dinger, 624 S.E.2d 572, 576－77(W. Va. 2005); State v. Wenger, 593 N.W.2d 467, 471(Wis. Ct. App. 1999); N.M. Unif. Jury Instructions Criminal § 14－5190(2015); Judicial Council Of Cal. Criminal Jury Instructions § 505(2012); Idaho Criminal Jury Instructions § 1519(2010).

三、评价:对英国普通法规则的继承与发展

通过梳理美国《模范刑法典》以及各州有关自我防卫的规定,可以看出无论是美国《模范刑法典》还是各州的制定法对于正当防卫的构成要件(包括防卫的必要性、比例性、合理相信等要件)存在的争议很小,各州都通过法律规定以及其他形式予以认可。尽管存在部分差异,如关于合理相信的判断标准、关于退避义务的规定等,正当防卫构成要件基本都能明确地体现在法律条文当中。从美国《模范刑法典》与现有 50 个州的法律规定中可以看到,美国正当防卫制度对比例性要件的重视,甚至可以说比例性原则是美国正当防卫制度的核心与价值追求。无论各州与美国《模范刑法典》之间存在何种争议,致命性武力与非致命性武力的划分在绝大多数的制定法中都有体现。美国学者以及法官对比例原则的尊崇与德国对自治原则的追求是一样的。因此,当佛罗里达州在 2005 年通过"坚守阵地法"将自我防卫中使用致命性武力防卫的条件删掉之后引起了轩然大波,质疑者认为佛罗里达州的这一做法已经违背了对比例原则的坚守。[①]

自我防卫是所有正当防卫中最典型的防卫形式,美国刑法对自我防卫的规定非常明确细致,这体现了美国法律对保护公民人身安全的积极态度。其中,争议较大的部分主要体现在使用致命性武力时防卫人是否应履行退避义务,以及判断防卫人防卫意图的合理相信标准两大问题上。美国《模范刑法典》与 50 个州在这两个问题上的态度有所不同,其中退避义务主要源自对英国普通法的历史继承与美国各州实际情况之间的矛盾。根据普通法的规则,实施致命性武力之前必须履行退避义务这一规则在早期的英国普通法中已经确立,美国早期对这一规则的承认体现了对普通法的继承与认同。随着 17 世纪洛克等人对政治哲学思想的影响,公民权利的进一步确认导致美国大多数州开始抛弃退避义务规

---

① 关于"坚守阵地法"的内容将在本章第四节"住宅防卫"中详细介绍。

则，并逐步确立了不退让的防卫规则。不退让法是否符合比例原则的要求始终是学界争议的焦点，这一问题将在第四节住宅防卫中继续探讨。另一个问题是合理相信要件。这一问题主要体现在各州采用主观标准与客观标准的差异上。前文已经提到，各州对主观相信的判断标准不一，有些州采用的是主客观相结合的标准，而部分州仅要求防卫人具备理性人标准即可。无论哪种标准，均由陪审团根据实际情况判断，但是不同判断标准所产生的审理结果必然不同。这一问题在第二章中已经具体分析过，笔者将在第四章通过具体案例进一步分析。

第二节 他人防卫

他人防卫也叫第三人防卫，指行为人使用武力保护第三人免受非法侵害人非法攻击的行为具有正当性。从法律史的角度看，英美他人防卫权是对自我防卫权的延伸。行为人是否有权帮助受害人进行防卫的问题多数源自受害人本身是否具有正当防卫权，这一规则被称为"另一个自我"规则（alter rule），这一问题是他人防卫的核心与关键问题。

一、美国《模范刑法典》中关于他人防卫的内容

（一）他人防卫正当性的要件

美国《模范刑法典》第3.05条规定了为保护第三人而使用武力的问题。美国《模范刑法典》第3.05（1）条规定："依照本条和第3.09条的规定，为保护第三人而对他人或者向他人使用武力在同时满足下列条件时具有正当性：（a）行为人确信其保护的第三人正在遭受危害，而依第3.04条规定行为人自己在遭受该种危害时使用武力保护自身也会是正当的；且（b）行为人确信在当时的情况下，其所保护的第三人如自己使用该防卫性武力也会是正当的；以及（c）行为人确信其介入对于该第三人的保

护是必要的。”[①]第1款对使用武力防卫他人进行了基本的规定,从规定的内容看,与自我防卫的规则大体相同,需要同时满足3个条件:第一,行为人相信第三人正在面临紧迫性危险,且当行为人自己处于第三人的境况时也有权自我防卫。换言之,行为人运用武力的范围没有超出其所认知情形下自我防卫所能使用武力的范围。第二,行为人相信第三人当时有自我防卫权。第三,行为人相信其介入保护他人的行为是必要的。

尽管防卫他人的理论源自自我防卫权的扩张,但这一理论未能解释普通法中防卫他人只能适用于防卫人的家庭成员之间的规定。他人防卫权只适用于针对防卫人的家庭成员。布莱克斯通认为,这种权利实际上产生于保护个人财产的权利。[②] 根据英国普通法“另一个我”规则,一个人对其妻子、孩子、父母或仆人拥有财产的既得权利。这一规则在美国司法管辖区也根深蒂固,它谨慎地强调了介入者与被防卫人之间的亲密或家族关系的要求。但由于介入非法侵害是一种预防犯罪的行为,现在美国大多数司法管辖区的实际情况是允许行为人介入保护陌生的被防卫人。“另一个自我”规则的前提是若行为人存在主观认知错误,则其在自卫中使用致命武力是不正当的。因此,如果被防卫人有任何过错,法律就会预设将这种过错“传输”给介入者。如果被防卫人因自己的行为丧失了自卫权,那么介入者正当杀人的权利也就被否定了。这一原则已成为美国法律中根深蒂固的先例。

值得注意的是,美国《模范刑法典》强调的并非客观情况而是行为人对当时情况的主观认知,即行为人使用致命性武力或者非致命性武力取决于这种武力对行为人在当时情况下保护受害者是否合理。美国《模范刑法典》第3.04(1)条规定:“对因防卫自己而使用武力的正当性作了规定。”美国法学研究所认为,拒绝“另一个我”规则是与英美刑法学基本原

---

① MPC § 3.05(1).[美]美国法学会编:《美国模范刑法典及其评注》,刘仁文、王祎等译,法律出版社2005年版,第50页。

② See W. Blackstone, *Commentaries on the laws of England Vol.* 4, Oxford University Press, 2016, p. 185.

则相抵触的，而该原则应该始终支持被告人必须被证明有犯罪意图。依照美国《模范刑法典》第3.09条的规定，行为人相信对他人或者他人使用武力是为防止他人在当时的情况下针对自己使用非法武力所即时必要时，对他人使用该武力具有正当性。美国《模范刑法典》第3.09(2)条规定："如果行为人相信为第3.05条至3.08条规定的目的而对他人或者向他人使用武力有所必要，并且该确信能成立该法条规定的正当事由，但是行为人获得该确信，或者获得或者没有获得对其使用武力的正当性有重要作用的事实的认识时存在轻率或者疏忽时，该法条规定的正当事由，对于追诉（根据具体情况）轻率或者疏忽足以构成可责性的犯罪，不得适用。"[①]美国《模范刑法典》第3.09(3)条规定："如果行为人对他人使用武力依照第3.03条至3.08条的规定具有正当性，但是行为人轻率或者疏忽地造成无辜者伤害或者伤害的危险时，该法条规定的正当事由，对于追诉对无辜者所犯的该轻率或者疏忽犯罪，不得适用。"[②]这一重要的区别使美国《模范刑法典》不同于先前的法律，后者认为行为人存在主观认识错误时应负刑事责任。美国《模范刑法典》的起草者们坚持不应在介入者出于善意并采取适当谨慎的情况下强加无过错责任。

由此可见，美国《模范刑法典》第3.09条甚至进一步保护防卫他人的行为，在涉及疏忽的错误时从法律上否定对行为人谋杀的起诉。第3.09条将可能的起诉限制在行为人因鲁莽或疏忽大意而形成主观错误认识。美国《模范刑法典》的基本精神是要求行为人合理相信即可有权防卫第三人。虽然大多数司法管辖区没有采用整个美国《模范刑法典》的内容，但美国50个州的法律至少都遵循了美国《模范刑法典》的基本精神，这一精神的影响使美国州立法和司法机构将重点放在介入行为发生时防卫人自己的主观认知上，而不是放在防卫人将如何防卫上。

---

① MPC §3.09(2).［美］美国法学会编：《美国模范刑法典及其评注》，刘仁文、王祎等译，法律出版社2005年版，第62页。

② MPC §3.09(3).［美］美国法学会编：《美国模范刑法典及其评注》，刘仁文、王祎等译，法律出版社2005年版，第62页。

（二）关于第三人防卫时退避义务的规定

美国《模范刑法典》第3.05(2)条规定："尽管有第1款的规定，但是(a)依照第3.04条的规定，行为人为保护自身而使用武力以前如果负有躲避、返还对物的占有或者遵照要求的义务的，则为保护第三人而使用武力以前，除其知道其采取上述措施能够确保该第三人的完全安全外，行为人没有义务采取上述措施；以及(b)当行为人保护的第三人知道采取躲避或返还对物的占有或者遵照要求能够获得完全安全，其就有义务依照第3.04条的规定采取上述措施时，行为人知道该第三人通过上述措施能够获得完全安全的，在保护该第三人而使用武力以前负有努力使该第三人采取上述措施的义务；以及(c)行为人或者其保护的第三人中的任何一方在对方住宅或者工作场所时，不负比在自己住宅或者工作场所时更大的躲避义务。"[①]第2款将第3.04条有关退避、返还占有和遵照要求的规定适用于行为人保护第三人的情形。美国《模范刑法典》对退避义务的规定限制了自我防卫对他人犯罪行为的适用范围。首先，在行为人保护他人时，除特殊情况外不负有退避义务。其次，基于自我防卫原则要求受害人退避的，行为人应当尽力保障受害人退避，且该情形仅适用于行为人明知受害者通过退避可以获得安全的情况。最后，关于在住宅或工作场所发生冲突时，当退避到他人的住宅或工作场所将比自己的住宅或工作场所带来的损害更严重时，不要求行为人和受害人履行退避义务。

二、各州制定法对他人防卫的规定

从本质上讲，他人防卫的权利与自我防卫权具有同根性，美国法律明确指出了这一点。美国50个州中41个州的制定法明确规定了他人

---

① MPC § 3.05(2).［美］美国法学会编：《美国模范刑法典及其评注》，刘仁文、王祎等译，法律出版社2005年版，第50页。

防卫的问题。[①] 在各州有关正当防卫的法律规定中,有 29 个州已经将防卫他人纳入了自我防卫的同一条款当中,其余州的他人防卫规定参照 29 个州的规定。本节将按照正当防卫的要件构成分析美国各州他人防卫的法律规定。

(一)他人防卫中"他人"的适用范围

美国大多数州对他人防卫中的"他人"并未予以严格限制,即只要是行为人以外的第三人均可成为保护的对象。在法律表述中多使用"others""another""third persons"等词汇概述广义的第三人。但是,由于受到英国普通法的影响,依然有一些州沿袭了普通法中的部分传统,将他人

① 这 41 个州主要有:亚拉巴马州:Ala. Code S 13A－3－23(1975).阿拉斯加州:Alaska Stat. SS 11. 81. 340,11. 81. 335(2006).亚利桑那州:Ariz. Rev. Stat. Ann. S 13－406,13－404(2020).阿肯色州 Ark. Code. Ann. S 5－2－607(2015).加利福尼亚州: Cal. Penal Code S 197(2017); Colo. Rev. Stat. Ann. S 18－1－704(2020).康涅狄格州: Conn. Gen. Stat. Ann. S 53A－19(2019). 特拉华州: Del. Code Ann. tit. 11,S 465(2019).佛罗里达州:Fla. Stat. Ann. SS 776. 012,776. 031(2015).佐治亚州:Ga. Code Ann. S 16－3－21(2020).夏威夷州:Haw. Rev. Stat. SS 703－305,703－304(2020).爱达荷州:Idaho Code S 18－4009(2018).伊利诺伊州:Ill. Ann. Stat. ch. 720 para. 5/7－1(2004).印第安纳州:Ind. Code. Ann. S 35－41－3－2(2019).艾奥瓦州: Iowa Code Ann. S 704. 3(2017).堪萨斯州:Kan. Stat. Ann. S 21－3211(2011).肯塔基州:Ky. Rev. Stat. Ann. S 503. 070(2006).路易斯安那州:La. Rev. Stat. Ann. S 14:22,14:20(2014).缅因州:Me. Rev. Stat. Ann. tit. 17A,S 108(2019).马里兰州:Md. Ann. Code art. 27,S 12A(2020).明尼苏达州:Minn. Stat. Ann. S 609. 065(2020). 密西西比州:Miss. Code Ann. S 97－3－15(2020). 密苏里州:Mo. Ann. Stat. S 563. 031(2016).蒙大拿州:Mont. Code Ann. S 45－3－102(2019).内布拉斯加州: Neb. Rev. Stat. S 28－1410(2020).内华达州:Nev. Rev. Stat. § 200. 120,200. 160(2015).新罕布什尔州:N. H. Rev. Stat. Ann. S 627:4(2011).新泽西州:N. J. Stat. Ann. S 2C:3－5(2020).新墨西哥州 N. M. Stat. Ann. S 30－2－7(2020).纽约州:N. Y. Penal Law S 35:15 2004).北达科他州:N. D. Cent. Code S 12. 1－05－04,12. 1－05－05,12. 1－05－07(2019).俄克拉何马州:Okla. Stat. Ann. tit. 21,S 733,tit. 22,S 33(2020).俄勒冈州:OR. Rev. Stat. S 161. 209(2020). 宾夕法尼亚州:Pa. Stat. Ann. tit. 18,S 506(2011).南达科他州:S. D. Codified Laws Ann. SS 22－16－35,22－18－4,22－16－34(2020).田纳西州:Tenn. Code Ann. SS 39－11－612,39－11－611(2017).得克萨斯州:Tex. Penal Code Ann. SS 9. 31,9. 32,9. 33(2007).犹他州:Utah Code Ann. S 76－2－402(2019).佛蒙特州: Vt. Stat. Ann. tit. 13,S 2305(2020).华盛顿州:Wash. Rev. Code Ann. SS 9A. 16. 050,9A. 16. 020,9A. 16. 110(2020).威斯康星州:Wis. Stat. Ann. S 939. 48(2011).其余 9 个州(包括哥伦比亚特区)的法律没有规定防卫他人,这些州包括马萨诸塞州、密歇根州、北卡罗来纳州、俄亥俄州、罗得岛州、南卡罗来纳州、弗吉尼亚州、西弗吉尼亚州和怀俄明州。

防卫中的“他人”限定于与防卫人存在特定关系的人群中，如配偶、父母、子女或其他亲属、仆人、主人或客人的人身或财产受到非法侵害时（如表5所示）。

表5 各州关于防卫他人的有关规定

不同类型	涵盖的州
不设限的第三人	阿拉斯加州、亚利桑那州、阿肯色州、特拉华州、哥伦比亚特区、肯塔基州、路易斯安那州、缅因州、密苏里州、内布拉斯加州等均无身份限制
存在特定关系的第三人	加利福尼亚州、佛蒙特州、新泽西州等规定在用致命性武力的场合下需要限制身份
未出生的婴儿	阿肯色州

参见陆杰、陆凌：《美国刑法防卫人身的成立要件及启示——基于50个州刑事立法的考察》，载《铁道警察学院学报》2019年第6期。

值得一提的是，美国阿肯色州关于他人防卫中的一条特殊的规定（A. C. A. §5-2-615），即对未出生的婴儿的防卫，孕妇合理相信有人正在使用武力或致命性武力威胁其未出生的婴儿，则其使用武力或致命性武力保护婴儿的行为属于正当行为。阿肯色州的这一规定对防卫他人作出了严格的限定，即防卫人必须是孕妇本人，如果是孕妇以外的其他人则不得行使此权利。

（二）必要性要件

“必要性”是他人防卫正当性的关键要件。关于他人防卫的制定法，美国41个州除加利福尼亚州、爱达荷州、密西西比州、新罕布什尔州、俄克拉何马州、华盛顿州6个州以外，其他所有州都使用了“必要”一词，行为人所面临的“必要性”必须通过一个双重考验来衡量。致命性武力的使用被限制在行为人认为必要的“时间”以及行为人认为必要的“程度”，这两个词各自都有不同的含义。“时间”一词在防卫规定的范围内似乎是不言自明的。在这种情况下，只要有必要行为人便可以使用致命性武力。但有8个州的立法将“立即”和“必要”两个词结合起来，规定行为人除非有紧急需要,否则不得使用防御性致命武力。[①] 必要性的衡量标准不仅是“何时”需要武力,还包括需要“何种程度的”武力。“程度”一词代表了可以使用的武力的等级。[②]

(三)紧迫性

密苏里州法律文件中的另一个典型的先决条件是,第三人(介入者)必须合理地相信被保护人使用武力是迫在眉睫的。[③] 防卫人只有在受害人受到紧急威胁时才能采取行动。在大多数将防卫编入法典的州中,都使用“迫在眉睫”一词来描述受害人必须面对的最直接的武力威胁。

司法裁决对“迫在眉睫”含义的完善起了很大的作用。肖勒案[④]中法院提到正当杀人要求威胁迫在眉睫,“迫在眉睫”意味着危险近在咫尺,是一种间接而非直接的、正在靠近而非已经接触到的情形。27 个州明确了这项要求,[⑤]有 3 个州的法律暗含了行为人必须面对迫

① 这些州包括亚利桑那州,Ariz. Rev. Stat. Ann. S 13 – 406(一个理性人会认为这样的介入是必要的);特拉华州,Del. Code Ann. tit. 11,5 464;夏威夷州,Haw. Rev. Stat. S 703 – 304;内布拉斯加州,Neb. Rev. Stat. S 28 – 1409;新泽西州,N. J. Stat. Ann. S 2C:3 – 4;宾夕法尼亚州,Pa. Stat. Ann. tit. 18,S 505;田纳西州,Tenn. Code Ann. S 39 – 11 – 611(2017);得克萨斯州,Texas Penal Code Ann. S 9. 31. (2007).

② See People v. Clark,181 Cal. Rptr. 682(Cal. 1982). 该案中法院指出,“行为人只能使用基于攻击的程度而必要的武力;任何过度使用武力都是不正当的,因此造成的杀人是非法的”。

③ See Mo. Ann. Stat. S 563. 031(2016).

④ Scholl v. State 115 S. 43(Fla. 1927).

⑤ 以下州的法律规定要求正当杀人必须具备“迫在眉睫”的威胁:阿拉斯加州,Ala. Code S 13A – 3 – 23(2006);加利福尼亚州,Cal. Penal Code S 197(2017);科罗拉多州,Colo. Rev. Stat. Ann. S 18 – 1 – 704(2020);佛罗里达州,Fla. Stat. Ann. S 776. 012(2015);佐治亚州,Ga. Code Ann. S 16 – 3 – 21(2020);爱达荷州,Idaho Code S 18 – 4009(2018);伊利诺伊州,Ill. Ann. Stat. ch. 720 para. 517 – 1(2004);印第安纳州,Ind. Code. Ann. S 35 – 41 – 3 – 2(2019);艾奥瓦州,Iowa Code Ann. S 704. 3(2017);堪萨斯州,Kan. Stat. Ann. S 21 – 3211(2011);肯塔基州,Ky. Rev. Stat. Ann. S 503. 070(2006);路易斯安那州,La. Rev. Stat. Ann. S 14:20(2014);密西西比州,Miss. Code Ann. S 97 – 3 – 15(2020);密苏里州,Mo. Ann. Stat. S 563. 031(2016);蒙大拿州,Mont. Code Ann. S 45 – 3 – 102(2019);内华达州,Nev. Rev. Stat. S 200. 160(2016);新墨西哥州,N. M. Stat. Ann. S 30 – 2 – 7(2020);纽约州,N. Y. Penal Law S 35:15(2004);北达科他州,N. D. Cent. Code S 12. 1 – 05 – 03(2019);俄克拉何马州,Okla. Stat. Ann. tit. 21,S 733(2020);俄勒冈州,Or. Rev. Stat. S 161. 209(2020);南达科他州,S. D. Codified Laws Ann. 5 22 – 16 – 35(2020);田纳西州,Tenn. Code Ann. S 39 – 11 – 611(2017);得克萨斯州,Tex. Penal Code Ann. S 9. 32(2007);犹他州,Utah Code ANN. S 76 – 2 – 402(2019);华盛顿州,Wash. Rev. Code Ann. S 9A. 16. 050(2020);威斯康星州,Wis. Stat. Ann. S 939. 48(2011).

在眉睫的威胁,但法律条文中没有明确使用“迫在眉睫”一词。[①] 这些州法律规定除非攻击者“即将使用”致命武力,否则介入者不得采取行动。

(四)特定的危险

密苏里州《刑法》第 563.031 条规定,“必要”和“迫近”的要求必须由迫在眉睫的危险引起。该法规定防卫人不得使用致命性武力,除非是要保护面临“死亡、严重身体伤害、强奸、鸡奸、绑架或因抢劫、盗窃或纵火造成的严重身体伤害”威胁的人。

他人防卫的规定通常首先列出可防卫的广泛或一般类型的威胁,如死亡、致命性武力或严重的身体伤害,之后继续对特定类型的威胁进行分类,如强奸、绑架。在美国大多数州,关于危险的法律规定与密苏里州类似,即包括一般类型和具体类型的威胁。法律条文中使用了不同的语言来描述一般类型的危险。其中亚拉巴马州、亚利桑那州、阿肯色州、缅因州、新罕布什尔州、纽约州、俄勒冈州、得克萨斯州 8 个州的法律使用的最普遍的语言是防卫人在防卫“他人正在使用或即将使用非法致命的肢体武力”时杀人是正当的。其他一些州则允许仅在受到“身体损害”(bodily injury)的威胁时使用致命性武力,而另一些州则用“身体伤害”(bodily harm)的威胁来启动防卫。

(五)合理相信标准

合理相信是美国正当防卫中非常重要的构成要件之一。美国大多数州中他人防卫情形下必要性、紧迫性和危险的威胁都取决于第三人

---

① 康涅狄格州,Conn. Gen. Stat. Ann. S 53A – 19(2019);缅因州,Me. Rev. Stat. Ann. tit. 17A,S 108(2019);新罕布什尔州,N. H. Rev. Stat. Ann. S 627:4(2011).

（介入者）的主观合理相信。[①] 合理相信原则意味着如果行为人基于错误但合理的主观认知而杀人，仍然可以被证明是正当的。

其余的司法管辖区分为 5 个子类，提出了不同的法定合理相信标准以证明防卫他人而杀人的正当性。值得注意的是，这些司法管辖区的司法解释经常限制、扩大甚至违背其法律规定中的语言，实际上采用了另一种标准——通常是大多数人所拥护的合理相信标准。如亚利桑那州 Ariz. Rev. Stat. Ann. S 13 – 404，13 – 406 规定了客观“理性人”标准，但是判例中使用了“理性人”主观判断标准，即法院允许对防卫人在防卫他人时，对“合理相信”的内容进行主观性审查。[②]

大多数州已经通过法律放弃了“另一个我”规则，改为采用防卫人主观认知的合理性标准，即他认为受害者面临正在进行的不法侵害致使其必须进行防卫。根据这一标准，即使防卫人辩护时其他条件中有一项出现错误，只要他有合理的理由相信这些条件已经存在仍然可以被免除责任。相反，如果防卫人主观认知不合理，那么即使所有的条件都满足了，其依然要承担相应的责任。伊利诺伊州“为他人防卫而使用武力”的法律规定是“合理相信”标准的代表。[③] 该州法律规定：“只有当一个人合

---

① 有 23 个州采用了防卫人的合理相信标准，其中包括亚拉巴马州，Ala. Code S 13A – 3 – 23（1975）；阿拉斯加州，Alaska Stat. SS 11. 81. 335，11. 81. 340（2006）；阿肯色州，Ark. Code. Ann. S 5 – 2 – 607（2015）；康涅狄格州，Conn. Gen. Stat. Ann. S 53A – 19（2019）；佛罗里达州，Fla. Stat. Ann. SS 776. 012，776. 031（2015）；佐治亚州，Ga. Code Ann. S 16 – 3 – 21（2020）；伊利诺伊州，Ill. Ann. Stat. ch. 720 para. 517 – 1（2004）；印第安纳州，Ind. Code. Ann. S 35 – 41 – 3 – 2（2019）；艾奥瓦州，Iowa Code Ann. S 704. 3（2017）；堪萨斯州，Kan. Stat. Ann. S 21 – 3211（2011）；路易斯安那州，La. Rev. Stat. Ann. S 14：20，14：22（2014）；缅因州，Me. Rev. Stat. Ann. tit. 17A，S108（2019）；明尼苏达州，Minn. Stat. Ann. S 609. 065（2020）；密苏里州，Mo. Ann. Stat. S 563. 031（2016）；蒙大拿州，Mont. Code Ann. S 45 – 3 – 102（2019）；新罕布什尔州，N. H. Rev. Stat. Ann. S 627：4（2011）；新泽西州，N. J. Stat. Ann. S 2C：3 – 5（2020）；纽约州，N. Y. Penal Law S 35：15（2004）；俄勒冈州，Or. Rev. Stat. S 161. 209（2020）；田纳西州，Tenn. Code Ann. SS 39 – 11 – 611，39 – 11 – 612（2017）；得克萨斯州，Tex. Penal Code Ann. S9. 31，9. 32，9. 33（2007）；犹他州，Utah Code Ann. S76 – 2 – 402（2019）；威斯康星州，Wis. Stat. Ann. S 939. 48（2011）.

② See State v. Wright，786 P. 2d 1035，1036.

③ See Ill. Ann. Stat. ch. 720 para. 5/7 – 1（2004）.

理地相信使用武力是防止他人即将死亡或遭受重大人身伤害所必需的,他才有正当理由使用意图或可能造成死亡或重大人身伤害的武力。”尽管大多数司法管辖区都遵循合理相信标准,但该标准的适用方式多种多样。法院既审查客观因素,也审查主观因素,有些司法管辖区更强调其中一个因素。尽管多数司法管辖区所表现出的重视程度不同,但客观和主观因素始终是合理信仰标准的重要组成部分。这一标准反映了美国《模范刑法典》更加注重主观因素的精神,回应了公共政策的关切,消除了“另一个我”规则从而鼓励他人防卫。

另外,少数州倾向于采用客观标准,如马里兰州、北达科他州和佛蒙特州实施的最严格的法定标准,要求使用致命性武力必须是客观上必要的,其行为才具有正当性。[①] 马里兰州的法律规定:“目睹他人遭受暴力侵害的,可以依法帮助被侵害人,帮助其进行防卫。防卫人对攻击者实施的武力必须在受害人所允许自我防卫所实施的武力程度的范围之内。”这一规定表明,在他人防卫的情况下对必要性的要求必须以客观事实为判断标准,不允许给第三人(介入者)留下主观认知的余地。这表明在少数州“另一个自我”规则仍然在适用,如果行为人客观上超出了必要的武力程度就应当承担责任。

在“理性人”的判断标准上,有少数州采用了客观判断标准,如亚利桑那州规定:“在以下情况下,行为人有正当理由以威胁或使用肢体武力或致命武力来保护第三人:理性人会相信立即介入帮助受害的第三人是必要的。”这是一项实施纯粹的客观标准的规定,但在司法判例中这一标准并没有得到实际的执行。还有的州采用实际相信与合理根据相结合的标准,如科罗拉多州法律允许行为人使用肢体武力来保护他人免受“他合理地认为迫在眉睫的非法侵害”。[②] 当行为人为防卫他人使用致命性武力时,法律要求行为人必须“合理地相信使用较小程度的武力是不

---

① See Md. Ann. Code art. 27, S 12A(2020); N. D. Cent. Code S 12. 1 - 05 - 03, 12. 1 - 05 - 04, 12. 1 - 05 - 07(2019); Vt. Stat. Ann. tit. 13, S 2305(2020).

② See Colo. Rev. Stat. Ann. S 18 - 1 - 704(2020).

够的”,而且他“有合理的理由相信他或他人处于被杀害或受到重大身体伤害的紧迫威胁中……”这一标准包含的主观和客观的因素是美国现行“合理相信”判断标准的前身。

三、评价:从限制到鼓励防卫他人

在美国41个州法律明确规定的防卫他人中,大多数州的规定都符合必要性、紧迫性、存在危险的威胁以及合理相信4项构成要件。其中对合理相信标准的变化反映了美国社会公共政策的变迁,即从最初限制帮助他人实施防卫发展到现在鼓励公民之间互相帮助的法律政策导向。即使行为人对事实认识错误,但只要其主观上相信有实施武力的必要便具有正当性。

另外,少数司法管辖区的法定标准确实存在分歧。这些州所规定的标准不考虑行为人的主观相信,而是以客观危险作为评判依据。但是,各州司法审判时都强制规定一些合理的标准,限制、扩大甚至违背其制定法中关于客观判断标准的条文表述。

第三节　财产防卫

英美财产防卫与住宅防卫是两种相关联的防卫类型。财产防卫指行为人运用武力防止他人剥夺自己的私有财产,或者在私有财产被剥夺后立即运用武力重新将其夺回的防卫行为。住宅防卫指行为人运用武力防止他人非法侵入其居住地的行为。[①] 一些情况下,如非法侵入者闯入他人住宅并使用武力将合法居住者逐出门外并占有其财产时,很难区

① 参见[美]约书亚·德雷斯勒:《美国刑法精解》,王秀梅等译,北京大学出版社2009年版,第237页。

分行为人的防卫行为属于财产防卫还是住宅防卫。由于美国对财产防卫与住宅防卫的规定差异较大,故本节将与第四节住宅防卫相结合对二者进行分析。

一、美国《模范刑法典》中关于财产防卫的内容

(一)财产防卫的正当性规定

美国《模范刑法典》第3.06(1)条规定:“依照本条和第3.09条规定,行为人相信对他人或者向他人使用武力对于实现下列目的有必要时,使用该武力具有正当性:(a)当土地或者财产由行为人或者其保护的第三人占有,或者行为人相信由其或者该第三人占有时,为阻止或者排除对土地的非法进入或者其他侵犯,或者针对有形动产的侵犯或者非法拿走;或者(b)当行为人相信自己、授权自己的人或者对自己或者授权自己的人转让所有权的人被非法剥夺有权占有的土地或者动产,并且存在下列情形时,为进入或者恢复占有该土地,或者为取回该动产:(i)发生上述剥夺后即时或者在立即追回中使用武力;或者(ii)行为人相信使用武力所针对的人无权占有该财产,并且在涉及土地时,行为人相信情况紧急,使得对于拖延到取得法庭命令后才进入或者回复占有会造成异常困难。”①

尽管美国重视公民的财产权,但大多数情况下主张采用非强制性手段解决财产纠纷。法律不鼓励甚至禁止通过武力保护财产的行为。即使在特殊情况下,行为人可以实施防卫行为以保护自己的财产,但任何人都不得用致命性武力保护私人财产。美国《模范刑法典》第3.06(1)条对使用武力保护财产的正当性情形进行了规定。该条规定了两种保护财产的正当性情形:第一,行为人正在占有该财产,并且为阻止他人对

---

① MPC § 3.06(1).[美]美国法学会编:《美国模范刑法典及其评注》,刘仁文、王祎等译,法律出版社2005年版,第51页。

该财产剥夺占有的行为而实施武力的行为具有正当性;第二,行为人试图通过武力取回被非法剥夺的财产的行为具有正当性。无论何种情形,判断的标准皆采用合理相信标准,即行为人相信为防卫财产而实施武力的行为具有必要性才可实施财产防卫。

(二)关于占有的含义

美国《模范刑法典》第3.06(2)条规定:"为第3.06(1)条的适用:(a)委托他人保管财产的人,在他人拒绝返还该财产时,不再占有该财产,除非该财产是动产。并且过去和现在都位于委托人占有的土地上。(b)已被剥夺对土地占有的人仅通过踏进该土地,不能恢复占有。(c)被许可人具有使用或者占有不动产的许可,视为占有该不动产,除非占有用以对抗主张权利的许可人。"[①]

该条对上一款中的占有进行了具体的解释,主要对委托他人保管的财产,已被剥夺对土地占有以及被许可人具有使用或者占有不动产许可的情况进行了解释。这里需要注意持有财产与财产所有权的区别。防卫财产的权利指允许行为人通过必要的武力重新获得对其合法财产的持有或者占有,而非重新获得财产的所有权。[②] 例如,行为人D正在修理A的电动摩托车,此时V前来企图盗走摩托车,则D有权对V使用非致命性武力以保护A的摩托车被盗。同理,S作为租户合法占有房屋所有权人Z的房子,此时S有权使用非致命性武力阻止Z对其实施的非法驱逐行为。因此,对于防卫财产需要注意的是仅要求行为人对财产的合法占有权而非财产所有权。

(三)为防卫财产而使用武力的限制

美国《模范刑法典》第3.06(3)条规定:"使用武力的正当性的限制。

---

① MPC § 3.06(2).[美]美国法学会编:《美国模范刑法典及其评注》,刘仁文、王祎等译,法律出版社2005年版,第51页。

② See State v. Rullis,191A.2d 197(N.J. Super . Ct. App. Div . 1963).

(a)除行为人相信存在下列情形外，如果行为人没有首先要求使用武力所针对的人停止妨碍财产，行为人使用武力依照本条的规定不具有正当性：(i)该要求不起作用；或者(ii)作出该要求对于自己或者他人造成危险；或者(iii)在有效作出该要求以前，被防卫的财产的物质状态将遭受实质损害。(b)如果行为人知道驱逐侵犯者将使侵害人面临遭受严重身体伤害的实质危险时，为阻止或者排除侵犯而使用武力依照本条的规定不具有正当性。(c)对合法恢复占有或者自行取回的抵抗。存在下列情形时，尽管行为人相信该恢复占有或者自行取回非法，但为阻止进入或者恢复占有土地，或者为阻止自行取回动产而使用武力依照本条的规定不具有正当性：(i)恢复占有或者自行取回由实际丧失财产占有的人或者代表其的人所实施；(ii)恢复占有或者自行取回依照本条第 1 款 b 项的规定具有正当性。”①

美国《模范刑法典》第 3.06(3)条规定行为人在使用必要武力保护自己财产时不能超出合理的范围。这一要求包括两方面的含义：第一，行为人使用武力保护财产前必须首先要求非法占有财产的一方停止财产侵害，否则防卫行为不具有正当性；第二，即使在当时的情形下，使用武力保护财产是必须的，防卫人只有当情况紧急或者自己或他人将遭受危险时才能使用武力。

(四)财产防卫中致命性武力的使用

美国《模范刑法典》第 3.06(3)(d)条规定：“除行为人相信存在下列情形外，使用致命性武力依照本条的规定不具有正当性：(i)非基于对住宅享有占有权利的主张，使用武力所针对的人正在企图侵占行为人的住宅；(ii)使用武力所针对的人，正在企图实施或者完成纵火、破门入户、抢劫或者其他属于重罪的盗窃或者破坏财产，并且(A)对行为人或者在行

① MPC § 3.06(3).［美］美国法学会编：《美国模范刑法典及其评注》，刘仁文、王祎等译，法律出版社 2005 年版，第 52 页。

为人面前使用或者威胁使用致命武力;或者(B)为阻止上述犯罪的实施或者完成,如果不适用致命武力将使行为人或者行为人面前的他人遭受严重身体伤害的实质危险。”①

该条规定意味着即使使用致命武力是保护财产的唯一方式,也禁止行为人使用致命武力进行财产防卫。除非行为人在保护财产的过程中对方对其人身或住宅进行了侵犯,或者侵害人实施了刑法中犯有重罪的行为,此时防卫财产的行为被转化为自我防卫或者防卫他人的行为,此时行为人便获得了使用致命性武力实施防卫的特权。

(五)使用扣留作为防卫性武力

美国《模范刑法典》第3.06(4)条规定:“使用扣留作为防卫性武力,除被扣留者因犯罪的指控被逮捕外,只有在行为人知道其能在确保财产安全的前提下终止扣留,就会采取所有合理措施终止时,才构成本条规定的正当事由。”②

(六)为防卫财产而使用装置

美国《模范刑法典》第3.06(5)条规定:“只有存在下列情形时,行为人为防卫财产而使用装置才构成本条规定的正当事由:(a)该装置不是用来造成死亡或者严重身体伤害的装置,或者不是已知的具有造成死亡或严重身体伤害的实质危险的装置;以及(b)对于行为人相信的情况,为阻止进入或者侵犯财产而使用特殊装置是合理的;以及(c)该装置是防卫该财产所通常使用的装置,或者为使可能的侵入者知道该装置被使用的事实,行为人已尽合理注意。”③

---

① MPC § 3.06(3)(d).[美]美国法学会编:《美国模范刑法典及其评注》,刘仁文、王祎等译,法律出版社2005年版,第52页。

② MPC § 3.06(4).[美]美国法学会编:《美国模范刑法典及其评注》,刘仁文、王祎等译,法律出版社2005年版,第53页。

③ MPC § 3.06(5).[美]美国法学会编:《美国模范刑法典及其评注》,刘仁文、王祎等译,法律出版社2005年版,第53页。

（七）为排除非法阻碍者而使用武力

美国《模范刑法典》第3.06(6)条规定："行为人相信他人蓄意或者明知和无正当事由阻碍行为人前往其可以合法前往的处所时，在下列情形中为排除该阻碍着而使用武力具有正当性：(a)行为人相信其使用武力所针对的人无权阻碍行为人；以及(b)对于行为人知道的由阻碍者或者授权阻碍者的人占有或者保管的土地，行为人不是正在受到进入该土地或者在该土地上移动时的阻碍，除非行为人相信的情况紧急，使得对于拖延到取得法庭命令后才进入该土地或者在该土地移动不具有合理性；以及(c)行为人使用武力的程度没有超过如果阻碍者使用武力阻止行为人通行时，行为人可使用的正当性武力的程度。"①

以上是美国《模范刑法典》关于财产防卫的全部内容，与人身防卫不同，美国《模范刑法典》对财产防卫进行了严格的限制。对财产的保护并不主要依赖于强制性的自助行为，因而大多数情况下刑法不允许使用武力保护财产。但存在一些特殊情形，主要涉及伴随财产损害而出现的人身与重罪的非法行为时可以使用武力进行财产防卫。美国《模范刑法典》对财产防卫规定的前置性程序，即行为人必须在使用武力之前明确告知非法侵害人停止侵权行为，当遭到对方拒绝时才能实施武力防卫是财产防卫的必要性要求。

值得注意的是，许多情况下行为人可以通过坚持"主张的权力"来保护财产。例如，如果租赁人D没有按时缴纳房租，房屋所有人C有权从D手中收回房屋的占有权。这种情形中C对房屋的所有权与D所主张的防卫财产的权利形成一对相互冲突的权利，此时租赁人D不能以C夺回房屋占有的行为为由实施武力防卫，因为C的行为属于正当行为，故

① MPC § 3.06(6).［美］美国法学会编：《美国模范刑法典及其评注》，刘仁文、王祎等译，法律出版社2005年版，第53页。

D 无权对其使用财产防卫权。因此,与其他类型的防卫不同,财产防卫的实施主要以财产所有人与持有人之间的权利义务关系是否合法为基础。因此,对财产防卫首先要注意遵循正当防卫一般构成要件的规定,其次要注意财产防卫本身的特殊性,根据具体的财产属性判断实施防卫行为的正当性。

二、各州制定法对财产防卫的规定

(一)财产防卫的宪法基础

美国财产防卫权的规定源于该国对公民私有财产保护的重视。这与美国及各州的宪法基础有很大的关系,即各州对固有和不可剥夺权利的保护,这些权利包括生命、自由、财产或个人工业成果的权利以及追求幸福和安全的权利。美国有 21 个州将保护财产的权利列为最重要的不可侵犯的权利之一。[①] 如犹他州和南达科他州称之为"固有权利"。特拉华州把保护财产的权利列为所有人都拥有的权利之一。路易斯安那州将该权利列在与财产有关的权利中。密西西比州、密苏里州、北达科他州、俄克拉何马州、犹他州和西弗吉尼亚州将保护财产列为使用武力的合法目的。[②] 马萨诸塞州、新罕布什尔州和佛蒙特州不仅明确了个人保护财产的权利,而且还要求政府承担保护财产的义务。[③] 例如,在克顿案[④]中,法官认为保护财产的权利基于亚拉巴马州《宪法》的规定,

---

① See Ark. Const. art. II,2; Cal. Const. art. I,1; Colo. Const. art. II,3; Del. Const. preamble; Fla. Const. art. I,2; Idaho Const. art. I,1; Iowa Const. art. I,1; Ky. Const. Bill Of Rights,1; Me. Const. art. I,1; Mass. Const. Part The First art. I; Mont. Const. art. II,3; Nev. Const. art. I,1; N. H. Const. art. I,2; N. J. Const. art. I,1; N. M. Const. art. II,4; N. D. Const. art. I,1; Ohio Const. art. I,1; Pa. Const. art. I,1; S. D. Const. art. VI, § 1; Utah Const. art. I,1; Vt. Const. ch. I,1.

② See MIss. Const. art. III,12; Mo. Const. art. I,23; N. D. Const. art. I,1; Okla. Const. art. II,26; Utah Const. art. I; W. Va. Const. art. III,22.

③ See Mass. Const. Part The First art. X; N. H. Const. Bill Of Rights,12; Vt. Const. ch. I art. 9.

④ Cotton v. State,31 Ala. App. 399,17 So. 2d 590(1944).

即政府的唯一合法目的是保护个人享受生活、自由和财产。综上所述，保护财产的权利被认为是一项宪法权利，即使在没有明确规定这项权利的州宪法中也是如此。保护财产的宪法权利存在于美国29个州的宪法中，并且由俄冈上诉法院假定存在于美国《宪法》或俄勒冈《宪法》中，这是正当防卫中财产防卫的宪法基础。

（二）美国普通法及制定法中的财产防卫

布莱克斯通认为，财产的防卫和保护权与取得和持有财产的权利相冲突。如果缺少保障性制度，英国人的三大基本权利——人身安全、人身自由和私有财产将毫无意义。因此，合法的财产持有者有正当理由使用非致命性武力来防止他人干涉他的占有权。[1]

财产防卫在美国各州的规定有所不同，其中怀俄明州保留了普通法的规则。[2] 有8个州和哥伦比亚特区的财产防卫没有明确的法律规定，而是根据普通法对免责事由与正当事由的规定而设置的。[3] 这些司法管辖区的判例法除了马萨诸塞州以外都承认公民的财产防卫权。另外40

---

① See W. Blackstone, *Commentaries on the Laws of England Vol.* 4, Oxford University Press, 2016, p. 140, 141, 143.

② See WYo. STAT. 6 – 1 – 102(2014).

③ See State v. Smith, 20 N. C. (3 & 4 Dev. & Bat.) 92(1838); State v. Gray, 162 N. C. 608, 77 S. E. 833(1913); State v. Morgan, 25 N. C. (1 Ired.) 132(1842); State v. McCombs, 297 N. C. 151, 253 S. E. 2d 906(1979); State v. Jones, 299 N. C. 103, 261 S. E. 2d 1(1989); State v. Peacock, 40 Ohio St. 333(1883); State v. Lovejoy, 48 Ohio Misc. 20(1976); Parrish v. Commonwealth, 18 Va. 1(1884); Baussel v. Commonwealth, 165 Va. 669, 181 S. E. 453(1935); State v. Sorrentino, 31 Wyo. 129, 224 P. 420(1924); State v. Martin, 276 S. C. 514, 57 S. E. 2d 55(1950); Crawford v. State, 231 Md. 354, 190 A. 2d 538(1963); Law v. State, 21 Md. App. 13, 318 A. 2d 859(1974), aff'd on rehearing, 29 Md. App. 457, 349 A. 2d 295(1975); Gainer v. State, 40 Md. App. 382, 391 A. 2d 856(1978); Pond v. The People, 8Mich. 149(1860); People v. Coughlin, 67 Mich. 466, 35 N. W. 72(1887); Laney v. United States, 294 F. 412(D. C. Cir. 1923); Byrd v. United States, 312 F. 2d 357(D. C. Cir. 1963); R. I. GEN. LAWS § 9 – 1 – 46(2020).

个州对在保护财产方面使用武力的正当性作出了明确的法律规定。[①] 因此,通过制定法或普通法规则,美国各州均确认了财产防卫具有正当事由属性。同时,各州都承认财产防卫权因被保护的财产性质和对其试图侵害的性质而有所不同。其中,对住宅的保护享有最神圣的特权,尤其是侵害行为发生在夜间时。这一原则甚至延伸到住宅的庭院和工作场所。关于这一问题将在下一节中详细分析。在普通法和相关制定法中,正当性事由对房屋、财产防卫都有不同的规定。正当性事由仅限于行为人合理地认为为防止或终止犯罪而立即需要使用的必要武力。使用致命性武力保护财产的正当性事由可能仅限于抵抗试图侵入住宅的非法行为、企图夜间犯罪、企图纵火或强迫性重罪。[②] 但为了防止对价值微不

① 阿拉斯加州:Ala. Code 13A－3－25(1975). 亚利桑那州:Aaz. Rev. Stat. Ann. 13－407 to 13－408(2020). 阿肯色州:Ark. Stat. Ann. 5－2－608(2015). 加利福尼亚州:Cal. Penal Code 197,2(2017). 科罗拉多州:Colo. Rev. Stat. 18－1－705 to 18－1－706(2020). 康涅狄格州:Conn. Gen. Stat. Ann. 53a20to 53a21(2019). 特拉华州:Del. Code Ann. tit. 11,466(2019). 佛罗里达州: Fla. Stat. Ann. 776.031(2015). 佐治亚州:Ga. Code Ann. 16－32－3 to 16－32－4(2020). 夏威夷州: Haw. Rev. Stat. tit. 37; 703－306(2020). 爱达荷州:Idaho Code 18－4009(2018). 伊利诺伊州:Ill. Ann. Stat. ch. 38,7－'2 to 7－3(2004). 印第安纳州:Ind. Code Ann. 35－41－3－2(2019). 艾奥瓦州:Iowa Code Ann. 704.4 to 704.5(2017). 堪萨斯州:Kan. Stat. Ann. 21－3212 to 21－3213(2011). 肯塔基州:Ky. Rev. Stat. Ann. 503.080(2006). 路易斯安那州:La. Rev. Stat. Ann. 14:18 to14:20(2014). 缅因州:Me. Rev. Stat. Ann. tit. 17,104 to 105(2019). 明尼苏达州:Minn. Stat. Ann. 609.6(4)(2020). 密西西比州:Miss. Code Ann. 97－3－15(2020). 密苏里州:Mo. Ann. Stat. 563.036, 563.041(2016). 蒙大拿州 Mont. Code Ann. 45－3－103 to 45－3－104(2019). 内布拉斯加州:Neb. Rev. Stat. 28:1411(2020). 内华达州: Nev. Rev. Stat. 200.120(2015). 新罕布什尔州:N. H. Rev. Stat. Ann. 627:8(2011). 新泽西州:N. J. Rev. Stat. Ann. 2c:3－6(2020). 新墨西哥州: N. M. Stat. Ann. 30－2－7(2020). 纽约州:N. Y. Penal Law 35.20,35.25(2004). 北达科他州:N. D. Cent. Code 12.1－05－01 to 12.1－05－08(2011). 俄克拉何马州:Okla. Stat. Ann. tit. 76,9(2020). 俄勒冈州: Or. Rev. Stat. 161.226,161.229(2020). 宾夕法尼亚州:Pa. Cons. Stat. Ann. 507(2011). 南卡罗来纳州:S. D. Codified Laws Ann. 22－16－34(1976). 田西纳州:Tenn. Code Ann. 39－11－614 to 39－11－616(2017). 得克萨斯州:Tex. Penal Code Ann 9.41 to 9.44(2007). 犹他州:Utah Code Ann. 76－2－405 to 76－2－406(2019). 佛蒙特州 Vt. Stat. Ann. tit. 13,2305(2020). 华盛顿州 Wash. Rev. Code 9.01.200(2020). 西弗吉尼亚州:W. Va. Code 61－3－8(2020). 威斯康星州 Wis. Stat. Ann. 939.49(2011).

② See Cal. Pen. Code 197.2(2017); Nev. Rev. Stat. 200.120(2015); N. M. Stat. Ann. 30－2－7(2020).

足道的财产或对仅仅过路人的侵害,使用致命性武力是不合理的。

另外,普通法规定由于保护财产的权利与占有有关,保护人必须是合法的占有人或者必须是代表合法占有的人。不得对主张权利而企图进行干涉的一方使用武力。[①] 为保护财产而使用武力既不是为规避法律,也不是为用武力代替司法解决相互冲突的占有权主张。美国各州以两种方式延续了普通法的法律现实主义:(1)没有保证合法占有人享有财产的制度,占有财产的权利是无效的;(2)自我救济往往是实现财产权的唯一紧急必要的手段。因此,财产保护权属于取得和占有财产的基本权利,在美国各州法律中均得到普遍承认。

第四节 住宅防卫

前文中提到住宅防卫是财产防卫的延伸,与财产防卫本具有相同的原理。但是与财产防卫不同的是,住宅防卫所保护的除了公民对住宅的物权之外,更重要的意义在于住宅是个人的私有领地,是一个人最后的"城堡"。因此,除财产属性之外,住宅是个人抵御外来侵害的城堡,个人生命安全的根源是住宅最重要的属性。英美法律对住宅防卫所作的规定比财产防卫更为宽松,对行为人在此方面使用武力甚至是致命性武力防卫的行为赋予正当的权利。

一、美国《模范刑法典》对住宅防卫的规定

美国《模范刑法典》并没有像其他防卫类型一样专门设置一节或者一章规定住宅防卫的内容。但在第3.06(3)(d)条"致命性武力的使用"

① See Beard v. United States, 158 U. S. 550(1894); Pryser v. State, 54 Tex. Crim. 523, 113 S. W. 938(1908); Boykin v. State, 86 Miss. 481, 38 So. 725(1905); People v. Dann, 53 Mich. 490, 19 N. W. 159(1884).

中规定:“除行为人相信存在下列情形外,使用致命性武力依照本条的规定不具有正当性:(i)非基于对住宅享有占有权利的主张,使用武力所针对的人正在企图侵占行为人的住宅。”[①]这一规定是美国《模范刑法典》对使用致命性武力防卫财产的例外性规定。另外,美国《模范刑法典》第3.04(2)(b)条规定了自我防卫时无须履行退避义务的情况:“行为人不负从其住宅或者工作场所躲避的义务,除非行为人是最初的侵犯者,或者行为人在其工作场所受到他人的侵犯,行为人知道他人的工作场所与其相同。”[②]以上规定表明美国《模范刑法典》未对住宅防卫进行单独的类型划分而是散见于其他防卫类型的例外条款中。

另外,美国《模范刑法典》第3.11条对“住宅”进行了定义,指暂时的或者可移动的,目前作为行为人住处或者住宿地的全部或者部分的建筑物或者构筑物。在司法实践中对住宅的定义又进行了延伸,包括超出实际住宅范围的扩展区域,如花园或者庭院。另一个被认可的扩展与受害人的工作场所有关,这种扩张在美国非常普遍。可见,美国《模范刑法典》对住宅的重视程度较高,对于非法侵害住宅进行防卫的规定较为宽松,如无须履行退避义务,甚至允许使用致命性武力进行住宅防卫。

二、各州制定法对住宅防卫的规定

美国各州制定法都赋予公民住宅防卫权,对在住宅内防卫的行为作了较为宽松的规定,即居住者有合理的理由相信使用致命武力进行防卫是必要的,则其有权力对入侵者使用武力以防卫他人非法侵入其住宅。[③]

---

① MPC § 3.06(3)(d).[美]美国法学会编:《美国模范刑法典及其评注》,刘仁文、王祎等译,法律出版社2005年版,第52页。

② MPC § 3.04(2)(b).[美]美国法学会编:《美国模范刑法典及其评注》,刘仁文、王祎等译,法律出版社2005年版,第47页。

③ See Del. Code Ann. tit. 11, § 469(2019); Ind. Code § 35-41-3-2(b)(2019); Kan. Stat. Ann. § 21-3212(2011); La. Rev. Stat. Ann. § 14:20(4)(2014); Me. Rev. Stat. Ann. tit. 17-A, § 104(3)(B)(1)(2019); 18 Pa. Cons. Stat. Ann. § 507(c)(4)(i)(2011); State v. Reid, 210 N. E. 2d 142, 147(Ohio Ct. App. 1965).

大多数州的立法对住宅防卫进行了单独的规定，也有些州直接将住宅防卫并入了财产防卫的范围，作为财产防卫的一种特殊形式，还有一些州将其归入人身防卫的范畴，各州的立法例存在一定的差异（见表6）。

表6　各州住宅防卫的立法体例

立法体例	涵盖的州
作为防卫财产的特殊形式	阿拉斯加州、肯塔基州、内布拉斯加州、新泽西州、北达科他州、南达科他州、威斯康星州
独立规定	亚利桑那州、阿肯色州、科罗拉多州、康涅狄格州、佛罗里达州、佐治亚州、印第安纳州、肯塔基州、缅因州、蒙大拿州、北卡罗来纳州、俄亥俄州、南卡罗来纳州、田纳西州、犹他州、纽约州、新泽西州、罗得岛州
归入防卫人身	密西西比州、密苏里州、得克萨斯州、威斯康星州、怀俄明州
归入杀人正当性	加利福尼亚州、马萨诸塞州、明尼苏达州、内华达州、俄克拉何马州、佛蒙特州、华盛顿州、俄勒冈州
其他	防卫人身＋防卫财产：亚拉巴马州、宾夕法尼亚州 防卫人身＋防卫住宅：新罕布什尔州 防卫人身＋正当杀人：特拉华州、路易斯安那州

参见陆凌、刘晓明：《美国刑事立法中的防卫住宅及启示》，载《黑龙江省政法管理干部学院学报》2020年第2期。

俄亥俄州法规第2901.09条将“城堡”的范围扩展到汽车：“合法居住者，在自我防卫、防卫他人或住宅防卫而使用武力之前无退让义务，若合法占有本人车辆或者合法占有本人直系亲属车辆，在使用武力自我防卫或者他人防卫时，无退让义务。保护他人之前无退避的义务。”①

同样，其他几个州也有类似的规定，即根据普通法中的城堡理论创建了法定的防卫规则。但许多早期的法院判决将城堡主义扩展到“住宅以外的地方”、②共同所有人、防卫亲密朋友和亲属以及在家中对施暴配

① Ohio Rev. Code Ann. § 2901.09(B)(2019).

② See Beard v. United States, 158 U.S. 550(1895).

偶、其他亲属和居民使用武力的捍卫者。[①] 2005 年开始，以佛罗里达州为代表的各州又在此基础上发展出坚守阵地法，即公民在合理相信其人身受到威胁的情况下有权使用任何武力进行自卫而无须履行退让义务。

如特拉华州规定："如果被告人认为有必要使用武力以保护其免受死亡、严重身体伤害、绑架或因武力或威胁而被迫发生的性交，则使用此类致命武力是正当的。"[②]

路易斯安那州也回应了这些法律，并将允许使用武力的范围扩大到包括防止"暴力犯罪或侵犯财产以及个人"，只要此人"没有从事非法活动，并且……处于合法的地方"[③]。另外，佛罗里达州、新泽西州、内布拉斯加州和威斯康星州也有类似的规定。[④]

在密歇根州使用致命的武力是被允许的，若行为人真诚合理地相信使用致命武力是必要的，以防止自己或他人即将死亡或即将遭受重大人身损害，或者行为人真诚合理地相信使用致命武力是必要的，以防止即将发生的对自己或另一个人的性侵犯。[⑤]

佛罗里达州承认城堡主义已有几十年。2005 年 10 月 1 日，佛罗里达州成为第一个超越城堡主义，将更广泛的自卫规定纳入立法的州。[⑥] 虽然新颁布的法规似乎很激进，其取消了在面临紧迫性死亡或重大人身损害危险时的撤退义务，但其本质上源于英国普通法中的城堡主义。佛罗里达州现在有 3 条法律专门规定了自卫。佛罗里达州制定法第

---

① See Denise Paquette Boots, Jayshree Bihari & Euel Elliott, *The State of the Castle: An Overview of Recent Trends in State Castle Doctrine Legislation and Public Policy*, Criminal Justice Review, Vol. 34, 2009.

② Del. Code Ann. Tit. 11 § 464(a)(2019). 489.

③ La. Rev. Stat. Ann. § 14:19(A)(2014).

④ See Fla. Stat. § 776. 012(2015); Fla. Stat. § 776. 013(2015); N. J. Stat. Ann. § 2C:3 – 4(2020); Neb. Rev. Stat. § 28 – 1409(2020); and Wis. Stat. Ann. § 939. 48(2011).

⑤ See Mich. Comp. Laws Ann. § 780. 972(1)(2020).

⑥ See Elizabeth. Chuck, *Florida had First Stand Your Ground law, Other States Followed in "Rapid Succession"*, NBC NEWS, Jul. 18, 2013, available at https://www.nbcnews.com/news/us-news/florida-had-first-stand-your-ground-law-other-states-followed-flna6c10672364.

776.012 条规定：行为人有正当理由对他人使用武力（致命性武力除外），但前提是其合理相信这种行为是为保护自己或他人免受正在进行的非法侵害所必需的。但在下列情况下使用致命性武力是正当的，并且没有撤退的义务：(1)行为人有理由相信，为了防止对于自身或他人紧迫的死亡或重大人身损害，或为了防止即将发生的暴力重罪，有必要使用致命性武力；(2)在佛罗里达州制定法第 776.013 条所允许的情况下。[①]佛罗里达州制定法第 776.012 条涉及家庭保护和致命武力的使用。在详述了某人"在使用意图或可能对他人造成死亡或重大人身损害的防御性武力时，被推定对即将发生的死亡危险或对自己或他人造成重大人身损害有合理恐惧"的情况后，解释了坚守阵地的条件，即没有从事非法活动的人，如果在其有权去的任何其他地方受到攻击无须撤退，有权利坚守阵地以武力对抗包括致命性武力，如果其合理相信有必要这样做以防止死亡或造成重大人身损害或实施暴力重罪。佛罗里达州制定法第 776.031 条规定：行为人合理相信使用致命性武力是防止即将发生的暴力重罪所必需的，且处于其有权所在的地方则其无须履行撤退义务。佛罗里达州制定法第 776.032 条规定：任何人如使用第 776.012 条、第 776.013 条或第 776.031 条所允许的武力，即属正当使用该等武力，并可免受因使用该等武力而提起的刑事及民事诉讼，但被使用武力的人是执法人员的情况除外。根据佛罗里达州制定法第 943.10(14)条的定义，该名人员在履行其公务并根据法律规定表明其身份，或使用武力防卫的人知道或应该知道其为执法人员。

以上法规表明，各州法律均扩展了普通法城堡主义的边界，包括行为人有权居住的任何地方，而不仅仅是在其家里。使用致命性武力防卫包括 3 个基本要素：(1)存在重大人身损害或死亡的紧迫性威胁；(2)被告人合理相信对该紧迫的威胁必须使用致命性武力；(3)被告人有权处于当时的地点。各州法规都使用相同的法律语言表明一种观点，即行为

① See Fla. Stat. § 776.012(2015).

人只有在极端情况下使用致命性武力防卫才是正当的,具体情况包括死亡或重大的身体损害威胁的紧迫性,而将住宅内所发生的威胁视为具有以上损害威胁的紧迫性要件。

三、普通法"城堡主义"在美国的发展:坚守阵地法

美国住宅防卫起源于普通法中的"城堡主义"。"城堡主义"根源于中世纪英国普通法的缓慢发展。[①] 这一规则在美国几乎得到了各州普遍承认。美国第二任总统约翰·亚当斯(John Adams)曾说:"一个人的家就是他的城堡;当他安静地在家时,城堡里的安全就跟王子一样严密。"[②] 根据本书第一章所述,即使英国普通法允许使用致命性武力进行自我防卫,也要受到必要性原则的强烈限制。使用致命性武力进行自卫有一个例外,即公民有权坚守阵地保护自己在家中不受非法侵犯而无须履行普通法中要求的撤退义务,这构成了现代住宅防卫的基础理论。[③] 城堡主义涵盖防卫的两个领域,即住宅防卫和自我防卫。但英国的住宅防卫与自我防卫是截然不同的,保护住宅不是基于个人保护自己免受身体伤害的权利,而是基于保护自己的住宅或者家不受侵犯。

另外,住宅防卫与自我防卫的显著区别还表现为对退避义务的不同态度。英国的城堡主义几乎得到了美国各州的一致认可与接纳,但是各州对于城堡主义的规定有所不同且坚守阵地原则将城堡主义提供的保护扩展至家庭之外。至19世纪,美国开始与英国普通法发生较大的决裂。美国人对勇敢和荣誉的追求与向往与其开拓家园的需求是英国撤

---

① See SeeJoseph H. Jr. Beale, *Retreat from a Murderous Assault*, Harvard Law Review, Vol. 16, 1903.

② Sara L. Ochs, *Can Louisiana's Self-Defense Law Stand Its Ground: Improving the Stand Your Ground Law in the Murder Capital of America*, Loyola Law Review, Vol. 59, 2013.

③ See Catherine L. Carpenter, *Of The Enemy Within, The Castle Doctrine, And Self-Defense*, Marquette Law Review, Vol. 86, 2003.

退义务所无法满足的。[①] 随着美国的发展,特别是南部与中西部地区经济、政治水平的迅速提升,捍卫个人荣誉的意识也得到不断发展。以种植业为基础经济的南方与以商业化与城市化为基础的北方形成鲜明对比,这种经济基础加强了美国南部成文法的发展,这种法典以公平与荣誉为基础而非以普通法律为基础。1895 年美国联邦最高法院通过比尔德案首次批准了现代城堡学说。[②] 比尔德被判谋杀一名非法侵入者,审判法院指示陪审团比尔德有义务在使用致命武力之前撤退,即使侵害行为发生在他自己的住宅内。在推翻比尔德判决时,美国联邦最高法院指出尽管美国和英国在使用致命性武力之前都有撤退的义务,但是英国普通法和美国许多司法管辖区都存在例外,即当公民在家中受到攻击时允许他坚守自己的阵地。至 20 世纪初,美国人普遍认为在自己家里受到侵害的行为人只要其合理地相信有必要挽救自己的生命,其在使用致命性武力之前就没有义务退让。到 20 世纪 20 年代,通过布朗案不退让的情况已经扩展到被告人合理相信即将死亡或者受到严重身体伤害的任何情况。该案中霍姆斯法官总结了对人性的进一步了解以及对退让义务所要求过高的道德尺度:"在高高举起的刀前,法律不能要求他人有超脱的反应。"[③]这一著名的判例为美国坚守阵地法的产生奠定了基础。

坚守阵地法又称为 Make My Day Laws 或 Shoot First Laws。坚守阵地法允许行为人合理相信其正在面临死亡或身体伤害的危险时无须履行撤退义务直接使用致命武力进行防卫。坚守阵地法与传统自卫法的不同之处在于,其将城堡法的范围扩展到了家庭之外。换言之,坚守阵地法不要求对在家中或公共场所受到攻击的个人履行撤退义务,只要求行为人有合理的理由相信其正在面临死亡或身体伤害的威胁。这一规定标志着对传统自卫法的巨大变革。这一变革以 2005 年佛罗里达州修

---

① See Richard Maxwell Brown *Southern Violence-Regional Problem or National Nemesis?: Legal Attitudes Towards Southern Homicide in Historical Perspective*, Vanderbilt Law Review, Vol. 32, 1979.

② See 158 U. S. 550(1895).

③ Brown v. United States, 256 U. S. 335, 343(1921).

改一系列自卫法为标志，截至目前，全美已经有 33 个州有坚守阵地法，其中有 24 个州由州立法机关通过修改制定法明确确定了坚守阵地法，9 个州通过判例接受了该法。[①] 坚守阵地法不仅将城堡的范围扩大到门廊、汽车和帐篷等临时住所，还允许业主邀请的客人分享业主的自卫权。

综上所述，住宅防卫从普通法中得到了明确的认可，对住宅的特殊考虑最显著的地方是关于退避义务的例外。甚至连主张在使用致命武力防卫之前撤退的人也承认个人不必从自己的家里撤退。对退避义务的这一例外所作的历史解释是，人们历来把自己的家作为防身的堡垒，实际上他们也经常被迫在自己家里防身。住所被认为是避难所并被神圣化。这种神圣化被英美法律完全认可并在美国得到了飞跃式的发展，甚至被写入部分州的制定法中。坚守阵地法在各州出现的背后是美国政治、文化以及社会政策等多种因素共同作用的结果，尽管这一结果在美国十几年的发展中褒贬不一、毁誉参半，但该法的存在是美国对城堡主义继承与变革的成果，是各州对该制度思考与实践的总结。

第五节　非典型防卫

在对美国正当防卫的类型进行了分析之后，本节将简要分析正当防卫中普遍存在的两个问题，即假想防卫和受虐妇女杀夫的防卫问题。这两个问题不属于正当防卫中的常规情形，却成为司法适用中有争议的两大问题。假想防卫本质上是由防卫人主观认知与客观事实之间出现了偏差造成的，但各国刑法或判例对这一问题的观点和处理方式存在较大的差异，基本上形成了主观主义、客观主义和主客观相结合的 3 种理论。本节将探讨美国在处理假想防卫中采用的规则。受虐妇女杀夫也是全

① See American Bar Association, *National Task Force on Stand Your Ground Laws: Report and Recommendations*, Coalition on Racial and Ethnic Justice, September 2015.

世界范围内普遍存在的问题,美国在解决该问题上开了先河,尤其是勒诺·沃克(Lenore Walker)博士所提出的“受虐妇女综合征”理论在司法中的应用为受虐妇女杀夫案提供了构成正当防卫的依据。故本节将主要介绍美国司法中对这两个问题的适用情况。

一、假想防卫

假想防卫指行为人主观上认为存在使用武力实施防卫的情况,但事后证明客观上并不存在非法侵害,最终因实施武力而导致他人无辜受害的情形。假想防卫在美国被称为“不完美、有缺陷”的自卫,本质上源于行为人主观上存在事实认识错误。美国在判断行为人事实认识错误时防卫的情况经历客观标准、主观标准以及“准客观”“准主观”标准的不同适用。

(一)假想防卫理论的嬗变与发展

假想防卫在美国被称为“不完美”防卫,这种类型的防卫存在两种情况:一是行为人对他人实施了非致命性侵害遭到他人致命性防卫前必须履行退让义务,而行为人未履行的属于“不完美”防卫。二是行为人存在事实认识错误,误认为对方企图杀害自己而实施了致命性防卫的,被认定为一般杀人罪而非谋杀罪。假想防卫则属于第二类“不完美”自卫的情况。事实错误理论在美国正当防卫中的运用开始于19世纪枪支的普遍运用。由于普通法规则中正当性防卫均需履行退避义务,故在冷兵器时代假想防卫发生的可能性较低。随着19世纪以后公民对枪支使用频率增加导致履行退避义务的概率大大降低,假想防卫的案件在19世纪中期得以显著增加。

第一阶段,19世纪以前关于事实错误的后果的法律,以及为免除罪责而关于行为人主观认识是否必须合理的规定最初是非常明确的。在任何情况下,任何主观认识错误都可以免除罪责,因为一个真诚的、认识错误的行为人在道德上不应该受到谴责。这一原则背后的目的很容易理解,刑法关注的是惩罚道德上应受谴责的人而不是单纯按照危险程度去处理。然而,到 19 世纪这一学说发生了实质性的变化。

第二阶段,19 世纪采用客观性标准阶段。19 世纪后半期美国关于正当防卫的成文法、判例法和专著开始激增,并在大多数州确立一个主要的观点,行为人合理但错误地认为使用致命性武力防卫是必要性的,将被认定为正当性防卫。相反,若行为人对事实错误的主观认识不合理则将被认定为谋杀。在之后的 20 年中,合理相信原则在美国刑法中牢固确立且很少受到质疑。① 这一时期采用客观性标准的原因主要有以下几点:第一,传统中杀人的正当性事由与免责性事由在程序中的区别逐渐消失,故只有合理的认识错误才能使杀人行为成为正当性事由或免责事由,才能为行为人的行为辩护。第二,采用客观标准的另一个原因是枪支的普及。正当杀人和免责杀人之间的区别最初被确立时,大多数打斗或杀人只涉及刀或剑,只有在近距离时才有效,被告人很难对其对手的意图产生误解,至少就合理或不合理的错误而言。然而,19 世纪随着枪支的引进,在射程更远的地方都是致命的,这促使法院明确要求合理的认识错误也可形成辩护事由。第三,在 19 世纪美国出现了把理论或学说普遍僵化为"规则"的现象。② 尤其是功利主义的发展日益影响了法院对正当防卫理论的发展,功利主义思想的重要代表人物边沁极力支持对刑法以及其他法律采取客观主义,这一标准的最大好处就是能够对主观上存在过失或故意的行为人产生威慑作用。正如吉尔摩所言:"美国法律在这一时期,可以被认为是实用主义和实证主义在法律中日益增长的一个时期;刑法没有脱离这一趋势,这是可以理解的也并不奇怪。"③

---

① See Richard Singer, *Resurgence of Mens Rea: II—Honest but Unreasonable Mistake of Fact in Self Defense*, Boston College Law Review, Vol. 28, 1986.

② See Richard Singer, *Resurgence of Mens Rea: II—Honest but Unreasonable Mistake of Fact in Self Defense*, Boston College Law Review, Vol. 28, 1986.

③ Richard Singer, *Resurgence of Mens Rea: II—Honest but Unreasonable Mistake of Fact in Self Defense*, Boston College Law Review, Vol. 28, 1986.

第三阶段,20 世纪中期客观标准开始逐渐衰弱,一系列的判决开始转向主观主义标准。这一标准的回归从重新定义“理性人”开始。关于合理性的问题,客观主义标准会判断“理性人”是否会犯被告人所犯的错误;而主观主义标准则是判断被告人是否真诚地相信错误是合理的,这与客观上是否合理毫无关系。第三类是“准客观”“准主观”标准,即具有被告人特征的理性人是否会像被告人这样做。第三类标准是 20 世纪美国法院所普遍采用的标准。从 20 世纪初开始,美国法院就很难在自卫案件中运用完全客观的标准。因此,许多法院将被告人的主观特征注入理性人标准中。如将被告人与受害人之间体格的差异、身体残疾、被告人对受害者的了解程度等因素引入以证明被告人实施武力的合理性。这反映了 20 世纪美国刑法与道德之间的融合,即对过去刑法在道德上不应受谴责的行为惩罚的反对态度。如美国 1986 年臭名昭著的戈茨案就是将“客观理性人”主观化的典型案件。① 戈茨的行为属于典型的假想防卫,该案中上诉法院没有采用纽约《刑法典》中的纯客观主义标准,也没有采用纯主观主义标准,而是使用了“准客观主义或准主观主义标准”,法院考虑了行为人的背景、身体特征、知识、经验以及面临危险的特殊情况等。换言之,在司法判例中法院背离了州立法规定的客观标准,采用了偏主观化的判断标准,即在假想防卫的案件中根据被告人当时所处的环境判断实施认识错误是否合理,如果合理便可免除其罪责。

(二)美国关于假想防卫的规定

美国《模范刑法典》对于事实认识错误的问题采用了主观化标准,美国《模范刑法典》第 2.04(1)条规定:“行为人对事实的疏忽或错误认识……可以进行辩护,如果(a)疏忽或错误否定了确立犯罪实质要素所需的目的、主观意图、鲁莽或疏忽。(b)法律规定,由这种疏忽或错误所建立的精神状态构成抗辩理由。”因此,行为人主观上真诚但不合理地实

---

① See People v. Bernhard Goetz, 131 Misc. 2d 1, 5, 502 N. Y. S. 2d 577, 580 (N. Y. Sup. Ct. 1986).

施了错误行为将被免除所有的刑事责任。美国《模范刑法典》第 3.04 条规定,如果行为人"相信"有必要使用致命性武力,则允许使用致命性武力进行防卫,该条规定中没有要求行为人的主观认知必须是合理的。这似乎能证明美国《模范刑法典》采用的是纯主观主义的标准,但美国《模范刑法典》第 3.09 条又规定如果被告人在采取行动时存在轻率或疏忽,被告人可以因轻率或过失杀人而被起诉。轻率或疏忽本身就已经说明行为人偏离了合理的认知,因此美国《模范刑法典》对"不完美"的自卫采取了中间立场,将"不合理"的概念划分为轻率和疏忽两种不同的子类别,允许对被告人进行一定程度的起诉。从美国《模范刑法典》第 3.04 条规定中可以看出,这种中间的立场意味着刑法在主观化标准与保留传统的客观标准之间寻求一定程度的妥协。因此,就其本质而言,非典型自卫属于减轻罪行的情形,在某种程度上类似于免责性辩护事由。

二、正当防卫在受虐妇女杀夫案中的适用

(一)概述

受虐妇女杀夫案件主要存在于行为人长期遭受家庭暴力的折磨中无力自救的情形。家庭暴力是指"亲密的家庭成员对另一名伴侣实施蓄意恐吓、身体攻击、殴打、性侵犯和/或其他虐待行为,这些行为属于系统的权力和控制模式的一部分"①。根据 2010 年美国疾病控制中心的数据,"35.6% 的女性和 28.5% 的男性在他们的一生中经历过强奸、身体暴力和/或亲密伴侣的跟踪"②。同时,美国反家庭暴力联盟的统计数据显示,平均每分钟有近 20 人被亲密伴侣虐待。在 1 年中,这相当于超过 1000 万的男女,亲密伴侣的暴力行为占所有暴力犯罪的 15%,19% 的家

① National Coalition Againstdomestic Violence, *Domestic Violence in Tennessee* (2015), https://www.speakcdn.com/assets/2497/tennessee.pdf. Mar. 21, 2023.

② *Centers for Disease Control and Prevention*, *National Intimate Partner and Sexual Violence Survey*: 2010 *Summary Report*(2011), https://www.cdc.gov/violenceprevention/pdf/nisvs-rep ort2010-a.pdf. Mar. 21, 2021.

庭暴力涉及武器。1/4 的女性和 1/9 的男性遭受严重的亲密伴侣身体暴力,亲密伴侣接触性暴力和/或亲密伴侣缠扰,造成伤害、恐惧、创伤后应激障碍等。① 受虐配偶综合征(battered spouse syndrome),也被称为受虐妇女综合征或家庭虐待综合征,最初是一个心理学术语,用于描述创伤后应激障碍的一个亚类别,家庭暴力受害者"受到伴侣的虐待,精神受到严重创伤"以致受害人可能会认为自己处于危险之中,即使他或她是安全的。② 这一概念现在已经延伸到法律领域,受虐配偶综合症通常被看作是自卫杀人的延伸,因为施暴者的死亡通常发生在没有紧迫性危险的时候,比如在其入睡时。

受虐妇女杀夫案件的法律问题主要分为 3 种类型:一是"面对面杀人"案件,如行为人正在遭受暴力行为时杀死施暴者。二是受虐妇女在施暴者熟睡或者暴力行为已经暂停或结束时杀死施暴者。此类案件有两个相关的法律问题:第一,被告人是否可以用"受虐妇女综合征"作为证据为自己辩护;第二,若被告人无法提供受害人或死者施暴的证据,其是否有权使用正当防卫辩护。③ 三是在极少数案件中受虐妇女雇佣他人实施杀人行为。④

(二)受虐配偶综合征

"受虐配偶综合征"一词是由"受虐妇女综合征"一词演变而来的,因为女性在传统上被视为受虐者。该概念由美国专门研究家庭暴力的心理学博士勒诺·沃克提出,沃克针对美国 400 名受虐妇女进行长期的调查与分析并形成了这一概念,之后被美国《妇女儿童反暴力法案》确

---

① See National Coalition Againstdomestic Violence, https://assets. speakcdn. com/assets/2497/domestic_violence - 2020080709350855. pdf? 1596828650457Mar. 21,2023.

② See Beth W. Orenstein, *Understanding Battered Women Syndrome*, *Everyday Health* (*Nov.* 25, 2014), https://www. everydayhealth. com/news/understanding-battered-womens-syndrome/ Mar. 21,2023.

③ 参见[美]约书亚·德雷斯勒:《美国刑法精解》,王秀梅等译,北京大学出版社 2009 年版,第 220 页。

④ 2017 年,马里兰州上诉法院波特一案中裁定,一名雇佣职业杀手杀害虐待她的丈夫的妇女有权利用受虐配偶综合征来证明陪审团关于不完美自卫的指示是合理的。

立。1979 年沃克发表的著作《被虐妇女》中指出,被殴妇女指在亲密关系中,当伴侣(通常是男性,但不总是男性)不考虑女性权利或感受,通过施加暴力或控制以强迫其做任何符合施暴者意愿的事,导致其在身体、性、心理上受到虐待的群体。受虐妇女包括处于婚姻状态的妇女或与男子有任何形式亲密关系的妇女。此外,被定为受虐妇女的群体必须符合一定的条件,如这对伴侣需至少经历两次及以上的殴打周期。换言之,发现自己曾经处于虐待关系中的妇女,若第二次出现这种情况,她将被定义为受虐待妇女。该综合征目前被认为是一种创伤后应激障碍,其基础是“持续的身体和精神虐待可能对与施虐者有亲密关系的人产生的影响”[①]。导致该综合征的虐待有多种形式,包括羞辱、辱骂、与家人和朋友隔离、剥夺权力、威胁、身体虐待、性虐待、剥夺食物、睡眠、住所或金钱。在沃克博士的文章中,她指出了一种循环往复的虐待模式,包括 3 个阶段:紧张关系的形成阶段、激烈的殴打阶段和懊悔阶段。有一种误解认为许多“受虐者是受虐狂,认为他们坚持和伴侣生活在一起是因为其习惯于被殴打,认为暴力满足了每一个伴侣内心深处的需求,或者认为若受虐待的一方真的想结束这种关系,完全可以自由地离开”[②]。但事实上,许多受害者也经历过“分离虐待”,由于惧怕施虐者会报复受害者的孩子、其他家庭成员、朋友或同事。这些群体已经获得了某种让其无法逃脱的无助感,同时也变得对即将发生的暴力事件异常警惕,沃克博士将其称为与动物相似的“习得性无助理论”(learned helplessness)。

(三)受虐配偶综合征作为专家证据在防卫中的运用

受虐配偶综合征的证据可以让陪审团理解被虐者实施自卫要求的两个要素:(1)被告人对重伤、死亡的主观恐惧;(2)这种主观相信是合

---

① Erin M. Masson, *Annotation*, *Admissibility of Expert or Opinion Evidence of Battered Women Syndrome on Issue of Self-defense*, A. L. R, Vol. 5, 2017.

② Alafair S. Burke, Rational Actors, *Self-Defense*, *and Duress*: *Making Sense*, *not Syndromes*, *out of the Battered Woman*, North Carolina Law Review, Vol. 81, 2002.

理的。专家可以证明“由于被虐者已然习惯施虐者的殴打方式，故其学会了识别细微的手势或威胁，从而区分攻击的严重程度并使其相信某一特定的攻击将严重威胁到生命”[①]。虽然施暴者正在睡觉或休息，在常人看来并不构成威胁，但证据可以表明受虐者可能有理由相信其已经处于紧迫性的威胁中。陪审团没有根据客观情况确定危险是否真的紧迫，但必须确定“在受虐者感知到的情况下对危险紧迫性的判断是否合理”。虽然对迫在眉睫的危险的主观信念并不给予受虐者当然的豁免，但确实可以初步推断其行为是合理的。[②]

在刑事诉讼中，虐待配偶综合征的证据通常是通过专家证人的报告得到的。美国各地法院在听取专家证人的证词并将其作为定案证据前，都需要不同程度的“虐待史的确切证据”。一些法院要求受害者在承认综合征的证据之前，证明其经历了两个完整的虐待周期，其他法院承认只有一个周期的证据，但必须有 3 个阶段中的每一个阶段的证据。[③] 最初许多法院不认可“受虐配偶综合征”的科学性，但现在美国基本承认该综合征作为一种专家证据在自我防卫案件中的地位。由于不同的政治观点、地理差异和社会差异，少数一些州虽然承认“受虐配偶综合征”理论，但是不允许专家证人证明被告人是否具有这种症状，也不允许专家证人证明这一症状在被告人杀人时产生了影响。另一些州虽同意使用专家证据证明被告人在当时的场景中的主观认识，但仍不允许证明基于“受虐配偶综合征”得出被告人的这种主观认识具有合理性的结论。多数法院在表面上认可这一综合征证据以帮助陪审团更好地理解被告人

---

① *Developments in the Law-Legal Responses to Domestic Violence: V. Battered Women Who Kill Their Abusers*, Harvard Law Review, Vol. 106, 1993.

② 在佛克案中，马里兰法院阐述了典型自卫与非典型自卫之间的区别：典型的自卫不仅要求行为人主观上相信其行为是保护自我安全所必需，而且在客观上符合一个理性人的行为标准。非典型自卫只要求行为人主观上真诚地相信其行为是为了保护自己安全所必需，尽管一个理性的人不会选择这样做。如果罪名成立，行为人仍然有罪，只是罪责在量刑时可以得到赦免。

③ See Cynthia Lynn Barnes, *Admissibility of Expert Testimony Concerning Domestic Violence Syndromes to Assist Jury in Evaluating Victim's Testimony or Behavior*, A. L. R, Vol. 57, 2017.

当时的认知。[①] 笔者选择对几个具有典型代表的州的制定法与判例法进行简要介绍并分析不同州对受虐者杀人案的态度。这些州包括田纳西州、南卡罗来纳州和佐治亚州、加利福尼亚州和华盛顿州。

第一,田纳西州。田纳西州的家庭暴力发生率高于全国平均水平,根据2015年的相关调查,该州有40%的女性和32.5%的男性在其一生中遭受过身体暴力、强奸和/或亲密伴侣的跟踪。[②] 田纳西州没有关于受虐配偶综合征的制定法,但早在1988年就有关于受虐者自卫杀人的判例法。[③] 田纳西州允许将虐待配偶综合征作为证明被告人存在正当防卫的证据使用,但不允许将这一证据上升为专家证词,即专家的证词只能帮助陪审团了解这一综合征的具体情况以确定被告人是否有合理的理由真诚地相信其面临紧迫性危险。[④]

第二,南卡罗来纳州。南卡罗来纳州一直是女性被谋杀概率最高的十大州之一,41.5%的南卡罗来纳州女性和17.4%的南卡罗来纳州男性在他们的一生中经历过亲密伴侣的身体暴力、性暴力和/或亲密伴侣跟踪。其2011年是美国女性被男性谋杀的概率最高的州,2012年是美国女性被男性谋杀概率第二高的州。[⑤] 自1995年起,南卡罗来纳州就制定了一项法律来保护实施杀害行为的受虐者。[⑥] 该州确认了将专家对"受虐配偶综合征"的证词作为定案的依据之一。南卡罗来纳州是少数几个将虐待配偶综合征用于自卫、防卫他人、紧急避险或胁迫案件的州之一。

第三,佐治亚州。35.1%的佐治亚州妇女和39.9%的男子经历过亲

---

① 参见[美]约书亚·德雷斯:《美国刑法精解》,王秀梅等译,北京大学出版社2009年版,第223页。

② See National Coalition Againstdomestic Violence, *Domestic Violence in Tennessee* (2015), https://assets.speakcdn.com/assets/2497/tennessee_2019.pdf, accessed February 6, 2023.

③ See State v. Horton, No. 18, 1988 Tenn. Crim. App. LEXIS 105, at *10 (Feb. 10, 1988).

④ See State v. Hagerty, No. E2001 - 01254 - Cca - R10 - Cd, 2002 Tenn. Crim. App. Lexis 364, at *21 - 22 (Apr. 23, 2002).

⑤ See National Coaliton Against Domestic Violence, *Domestic Violence in South Carolina* (2015), https://assets.speakcdn.com/assets/2497/south_carolina_2019.pdf, Mar. 21, 2023.

⑥ See S.C. Code Ann. § 17 - 23 - 170 (1976).

密伴侣的身体暴力、性暴力和/或跟踪。[①] 乔治亚州和田纳西州一样，还没有将虐待配偶综合征纳入法律，但该州有充足的判例法来确定该综合征在刑事案件中的使用。

第四，加利福尼亚州。加利福尼亚州的家庭暴力情况略低于全国平均水平，32.9%的女性和27.3%的男性遭受过身体暴力。此外，11.8%的加利福尼亚州杀人案是家庭暴力杀人案。[②] 与南卡罗来纳州类似，加利福尼亚州也将虐待配偶综合征证据的可采性编入法典。加利福尼亚州的《证据法》规定："在刑事诉讼中，控方或辩方都可以接受专家提供的关于殴打亲密伴侣及其后果的证词，包括身体、情感或精神虐待的性质和对家庭暴力受害者的信仰、认知或行为的影响……"[③]因为这只是一项证据规则，陪审团必须决定"一个理性的人，而不是一个理性的受虐妇女是否会相信通过杀人来防止紧迫性威胁的发生"[④]。

第五，华盛顿州。2014年的某一天，华盛顿州的家庭暴力服务机构为1900多名受害者提供了服务，而有500多人由于缺乏资源而被拒绝服务。华盛顿州通过其关于专家证人的证据规则允许使用虐待配偶综合征。[⑤] 1984年，华盛顿州法庭认为专家的证词是可以接受的，因为专家有资格为"受虐配偶综合征"作证，确定被告人主观上相信其是受虐者，因为这一证据可能对受虐者在杀人时的主观认知和行为有重大影响，是认定其是否构成正当防卫的核心要素。[⑥] 为了让陪审团充分了解受虐者是如何认知事实的，被告人必须有能力对这一情况作出解释以帮助陪审团

---

① See National Coaliton Against Domestic Violence, *Domestic Violence in GEORGIA* (2015), https://assets.speakcdn.com/assets/2497/georgia_2019.pdf, Mar. 21, 2023.

② See National Coalition Against Domestic Violence, *Domestic Violence in California* (2015), https://assets.speakcdn.com/assets/2497/california_2019.pdf, Mar. 21, 2023.

③ Cal. Evid. Code § 1107

④ State v. Humphrey, 921 P.2d 1, 9 (Cal. 1996).

⑤ See National Coalition Against Domestic Violence, *Domestic Violence in Washington* (2015), https://assets.speakcdn.com/assets/2497/dc.pdf, Mar. 21, 2023.

⑥ See State v. Allery, 682 P.2d 312, 316 (Wash. 1984) (citations omitted).

克服关于受虐者仍处于虐待关系中的刻板印象。因此,法院认为,在这种情况下,允许使用“受虐配偶综合征”的专家证词,解释一个患有综合征的人不愿离开家庭、不愿通知警察或朋友的原因。

综上所述,美国各州在制定法或者判例法上基本认同“受虐妇女综合征”理论在刑事诉讼中的作用。美国受虐妇女杀夫行为以“受虐妇女综合征”这一理论为依托,在正当防卫这一正当化事由之下寻求刑事责任减免的空间。[①] 从防卫的要件看,受虐妇女杀父案件并不属于典型的正当防卫案,但在美国司法实践中,往往通过“受虐妇女综合征”这一理论认可被告人杀人的行为符合防卫中的紧迫性和必要性要件。当然,这里的防卫便不能作为正当性抗辩事由处理,而是一种免责性抗辩事由,“受虐妇女综合征”在法院处理家庭暴力案件中取得了良好的社会效果。

小　　结

美国正当防卫在继承英国普通法规则的基础上根据本国情况进行了改造,形成了独具特色的防卫制度。相较于现代英国刑事正当防卫的规则,美国尤其是50个州各具特色的防卫规则更能体现出普通法系国家对防卫问题的态度。美国主要由美国《模范刑法典》以及各州刑事制定法予以规定。美国《模范刑法典》按照侵害对象的不同对防卫进行类型化规定,即分为自我防卫、财产防卫、住宅防卫以及假想防卫等。美国《模范刑法典》与各州制定法围绕防卫类型分别从防卫主体、防卫客体、防卫意图、防卫时间、防卫限度等各方面进行了详细的规定。如美国《模范刑法典》在防卫意图方面主要采用了防卫人主观认定标准,防卫限度上规定了针对致命性武力的退避义务以及对比例原则的遵从。针对以

---

① 参见付胥宇:《“受虐妇女综合症”的刑事责任减免意义:美国经验及启示》,载《北方法学》2018年第6期。

上构成要件，大多数州遵循了美国《模范刑法典》的规定，也存在部分州根据本州实际情况进行的一系列变革。如多数州为采纳美国《模范刑法典》中的退避义务规定，少数州如亚巴拉马州、加利福尼亚州、密西西比州等在防卫意图的认定上采用了客观认定标准。在第三人防卫中，有部分州对救助的对象进行了一定的限制，如加利福尼亚州、佛蒙特州、新泽西州等规定在使用致命性武力的场合下需要限制救助者的身份。美国多数州在防卫制度的设定上较为宽松，无论从防卫时间、防卫限度还是其他构成要件上看，正当防卫的适用范围较广，立法的精细性与明确性更有助于帮助被告人免罪。

第四章

刑事正当防卫典型判例分析

普通法国家(尤其是英美)的刑事正当防卫制度除通过制定法规定外,其制度中的细节主要通过判例法得以完善。英美两国作为世界普通法国家的主要代表再加上历史因素的影响,判例法在刑法中的地位不容忽视。“一个判决是否能称为有影响力的先例,取决于判决意见书中所表现出来的智慧,以及判决意见书中所变现出来的优雅文采。”[①]同样,判例法对正当防卫制度产生了重要的影响,尤其是几大典型的判例在英美正当防卫制度史上留下了重要的足迹。

本章选用5个涵盖正当防卫制度6个重要因素的典型判例,即现代城堡主义,坚守阵地、撤退义务、防卫行为判断标准、财产防卫与住宅防卫、受虐妇女杀夫案。这些判例主要有:(1)由美国联邦最高法院判决的著名的比尔德上诉案,该案中首次批准了“现代城堡主义”。(2)布朗案,该案中霍姆斯法官提出了著名的法律格

① 卡多佐、布兰德兹和霍姆斯法官作出的判决具有权威性,能一直传承下来,并非因为他们身为法官拥有特殊的权力,而是因为他们根据法律作出了睿智的判决,以传统的语言有说服力地作出了解释。参见[美]乔治·P.弗莱切:《地铁里的枪声——正当防卫还是持枪杀人?》,陈绪纲、范文洁译,北京大学出版社2007年版,第64页。

言:面对高举的刀,不能要求当事人有超越自然的反应。(3)戈茨案,该案在美国影响巨大,不仅涉及正当防卫的问题,其在更深层次上探讨了道德与法律责任的问题。(4)凯利案,该案的判决是有关受虐妇女杀夫问题在正当防卫中运用的最为典型的判例。(5)塞巴洛斯案,该案是有关财产防卫、陷阱装置以及住宅防卫问题相互交织的重要判例。

第一节 美国"现代城堡主义"的诞生:比尔德案[①]

1895 年美国联邦最高法院对比尔德一案进行了裁决,这是美国历史上第一个具有联邦司法效力的防卫案件。在法官约翰·哈兰(John Harlan)的同意下,法院撤销了对被告人比尔德杀人罪的定罪,并将该案发还给初审法院进行重新审理。

一、案情概述

被告人比尔德(Beard)与威尔·琼斯(Will Jones)、约翰·琼斯(John Jones)和爱德华·琼斯(Edward Jones)三兄弟因一头牛的所有权发生了激烈的争执,这头牛属于三人母亲生前所有并在去世后留给了爱德华。由于没有任何经济来源,三兄弟被送给亲戚们抚养,爱德华被寄养在比尔德家中。比尔德抚养爱德华的条件是将其当作自己的孩子,同时对牛拥有所有权。当时爱德华只有八九岁,衣衫褴褛,身体状况也不好。几年后,爱德华离开了比尔德家并在哥哥们的帮助下决定带走那头牛,即使他们清楚地知道这件事一定会遭到比尔德的反对。琼斯兄弟其中一个带着猎枪来到被告人的家门前,但遭到了比尔德的阻止,比尔德警告他们不要再因为牛的事情去他家里。其中年龄最大的威尔·琼斯公开宣称要将牛带走,若不这样将杀掉比尔德。

---

① Beard v. United State 158 U.S. 550(1895).

当天下午琼斯兄弟不顾警告在被告人不在家时去了农场,其中一个死者带着致命武器(手枪)试图将牛带走。此时比尔德正从附近的镇子里赶回家,随身带着一把平时出门习惯携带的猎枪,随后立刻走到一个离他的家五六十码远的地方。比尔德命令琼斯兄弟离开他的住处但遭到他们的拒绝。威尔在离比尔德只有 10 到 15 码远的对面,他气冲冲地快步走到比尔德跟前,左手插在裤子的左边口袋里。当他走到离比尔德五六步远的时候,比尔德警告他停下来,但他并没有停止。当琼斯走近比尔德时,比尔德问他想做什么,他回答:该死的。同时,他的左手做了好像要从口袋里掏出手枪来的动作,比尔德用枪击中了他的头部,将其击倒在地。

被告人在证词中说:"我从他当时所展示的示威中认为他想开枪射击我,我就用枪射击了他的头部以防止他先杀了我。我刚要打他,他的弟弟约翰跟在我后面几步远的地方手插在口袋里向我走来。我以为他蓄意要跟我发生争斗,并且他也有武器所以就打了他。他站住然后我立刻跳过篱笆抓住威尔的衣领,把他推倒并把左手从口袋里掏出来,发现他插在口袋的左手里一支手枪,我把他的手枪和他的左手一起拔了出来。我这样做的目的是解除他的武装以防止其向我开枪,因为我不知道他伤得有多严重。我的枪装了子弹,弹匣里有十发子弹。我本可以开枪打死他,但我不想杀他,因为我相信用枪把他击倒后可以解除他的武装,这样不用开枪就可以保护我自己了。约翰拿到手枪后,对我说要杀他,我回答说我没有杀他,也不想杀他。因为如果我要杀他就会直接开枪打死他。他说我的枪没有子弹。于是,我向空中开了一枪,让他看看枪上了膛。"

证人霍华德·亨特博士(Howard Hunt)证实了这一点,他在威尔受伤后不久就去看望他,发现他情况严重;他死于被告人的枪伤。头骨被击碎了,子弹击穿了头部而不是在右侧。他在包扎伤口后不久,见到比尔德并告诉他死者的情况很严重;他作为证人对这件事的发生感到遗憾。证人向被告人建议,也许他当时躲开的话情况会好一些。比尔德回答说,他很抱歉发生了这样的事,但他是出于自卫没有理由躲开。对于让他躲避的建议,比尔德似乎有点生气。他对证人说,因为他完全有理由这么做。这位证人还说,他认识被告人四五年了,跟他所住的地方很熟也知道他的名声,他是个爱好和平、遵纪守法的人。关于该案,一审法院即美国阿肯色州西部地区巡回法院判决被告人比尔德犯有过失杀人罪,在纽约布鲁克林的金斯县监狱服刑8年并向美国支付500美元的罚款。

二、案件分析

(一)一审法庭庭审意见

该案一审法院认定被告人比尔德犯有过失杀人罪。法庭向陪审团陈述了如下规则:(1)即使侵害人非法入侵被告人的住宅,被告人也无权以此为由实施杀人行为。(2)侵害人以盗窃牛为目的入侵被告人的住宅,被告人因此被激怒而实施杀人行为,应将杀人罪的级别由谋杀降低至过失杀人罪。(3)若侵害人没有盗窃的意图,其行为属于非法侵入。但侵害人主观上善意地认为其对母牛拥有法定的权利,即使客观上可能不具有任何权利,被告人的行为就属于谋杀,即行为人不能仅因主观上的恐惧或为防止单纯的非法侵入行为而杀人。

该案最关键的问题在于,被告人使用致命武力之前是否有义务先行退避?如果危险是客观存在的,即危险来自受害人威尔,并通过他的行为影响到被告人致使被告人采取了防卫措施,被告人是否必须履行撤退义务?一审法院认为:(1)退避义务的规则适用于行为人在自己的领地(premises)内,但是在房屋(dwelling house)外发生实施防卫的情况。[①]

① 英美法中的premises指房屋、土地以及房屋连地基,即不仅指住宅,也包括住宅以外的庭院等合法占有的领地;dwelling指住处、住所、寓所,供人生活于其中的房屋或其他建筑物。在刑法中,尤其是夜盗中,则指建筑物或其一部分、帐篷、流动房屋、汽车或者可用来居住的封闭空间。dwelling house是住宅,指供人居住和生活的建筑物和其他设施。在放火罪中,dwelling house指意图供作住处的房屋或人类常住常宿的公寓、旅馆客房、建筑物或建筑群。premises指房屋、土地、房地产、房屋连地基。与dwelling house不同,premises包括住房以外的其他合法土地,如庭院。

履行撤退义务的一个例外就是侵害行为发生在其住宅内。但法律规定如果冲突发生在其领地内住房外时，被攻击的人有条件就应当履行退避义务，避免可能发生的冲突，合理排除危险而不是直接剥夺侵害人的生命。(2)自我防卫中的防卫人必须是合法的行为人，即以挑起事端或以聚众斗殴为目的挑拨他人与其发生冲突的，行为人便丧失了自卫权。因此，如果行为人明显感受到与对方即将发生冲突或危险正在迫近，其有权利实施正当防卫以保护自己。但若行为人以实施斗殴为目的携带致命性武器前往被害人所在地，即使斗殴发生在其住宅内，同样将丧失自卫的权利。

在随后的指控中，法庭再次调查了在比尔德用枪袭击死者之前的法律规定并认为：如果侵害人确实实施了明显的致命性暴力行为，但被告人当时可以使用更为温和的救济方式而避免使用致命性防卫行为时，被告人的行为属于过失杀人。该案中，第一，必须有证据证明威尔正在或即将实施暴力行为，或者明显正在或即将实施暴力行为，但被告人本可以选择其他防卫方式而不是杀了琼斯。如果被告人没有这样做，将被判过失杀人罪，因为在这种情况下法律规定琼斯的行为因具有挑衅性从而降低犯罪的级别。第二，如果侵害人威尔·琼斯被杀之时正在实施致命的暴力行为，被告人比尔德可以在不威胁到琼斯生命的情况下进行防卫，但他没有这样做，他本来可以采取更温和的防卫行为却选择采取致命性武力，因此他应被认定为过失杀人罪。第三，自卫法要求防卫人必须运用合理的方式谨慎地避免危险，或者通过使用比致命性武力较轻的暴力防卫自身。在这样的法律规定范围内，被告人杀害了琼斯，因此其将被判过失杀人罪。

(二)美国联邦最高法院的庭审意见

美国联邦最高法院推翻了下级法院的判决，认为下级法院对陪审团的指示是错误的。理由如下：(1)没有任何证据表明，比尔德从他的住宅走到果园的栅栏是为了挑起冲突。相反，从争执一开始，他就表明了避免斗殴的意图。他表示愿意遵守有关他对母牛权利的法律规定。他警告琼斯兄弟不要到他家里带走牛。他只是要求琼斯兄弟离开他家而没有对他们使用武力,也没有威胁使用武力,其行为具有合法性。但是,当被告人回到家时看到琼斯兄弟正在与其妻子争吵并威胁妻子如果不把牛带走就杀了她。(2)没有证据表明比尔德意图对琼斯兄弟进行人身伤害。没有任何证据表明比尔德曾使用挑衅性的语言或实施了任何行为,以便找个借口杀死兄弟俩中的任何一个,更不用说有任何理由相信双方就使用致命性武器互殴达成了协议。(3)下级法院犯了一个严重的错误。它指示陪审团,若被告人可以在威尔·琼斯向他逼近的时候采用撤退的方式来保护自己的生命并避免伤害侵害人的生命,那么法律规定被告人有撤退的义务,否则,他将被判为过失杀人罪。下级法院认为,如果死者在被告人的住宅中向被告人实施了侵害行为,这表明侵害人有威胁他人生命或造成重大人身伤害的意图,如果被告人在没有撤退的情况下杀死了侵害人,并在当时真诚且合理地相信正在遭受致命性威胁,此时被告人属于正当性杀人。这种观点是正确的。

但美国联邦最高法院认为下级法院只承认被告人在住宅内无须履行退避义务的观点是错误的。美国联邦最高法院引用了欧文案[①]中对"退避规则"的陈述。俄亥俄州最高法院仔细审查了"撤退到墙角"(retreat to the wall)原则的应用。初审法院指示陪审团,如果合法的被告人受到侵害人致命性或者重大身体损害的攻击,他有权对侵害人实施致命性防卫武力。除非其有机会尽可能地通过撤退或较温和的反击方式保护自己。但如果侵害行为过于极端或紧迫以致退让反而会增加危险的程度,防卫人便有权毫不犹豫地杀死侵害人。此外,从侵害的性质看,若防卫人真诚且合理地相信其正在面临致命性侵害,其生命或者人身安全正在遭受极其严重的侵害,防卫人真诚且合理地认为即使退让也无法保护自己,那么若其实施了致命性防卫行为致侵害人死亡,其行为应被认定为免责性事由。

---

① 29 Ohio St. 186,193,199.

被告人对这项指示提出控诉。经过全面审查并考虑到学者和最高权威法院对普通法原则的理解,俄亥俄州最高法院认为这项指示是错误的。第一,为防卫人身而杀人的行为不能被认定为正当行为或可免责行为,除非这种行为具有必要性且危险迫在眉睫。第二,若行为人自己挑起争端,则必然丧失防卫权。第三,行为人遭受严重的侵害时本可以通过退让以保护自己但未能成功逃脱,此时他是否要为自己的防卫行为承担相应的责任?出于对生命的仁慈和脆弱的考虑,法律不允许通过致命性武力防卫单纯的侵占行为或者激怒性的侵害行为。但当一个没有过错的合法行为人遭遇侵害人的暴力袭击或突然性的致命性侵害时他没有退避义务。

美国联邦最高法院又引用了印第安纳州最高法院在润言案(Runyan v. State)中法庭的观点:“只要对美国正当防卫作一个非常简短的考察,就可以清楚地看到,关于一个防卫人责任的古老学说——防卫人在实施正当防卫之前应履行退让义务——在美国已经发生了巨大的变化。与过去相比,它的应用范围要窄得多。事实上,美国人的思想倾向非常强烈地反对要求防卫人在受到侵害时必须退避,以避免惩罚甚至是挽救侵害人的生命。美国现代权威的重要性确立了这样一种原则,即一个合法的行为人在其有权所在的地方遭受非法侵害时无义务先行退让,有权实施致命性防卫行为,即使最后导致侵害人死亡,其行为也属于正当性行为,无须承担刑事责任。本案的真正问题是,在陪审团面前被告人在当时使用致命性武力防卫的行为是否正当。换言之,被告人是否真诚且合理地相信其所使用的致命性武力是否属于防卫所必要。”①

在伊斯特(East)所撰写的《国王的诉讼》(Pleas of the Crown)中,作者对防卫行为的正当性进行了详细的分析:“如果一个人明显企图用暴力实施重罪,如谋杀、强奸、抢劫、纵火、盗窃等,那么行为人可以用武力保护其人身、住所或财产。此时,他无须履行撤退义务,有权直接使用防

① 57 Ind. 80(1877).

卫武力击退对方以保护自己脱离危险;如果行为人在这一过程中杀害了对方,其行为也属于正当防卫;另一方面,侵害人所实施的重罪致他人死亡的均构成谋杀罪。但如果没有任何明显的迹象表明对方即将实施谋杀行为,行为人便没有理由以防卫的方式致人死亡。换言之,防卫行为实施的前提必须是有客观真实的危险存在。"

联邦最高法院又引用了福斯特的《国王判例》(Crown Cases)第271页中的观点:"在正当防卫的案件中,在保护其人身、居所或财产时受害人可以以武力击退明显企图以暴力或突发性的方式对任何一方犯下已知重罪的人。在这种情况下他没有义务撤退,有权击退对方直至脱离危险。如果在冲突的过程中偶然杀死对方,这样的行为是正当的。"①

最后,美国联邦最高法院认为下级法院的判决是错误的。当侵害人(死者)手持致命武器,以威胁的方式向被告人逼近时被告人处于合法的境况。如果被告人没有事先挑起争端并且在当时真诚且合理地相信对方意图威胁他的生命,或将对他造成重大的身体伤害,他无须履行义务撤退,也无须考虑其是否可以安全地撤退。被告人有权坚守阵地用致命性武力防止侵害人的攻击。在当时的情况下,只要他真诚且合理地相信其所实施的防卫武力是保护其生命或人身安全所必要的即可。因此,美国联邦最高法院推翻了下级法院的判决,认定被告人比尔德的行为属于正当防卫。

三、评价:城堡主义在美国自我防卫中的"新生"

比尔德案在美国历史上首次确认了现代城堡主义,之所以称为"现代城堡主义",是因为这一原则衍生于英国普通法中的"城堡主义"。在推翻比尔德的初审判决时美国联邦最高法院指出,尽管美国和英国在使用致命性武力之前都有退避的义务,但英国普通法和美国许多司法辖区的法律都有一个例外,即防卫人在家中受到非法侵害时允许其坚守阵

---

① 57 Ind. 80(1877).

地。然而,英国普通法在这一例外上采取了严格限制的立场,即并非所有被告人最终面临"你死我活"的选择的情况都将被认定为正当的自卫。英国的住宅防卫与自我防卫是不同的。自我防卫是建立在行为人保护自己不受身体暴力侵害的权利之上,而"住宅防卫"则是以保护自己的家园不受侵犯为基础。因此,在英国普通法中,行为人在保护自己住宅不受侵犯时无须撤退,却在自我防卫的过程中必须履行退避义务。虽然,美国最早的自卫原则也规定了一般的撤退义务并承认英国的撤退规则,[①]但在19世纪中后期,随着本土法律评论员以及有影响力的州最高法院相关案例的出现,美国的做法发生了变化。该案作为代表美国联邦最高法院的观点提出了一种被称为"坚守阵地"的原则——即使是自我防卫,只要行为人面临致命性侵害均无须履行撤退义务。此后,这一原则成为美国自卫规则广泛采用的基础。在此之前,欧文一案中俄亥俄州最高法院在必要的框架内明确阐述了不撤退原则——只有当被告人有理由相信杀死侵害人是防止致命袭击的唯一可行方式时才成立正当防卫。在规范层面上,法院解释说,其拒绝退让义务的理由不是为克服当事人胆怯的心理,而是因为"坚守阵地"原则是"保护人类生命的最有效的办法"。[②] 欧文案发生一年后,印第安纳州最高法院也接受了"绝不退让"的做法。在润言案中,印第安纳州最高法院拒绝了下级法院履行退让义务的要求并解释说,美国的自卫法采取了相反的做法,一个合法的公民有权在其合法所在的地方受到非法侵害时不履行退让义务,直接进行防卫,如果在合理行使自卫权的情况下致侵害人死亡,其行为属于正当防卫。

1895年美国联邦最高法院最终接纳了这一原则,这意味着"不退让"原则这一之前一直盛行于美国南部的不成文规则被美国联邦最高法院所接受。此案之后,美国各州在审理类似案件时均引用了比尔德案。

---

① See Cynthia v. Ward, *Stand Your Ground and Self-Defense*, American Journal of Criminal Law, Vol. 42, 2015.

② See Erwin, 29 Ohio St. at 199 – 200.

到20世纪初,美国人普遍认为在自己家中受到他人非法侵害时使用致命武力之前无须履行撤退义务,只要他真诚且合理地相信使用致命性武力是防卫自身所必要的即可。例如,1896年阿尔贝蒂案(Alberty v. United States)[①]中,法院认为被告人的杀人行为是正当的,因为杀人仅仅是行为人在家中实施自卫权利的不幸以及不可避免的后果。

综上所述,19世纪末期,美国与英国普通法规则开始发生分离,在针对致命性侵害的自我防卫中无须履行撤退义务的规则在传统的"城堡主义"上得到了"新生",比尔德案表明法律对受害人生命权的重视。俄亥俄州最高法院在欧文案中明确了这一基本原理,认为不撤退规则是防止杀人事件发生的最可靠的方法,这让那些想成为强盗、谋杀犯、抢劫犯的人知道,他们的生命在某种程度上掌握在被攻击者手中。到20世纪20年代,在住宅中不退让的特权已经扩大到包括防卫人有理由相信致命性威胁正在迫近的任何情况。在布朗案中,霍姆斯大法官雄辩地总结了法律对人性的进一步解读以及退让义务所要求的道德尺:"在高举的刀面前不能要求理性的反应。"[②]

第二节　在高举的刀前不能要求超然的反应:布朗案[③]

布朗案是由美国大法官霍姆斯审理的一起正当防卫案,法官从人性的角度出发推翻了州法院的判决并提出了影响美国正当防卫未来走向的著名言论:"在高举的刀前不能要求超然的反应。"布朗案与普通法中要求使用致命性武力之前履行退让义务的传统规则分道扬镳,在美国刑法史上留下了重要的一笔。

---

① 162. U. S. 499,505,509(1896).

② 256 U. S. 335(1921).

③ 256 U. S. 335(41 S. Ct. 501,65 L. Ed. 961),1921.

一、案情简介

赫米斯(Hermis)和被告人罗伯特·B. 布朗(Robert B. Brown)之间的纠纷已经持续了很长时间。有证据表明,赫米斯曾两次用刀袭击被告人并威胁被告人说,下一次他们其中一个会在一个黑盒子里爆炸。被告人布朗于案发当日在一邮政局监督挖掘工程。考虑到赫米斯的威胁,他随身带了一支手枪并把它放在上衣里,衣服放在垃圾堆上。一个证人用一辆大车把赫米斯抬了上去准备装货。之后赫米斯拿着一把刀向被告人走去。被告人后退了 20 到 25 英尺,退到他放外套的地方拿出了手枪。在赫米斯正持刀朝他捅去时布朗开了 4 枪将其击毙。由于赫米斯之死,被告人布朗被得克萨斯州南部地区法院指控犯有二级谋杀罪。在审判中法院指示陪审团,遭受攻击的一方在考虑自卫问题时应履行退避义务。同时,撤退义务仅在防卫人有机会撤退而不会遭受危险或严重身体伤害的情况下履行。初审法院继续指示陪审团,如果一个理性人处于被告人当时的情境中有条件撤退的话被告人必须履行撤退义务。被告人被判二级谋杀罪后提起上诉。上诉法院确认其定罪后由美国联邦最高法院进行审理。该案争议的焦点是:当行为人面临死亡或重大身体伤害的紧迫性威胁时,其是否有权坚守阵地并使用致命武力进行防卫?

二、初审及上诉法院判决:二级谋杀罪

该案争议的焦点是当行为人面临正在进行的死亡或重伤的危险时,是否有权直接使用致命武力而非履行退避义务以自卫方式维护其合法权益。该案的初审法院是在得克萨斯州的南部地区法院,主审法官是威廉·B. 谢帕德(William B. Sheppard)。初审法院判决被告人布朗犯有二级谋杀罪,在亚特兰大监狱服刑 15 年。后被告人提起上诉,但美国第五巡回上诉法院确认了初审法院的判决。初审中地区法官指示陪审团,被告人布朗可能在某些情况下对死者负有撤退的义务,尽管死者当时正

拿着一把刀接近他。该案的焦点在于:一个人被另一个人用致命性武器攻击时,如果在他本人没有任何过错的情况下是否需要履行撤退义务?初审法院认为,在以致命性武力防卫袭击之前,若防卫人可以在合理的安全范围内撤退,那么他必须撤退以避免伤害自己,除非其相信撤退将带来生命或重大伤害的危险。

辩护律师很大程度上依赖福斯特的观点,即在正当防卫的情况下防卫人可以使用武力击退侵害人而无须履行撤退的义务,并且引用了比尔德案以支持他们的观点。如果福斯特的陈述是正确的,那么在一个明显企图对防卫人犯下已知的重罪的攻击中就一般没有撤退的义务,但如果这种明显的攻击是“过失杀人”的一部分,则有撤退的义务。这样的区别显然是不可行的,也不可能在陪审团面前适用。

由于杀人免责的情形会出现在自卫中,故普通法毫无疑问地会规定防卫人在可能的情况下具有通过撤退来避免侵害人死亡的义务。为了给杀人寻求正当性或免责性的理由,同时,为了保护法律认为更重要的其他利益,在任何情况下为保护自己的生命而杀人是合理必要的。问题在于如何定义这种“其他利益”。就自卫而言,通常情况下其他利益就是侵害人之外其他人的生命。如果必须通过实施杀人行为才能保护生命,那么法律必须为杀人行为提供正当性的辩护。但避免杀人最有效的方法就是避免冲突发生的可能性,因此受到攻击就应选择退让,因为撤退在任何情况下都能达到法律所追求的目的,即在不严重危及他人生命的情况下保护自己的生命。故普通法要求被攻击者必须在侵害不危及其人身安全的情况下撤退的规定显然是建立在一个合理的原则之上的,如果考虑的“其他利益”仅仅是被侵犯者的生命和人身安全,就会按照这个合理原则的要求去做。

但法律应该保护的利益不只是人的生命或人身安全,因为后者已经受到普通法规则条款的充分保护。唯一能想到的“其他利益”就是被攻击者的自尊和荣誉。因此在法律的眼中,这种自尊和荣誉是否足以压倒人类的生命,我们认为它们不是。显然,初审法院以及上诉法院所遵循的是英国普通法所确认的规则,即实施致命性防卫行为必须以履行退避义务为前提。

三、联邦最高法院的庭审意见

布朗案上诉至联邦最高法院,由霍姆斯大法官进行审理并发表了著名的庭审意见。上诉人在美国专属管辖范围内的得克萨斯州对被害人犯下二级谋杀罪,巡回上诉法院确认了该判决。法院签发了调卷令并提出两个问题。

第一个问题是起诉书是否充分,因为起诉书并未声称凶杀地点是美国建造堡垒军火库、造船厂或其他必要建筑。

第二个问题与审判时的指示有关。法官指示陪审团,在考虑自卫问题时必须注意只要防卫人可以撤退,只要他能这样做而不使自己面临死亡或重大人身伤害的危险,他就必须撤退。法官还进一步强调了该指示的含义,对于一个理性人来说在涉及死亡危险或严重的人身伤害时被告人无权坚守阵地。有一项指示大意是,如果被告人有合理的理由担心他将因赫米斯而丧失生命或遭受严重的身体伤害,并非一定要撤退,但这项指示遭到了拒绝。因此,这个由法院制定并被反复使用的公式是否足以保护被告人权利的问题就变得十分清楚了。

接下来,霍姆斯发表了对自卫案件是否需要撤退的精彩意见。霍姆斯强调,从出于仁慈或自然属性的角度宽恕一个无辜的杀人犯的古老时代起研究法律的发展是毫无用处的。具体案例或例证阐明了早期法律中的条件与现在大不相同,就像在柯克和其他地方提到的撤退规则一样,它有一种不太考虑情境而僵化成具体规则的趋势。从理性的角度讲,不撤退是与正当防卫所有其他条件一起考虑的一种情况,以确定被告人是否超出了他的正当行为。法律在发展,即使历史错误促成了它的发展,它也倾向于遵循符合人类本性的规则。许多受人尊敬的学者都认为,如果一个人有理由相信他有面临死亡的直接危险或受到攻击者严重的身体伤害,那么其有权坚守阵地;如果他杀死了对方,那么这一行为就没有达到合法自卫的界限。

之后，霍姆斯提出了著名的言论："在举起的刀面前不能要求超然的反应。"他认为，至少在法院不能要求紧急情况下受害人应该停下来思考一个理性的人是否会认为这样做将导致对方身体遭受重大损伤。得克萨斯州的法律强烈采纳了这些观点，这在很多案例中都有体现，其中有两个例子就足够了。库珀案（Cooper v. State）中戴维森（P. J. Davidson）法官提道："正在面临严重威胁其生命或人身安全的非法侵害时防卫人有权坚守阵地，不一定必须履行撤退义务。"[①]又如在巴尔彻普案（Baltrip v. State）中，赫特 J.（Hurt J.）法官认为："当被告人处于危险中时他没有义务撤退，也没有义务使用其他方法来躲避这种危险。如果危险非常紧迫或者若被告合理地相信危险十分紧迫，可以杀死对方以保护自己。"[②]

随后，霍姆斯法官引用了比尔德案中的观点。他认为，就比尔德案而言，在其自己的土地上（而不是在其房间里），尽管法院提到了这些事实并用旧的普通法进行辩护，但也比不上被告人有权坚守阵地更为合理。该案中，有证据表明，最后一枪是在赫米斯倒下后发射的。陪审团可能不相信被告人关于这是一次意外走火的证词。此外，如果最后一枪是故意的，行为人面临正在进行的最激烈的侵害且对方紧追不舍，那么这是他在保护自己的生命而战，因此不一定会失去法律的保护。

四、评价：坚守阵地法的形成

布朗案是继比尔德案之后又一例著名的正当防卫案件，该案在比尔德案判例的基础上将"城堡主义"从防卫人的家中扩大到包括受害人合理相信其正在面临紧迫性生命或重大人身威胁的任何情况，布朗案是美国形成"坚守阵地"规则的基础之一。霍姆斯法官雄辩地提出了那句名

---

① Cooper v. State 49 Tex. Cr. R. 28,38,89 S. W. 1068.

② Baltrip v. State 30 Tex. App. 545,549,17 S. W. 1106.

言:“在高举的刀前,不能要求他人有超脱理性的反应。”他认为强制执行撤退义务是不公平的,因为这是建立在对人类面临严重的情绪压力下进行理性思考的不切实际的假设基础之上的。这一理论可能会在当代神经科学的发展中找到支持,大脑的边缘系统控制着包括恐惧和愤怒在内的基本情绪并在巨大压力下能够压倒理性,这种情绪泛滥可能会以一种连当事人自己都不知道的方式驱动个人的行为。1987 年神经学家理查德·雷斯塔克(Richard Restak)发表了一篇文章,似乎将神经科学的概念放在了霍姆斯法官所提到的直觉上:“根据我对人类大脑的了解,我相信没有一个人在认为其面临紧迫的死亡或严重身体伤害时会保持理性。尽管律师和法官都喜欢探究行为人受到威胁是否会有合理的表现,这种时候的法律分析过于强调空洞的理智化,而忽视了我们每个人内心深处那些强烈的恐惧、自我保护或地盘意识的情感,而这些情感会在受到威胁、恐惧和愤怒额情况下压倒理性。因此,期待合理的行为本身就是最不合理的。”[1]霍姆斯认为,在人类普遍无法清晰思考的情况下退避义务对无辜的防卫人来说是不公平的。

从比尔德案到布朗案的发展,可以看到 19 世纪末到 20 世纪初美国脱离英国普通法规则形成符合当地风俗习惯、法学思维以及司法实践的变化轨迹,根植于英国普通法规则中的退避义务已经无法适应美国人的这种需求。[2] 随着美国社会的不断发展,特别在南部和中西部地区捍卫个人荣辱的观念得到迅速发展。[3] 南方以农业种植为基础的经济制度与基本上商业化和都市化的美国北部相反,形成了除制定法以外的不成文

---

① Richard Restak, *The Law: The Fiction of the "Reasonable Man"*, May 17, 1987, at C3. https://www.washingtonpost.com/archive/opinions/1987/05/17/the-law-the-fiction-of-the-reasonable-man/15dea8f3-521a-48d0-aba8-9e361774450e/Mar. 21, 2023.

② Richard Maxwell Brown, *Southern Violence-Regional Problem or National Nemesis?: Legal Attitudes Towards Southern Homicide in Historical Perspective*, Vanderbilt Law Review, Vol. 32, 1979.

③ 布朗指出,在南方,不成立比例数量的杀人案往往源自南方人对《圣经》和《宪法》保持着与法律规则同样的尊重。因此,除制定法外,他们还拥有一种不成文的个人荣誉观和家庭规则。

规则,这些规则以公平、荣誉为基础而非以普通法为基础。[①]

到20世纪南方习惯法概念仍然占据主导地位,在个人行为领域,南方人保留着一种价值观和行为模式,使他们比其他美国人更能容忍暴力和使用武力。虽然大多数南方人都爱好和平、遵纪守法,但是也有少数人是杀人犯,他们保留了美国内战后在血腥杀戮中形成的道德规范。[②]因此,自卫作为防卫杀人的正当事由或免责事由的原则在南方被广泛认可和接受,导致许多在北部地区看来是冷血谋杀的案件最后被判无罪。随着英国撤退规则的衰落,到19世纪中期"坚守阵地法"逐渐在美国占领了主导地位。它规定行为人在遭受攻击时有权坚守阵地无须履行退让义务。事实上"坚守阵地法"不仅存在于南部,这一规则在美国中西部地区也占主导地位。只有美国东部1/3的地区以及卡罗来纳州和亚拉巴马州的法律规定在使用致命性武力之前必须履行退避义务。[③] 坚守阵地法认为,被告人行使正当防卫的前提是其本身无任何过错,是一名合法的公民。

美国联邦最高法院在1895年比尔德案中首次确认了现代城堡主义,正如前述所提到的,印第安纳州最高法院在润言案中的审理意见:"美国人的思想倾向似乎非常强烈地反对面临致命侵害时退让义务的规则。"只是此时"坚守阵地法"的范围仅限于房屋内部。到1921年布朗案后,不退让规则已经扩大到被告人有理由相信自己正在遭受死亡或重大身体伤害威胁的任何情况。布朗案是美国正当防卫规则转变的关键,霍姆斯法官那句名言,"在高举的刀前不能要求有超越本能的反应"成为以后此类案件中被引用的重点。到20世纪下半叶,随着美国城市化和犯

① See Charles S. Sydnor, *The Southerner and the Laws*, The Journal of Southern History, Vol. 6, 1940. 作者指出,大多数南方人生活在"可以称为自然状态"的环境中,他们认识到,为了正常运作,他们的许多行为必须在成文法之外进行。在北方人看来,这种情况似乎是一种走向无政府和混乱的途径,但农场主们认为他们的行为并不比衡平法院的运作更无法无天。

② 据估计,从美国内战结束到1880年美国南部各州共发生了4万起杀人案。南部地区杀人率是全世界的4到50倍。

③ See Joseph H. Beale, *Retreat from a Murderous Assault*, Harvard Law Review, Vol. 16, 1903.

罪率的不断上升,争取更广泛自卫权的呼声也相应提高。虽然大多数司法辖区在使用致命武力之前都保留了一定程度的退避义务,但所有司法辖区都有一个例外,这个例外根植于城堡主义,即允许在家中受到非法侵害的行为人坚守阵地,无论是否有退让的机会均无须撤退可直接进行防卫。

直到2005年,佛罗里达州立法机关审查了法院的判决,对城堡主义的边界进行了划分,形成了“坚守阵地法”。接下来的几年时间更多的州加入了“坚守阵地法”的行列,如2015年2月艾奥瓦州立法机构提出了对自卫法的修正案,要求废除退让义务,2008年俄亥俄州将城堡规则扩大至包括行为人的住所和交通工具内。怀俄明州在同一年重新修订了自卫法。2011年威斯康星州法官在判决中明确指示陪审团被告人无退让义务等。到目前为止,美国有33个州属于不退让州,17个退让州中超过一半的州限制了在使用致命性武力之前履行退让义务的地点或者情形。

由此可见,布朗案开启了美国“坚守阵地法”的形成与发展,尽管该规则引起了美国各界对其激烈的探讨与争议,[①]但由于各方面的因素,不退让法在全国开始蔓延并未有消退之势,从客观上反映了美国对正当防卫与英国不同的态度。该案在美国刑法史上留下了浓重的一笔,成为不退让规则在美国逐步确立的主要依据之一。

第三节　防卫中的合理相信:戈茨案[②]

戈茨案是美国近代史上最有争议的案件之一,是一起涉及采取主观

---

① 坚守阵地法出台后,关于该法对犯罪率影响的争论不断。据估计,通过坚守阵地法的州的暴力犯罪率下降了11%,佛罗里达州的犯罪率在2005年到2012年大幅下降,但批评声依然很高。主要原因在于人们担心有人会利用这一法律作为抗辩事由增加枪支犯罪的概率并造成美国社会种族问题的紧张局势。See Joshua K. Roberts, *Deadly Force and the Right of Self-defense Stand Your Ground Laws*, Forensic Examiner, Vol. 22, 2012.

② 68 N. Y. 2d 96(1986).

和客观标准判断使用致命性武力自卫的案件。该案的审理从一开始就落入了一种政治上的对立矛盾中，一边是公众对“地铁义警”的支持，另一边是政府对有人胆敢僭越国家维持法律和秩序的特权所产生的恼怒态度。[①] 戈茨案涉及种族问题，由于4名受害人并非遵纪守法的公民，而是未受过良好教育、犯有前科的下层青少年罪犯的黑人，由此带来的关于防卫人主观认知的争议在司法界、学术界以及社会舆论中都产生了很大的影响。由于文章篇幅和论述重点的限制，本节仅围绕该案中正当防卫的合理性问题进行分析。

一、案情简介

1984年12月22日星期六下午，被害人特洛伊·坎蒂(Troy Canty)、达里尔·卡贝(Darryl Cabey)、詹姆斯·拉姆瑟(James Ramseur)和巴里·艾伦(Barry Allen)在布朗克斯登上了一列向南开往曼哈顿城的地铁快车。4人一起坐在第7节车厢后面。4人中有2人即拉姆瑟和卡贝的外套里藏着螺丝刀，根据其之后的供述螺丝刀是为撬开录像机的投币箱而准备的。被告人戈茨在曼哈顿第14街上了地铁并坐在4名青年乘坐的同一节车厢后部的长椅上。戈茨带着一把未经许可的38口径手枪并在腰带皮套里装了5发子弹。之后坎蒂和艾伦接近戈茨说：“给我五美元。”坎蒂和其他人都未向戈茨出示武器，戈茨的反应是站起来拔出手枪连续快速地开了4枪。第一枪打中了坎蒂的胸部；第二次击中了艾伦的背部；第三枪打穿了拉姆瑟的胳膊；第四枪是向卡贝开的，当时他正站在车厢的角落里但没打中而是偏向了售票员室的一堵墙。被告人戈茨扫了一眼周围又朝坐在车尾长椅上的卡贝开了一枪。子弹穿入其后背

---

① 在该案发生之前，纽约地铁平均每天发生38起刑事案件。这些城市暴力让美国的城市公民吃尽苦头，人们对这起案件中的枪手充满了崇拜之情。《纽约时报》在报道该起案件时送给这位不明身份的枪手一个外号叫“地铁义警”。尽管当时纽约市长埃德·柯克谴责暴力，但他也毫不掩饰对戈茨的支持并夸张地描述这件案件为义警所为。参见[美]乔治·P.弗莱切：《地铁里的枪声——正当防卫还是持枪杀人》，陈绪纲、范文洁译，北京大学出版社2007年版，第4页。

造成脊髓断裂。除了两名乘客外,其余乘客在枪击发生后立即逃离了地铁。列车员随后进入发生枪击事件的车厢,看到戈茨坐在一条长凳上,受伤的年轻人躺在地上或靠在座位上。戈茨对列车员说那4个年轻人试图抢劫他。经鉴定,被告人的行为造成拉姆瑟和坎蒂身体损害,虽然之后已经完全康复。卡贝处于瘫痪状态且脑部受损。1984年12月31日,戈茨在新罕布什尔州康科德向警方自首并承认他在纽约非法携带手枪已有3年之久。

案件的事实部分本身不存在争议,该案的主要焦点在于在当时随处充满暴力的纽约城突然出现了戈茨这样勇敢的枪手敢于同社会暴力势力针锋相对并以防卫的方式袭击了对方,加上各种社会力量的紧张关系使戈茨的公共形象和法律地位变得不稳定。

戈茨案由巴里·斯洛特纳克律师(Barry Slotnick)辩护,大陪审团于1985年1月25日提交了一份起诉书,指控戈茨犯有1项非法持有武器罪以及2项非法持有武器罪。大陪审团驳回了谋杀未遂、袭击和鲁莽危害的指控。之后检察官请求法院允许他在提供更多证据的情况下将案件重新提交给另一个大陪审团。1985年3月27日,第二大陪审团发回了一份起诉书指控戈茨犯有4项谋杀未遂罪、4项攻击罪、1项鲁莽危害罪和1项非法持有武器罪。这项起诉书与先前的起诉书合并在一起。

1985年10月14日,戈茨提出撤销第2项起诉书,声称检察官关于理由问题的指示是错误的。就在动议悬而未决时,《纽约每日新闻》的一位专栏作家在医院里采访了受害人卡贝。卡贝告诉专栏作家这些人接近戈茨是想抢劫他。第二天,第一批到达现场的警察告诉检察官卡贝已经向他承认他们打算抢劫戈茨。检察官将这一来文通知了法庭和被告人。戈茨随后扩大了他的驳回动议(包括拉姆瑟和在大陪审团面前作证的康蒂肯定作了伪证的说法)。1986年1月21日,刑事法庭批准了被告人的动议,撤销除了鲁莽危害指控以外的所有指控并允许他代表第三个大陪审团。法院的理由是检察官在指控大陪审团关于正当性抗辩时,错误地告诉大陪审团他们必须考虑戈茨的行为是否属于“当时情境下的理性人”。法院认为,对使用致命性武力是否正当的检验应该完全是主观的,重点在于被告人在事件发生时的精神状态。1986 年 4 月 17 日,上诉法院维持了下级法院的判决,促使他向纽约上诉法院提出上诉。陪审团随后判定戈茨非法携带武器罪成立但其他所有指控均不成立,被告人因携带武器被判处一年监禁。

二、法庭审理意见

(一)法院的主要意见

经过整理笔者总结法官围绕该案争议的焦点:行为人是否可以仅凭其主观上的合理相信就可以使用致命性武力进行防卫?法院最终的判决是否定的,即仅仅因为个人主观认为其行为是正当的就可以实施自卫是错误的。“合理性”必须根据被告人面临的情景来确定。

该案的主审法官即纽约上诉法院大法官韦希特勒(Wachtler)认为:(1)刑法承认正当防卫和允许行为人合理相信有必要使用致命性武力的行为,法律并没有确立纯粹的主观标准,合理的行为包括被告人主观相信有必要实施致命性武力且这种主观认知在当时的情境下是合理的。法院认为,使用完全主观的判断标准来确定被告人是否适当地使用致命性武力是非常危险的,因为这将允许陪审团判定每一个相信自己的行为是合理的被告人无罪,无论其理由有多么奇怪。(2)基于与大陪审团证人的部分证词相冲突的传闻证据而驳回起诉是不恰当的。上诉法院恢复起诉的决定主要基于 4 个因素:第一,纽约法律长期以来规定,在自卫被认为是适当的情况下,行为人的主观认知必须符合合理的客观概念;第二,纽约上诉法院的裁决认为,必须证明被告人是一个理性的人,相信他正在遭受被谋杀的紧迫性危险;第三,正当防卫分为两层,第一层是被告人主观认为其行为是必要的,第二层是客观表现出其行为是合理的;第四,立法机关在设立修改刑法和刑法委员会时指出修改法规的动力来自澄清和更新结构不合理的法律要求。

（二）合理相信的判断标准

从1985年3月第二个陪审团作出提起公诉的裁定到1986年7月纽约州上诉法院判决为止，戈茨案法庭争议的焦点一直是关于正当防卫的合理相信问题。纽约州《刑法》第35条确认了正当性抗辩事由中允许在某些情况下使用武力的情况。[①] 其中一种情况涉及为自卫而使用武力，包括自卫和防卫他人。纽约州《刑法》第35.15(1)条规定了所有使用此类武力的一般原则："行为人在合理相信使用防卫武力是保护自己或第三人免受他人侵害所必要时有权使用武力。"第35.15(2)条就使用"致命性武力"的一般原则作出进一步限制："在第一部分所述的情况下，一个人不得对他人使用致命性武力，除非(a)他有理由相信对方正在使用或即将使用致命的武力或(b)他有理由相信，该他人正在实施或企图实施绑架、强迫强奸或抢劫。"

戈茨案中，纽约州检察机关所采用的是纯粹的客观性判断标准。当检察官提出指控时一名大陪审团成员要求其澄清"合理相信"一词的含义。检察官的答复是，要求大陪审团考虑案情发生时的情境并确定"根据被告当时的情境确定被告的行为是否符合理性人的行为"。正是检察官的这一答复，特别是他对理性人的解释成为下级法院驳回指控的基础。上诉法庭在意见书中反复表述，由于纽约州《刑法》第35.15条使用了被告人"合理相信"的法律术语，法院认为合理的检验标准应该是被告人的主观认知和反应在当时的情境下"对他来说是否合理"。根据对法条的解读，陪审团相信被告人的陈述，提到被告人戈茨认为自己的行为是正当且合理的。因此，无论其他处于被告人情境的人会作出何种反应法庭均应宣告其无罪。

韦希特勒法官认为应采用主客观相结合的方式进行认定。检察官指示陪审团的这种解释违反了法条中"合理"的一般含义和意义，并误解了纽约州立法机关在颁布纽约州《刑法》第35.15条时的明确意图，即应

---

① See People v. McManus, 67 N. Y. 2d 541, 545, 505 N. Y. S. 2d 43, 496 N. E. 2d 202.

当保留客观因素,作为授权使用致命武力的任何条款的一部分。长期以来,纽约州《刑法》编纂了习惯法所认可的权利,即在适当情况下,允许在自卫中使用致命的武力。这些规定从未要求行为人对他人意图造成严重人身伤害的主观认知是正确的,以便证明使用致命性武力是正当的。但他们一致要求主观相信必须符合理性的客观概念。1829 年的法规使用的语言在 1965 年重新修订刑法之前几乎全部得到遵循,其中规定,当行为人合理相信侵害人企图犯下重罪或试图造成重大的人身伤害且这种危险具有紧迫性时,使用致命性武力进行自卫或防卫他人是正当的。法官引用了肖特案[①]中的观点:即使行为人的主观认知之后被证明是错误的,根据法律规定使用致命性武力也是合理的。需要注意的是,这种主观相信必须有一个客观的合理基础。法庭明确拒绝纯粹的主观性判断标准,即被告人只需要主观上相信使用致命性武力是必要的就足以,无论其认知是否合理。

法院坚决反对纯粹的主观判断标准,即行为人认为对方意图造成严重伤害的任何主观认知都是他使用致命性武力的充分依据,并特别指出,仅仅基于恐惧、幻想、遥远的传闻或纯粹妄想的主观认知是不符合法令要求的。1961 年立法机构设立了刑法修订委员会,作出更新刑法决定的动力部分来自美国法学研究所起草的美国《模范刑法典》,以及现有的法律不完善和在许多方面过时的事实。1967 年 9 月 1 日,纽约州现行《刑法》生效,将美国《模范刑法典》中关于正当理由的规定作为一般准则。根据美国《模范刑法典》第 3. 04(2)(b)条的规定,被控谋杀(或谋杀未遂)的被告人只需表明,他认为使用致命性武力是保护自己免受死亡、严重身体伤害、绑架或强奸所必需便可主张自卫。然而,如果被告人的认知是错误的或因鲁莽或疏忽所形成的,他可能被判的杀人指控类型需要视犯罪意图的情况而定。美国《模范刑法典》的起草者认识到,第 3. 04 条所规定的完全主观的标准与大多数州的现行法律不同,因为它没

① 2 N. Y. 193.

有规定任何“合理性”的要求。起草人也敏锐地意识到要求行为人有“合理的认知”而不仅仅是一个完全主观的认知。

纽约州新《刑法》将主观认知标准限制在了一定的范围内。该法的起草者在很大程度上通过了美国《模范刑法典》第3.04条的结构和内容,但至关重要的是在“相信”之前插入了“合理”一词。多数人同意了辩护律师的观点:从1965年以前使用的纽约州《刑法》第35.15条合理理由(reasonable ground)到合理相信法定术语的变化表明,符合美国《模范刑法典》第3.04条所包含的主观标准的立法意图。但法院认为,这一论点忽略了插入“合理”的明显意义。如果纽约州《刑法》第35.15条的起草者想采用一种主观标准,他们可以简单地使用美国《模范刑法典》第3.04条的表述,单纯要求被告人对使用致命性武力的必要性有诚实或真诚的信念。解释该法条只需要认定,无论被告人的主观认知是否正确,只要求对他来说是合理的即可,在任何一种情况下被告人自己的看法可以完全免除他的任何刑事责任。

法官认为,不能通过单纯的主观判断标准就使一个犯有严重罪行的人轻易获得自由。无论他的思维模式有多么异常或古怪,完全为他开脱将允许公民为允许使用武力设定自己的标准。他还将允许一名具有法律资格的、患有妄想的被告人违反司法和刑法的基本原则而不受惩罚地杀害或实施暴力行为。

被告人认为引入客观判断标准的弊端在于其将排除陪审团考虑某一特定行为人的以往经验等因素。然而,这一论点错误地预设了客观标准意味着必须忽略特定行动者的背景和其他相关特征。相反,判断被告人是否合理必须以被告人所处的“情况”或他的“情境”为依据。[①] 这些术语包含的不仅仅是潜在攻击者的身体动作,还包括被告人对对方任何方面的了解,如所有涉案人员的身体特征。此外,被告人的情况包括他

---

① See E. g. ,People v. Ligouri,284 N. Y. 309,316,31 N. E. 2d 37; People v. Lumsden,201 N. Y. 264,268,94 N. E. 859.

以前的任何经历,这些经历可以为相信对方企图实施伤害或抢劫,并在这种情况下使用致命性武力是必要的提供合理的依据。因此,应指示陪审团在权衡被告人的行为时考虑这类证据。

陪审团必须首先确定被告人是否具有纽约州《刑法》第35.15条规定的主观相信,即是否相信使用致命性武力是必要的,以避免立即使用致命性武力或犯下其中列举的一项重罪。如果人们没有超越合理怀疑证明他没有这样的信念,那么陪审团也必须考虑这些信念是否合理。陪审团必须根据所有的情况,决定一个理性的人是否会有这样的主观认知。因此,检察机关对第二大陪审团的指示是,必须确定在这种情况下戈茨的行为是否符合一个理性人的行为。

三、评价:主客观相结合的"合理相信"认定标准

戈茨案所涉及的问题较为复杂,例如,国家与城市安全问题、种族问题,但正当防卫一直是该案所讨论的核心议题。其中围绕合理性与正当防卫制度的作用与意义是本书所关注的两大主题。本书不过度探讨该案发生时美国或者纽约州的社会环境或政治环境,仅针对正当防卫中的合理性与情感问题进行分析。

(一)正当性防卫中"合理相信"

戈茨案争议的中心问题之一是正当防卫中防卫人的主观认知合理性的问题。合理性的中心焦点是理性人(通情达理之人),判断合理的传统方式是考察理性人在同样的情境下将如何行为。19世纪英美国家中理性对普通法语言产生了重要的影响。"合情合理"一词进入律师和法庭的日常用语中。"合理性"居于美国法律思想的中心,其作为美国法律中的关键概念与大陆法系国家的观念截然不同。欧洲大陆的法院认为至少在名义上真理属于正当和真实的法律。但是对于美国而言,理性更多变成了包容的精神。有时候防卫人的主观认知事后被证明是错误的,但其错误的认知可能是合情合理的。正像弗莱切所言:"即便处于这样

一个我们倾向于相信正确与错误是存在于旁观者眼中的时代，法律必须保护理性的核心，来防止不合理的极端行为。”[①]这就是戈茨案到纽约州上诉法院判决中围绕的中心问题所在。

被告人合理相信他正在面临紧迫性不法侵害且必须使用致命性武力进行防卫。被告人主观上认为他所认知的事物都符合法律规定。唯一重要的是被告人是否真诚地相信。该案中，公诉方采用了客观性判断标准而辩方显然采用了主观性判断标准。在客观标准之下被告人戈茨的主观认知和恐惧是不合理的，其应承担相应的刑事责任。客观标准的问题在于若诉诸“一个理性人在同样的情况下的反应”这一标准来判断，意味着被告人的真实感受或真诚的主观认知将变得无关紧要。那么，法院审理的对象将永远是一个所谓的“理性人”而非被告人本身。客观标准在纽约州从19世纪中叶到1965年《刑法》重新制定颁布为止一直占据着主要地位。美国《模范刑法典》的颁布使这种客观主义标准有了新的转向，美国《模范刑法典》起草者认为传统的法律思路存在的最大问题是在出现错误自卫的情况下，被告人要么完全成功地为自己辩护，要么根本没有辩护余地。如果被告人所犯的错误是合理的，他可能依据正当防卫而无罪获释。如果他所犯的错误是不合理的，他就完全丧失了辩护依据。这种全有或全无的解决模式与法律对理性的要求并不相符。美国《模范刑法典》的解决思路则采用了主观主义的判断标准，对自卫必要性条件下真诚但错误的主观认知的行为人无须负担刑事责任。

弗莱切认为依赖理性人的“虚拟标准”分散了人们对真正问题的注意力，这个真正的问题就是具体被告人的“心智上的罪责”。回到主观标准是唯一可以认识到刑法独特功能的途径，这个独特功能就是：“依据行为者的罪责和其行为惩罚道德上有罪责的行为人。”[②]法院最后也选择了

① [美]乔治·P. 弗莱切：《地铁里的枪声——正当防卫还是持枪杀人》，陈绪纲、范文洁译，北京大学出版社2007年版，第48页。

② [美]乔治·P. 弗莱切：《地铁里的枪声——正当防卫还是持枪杀人》，陈绪纲、范文洁译，北京大学出版社2007年版，第72页。

主观性的标准,最后即使戈茨的主观认知被证明是不合理的,但他仍然无须受到刑法谴责,因为他真诚地认为当时正在做正当的事情。只有在考察一个人的意识状态、心智状态时发现行为人选择了做邪恶的事情,即明知自己的行为会侵犯他人的权利依然选择实施非法行为。这是纽约州上诉法院最终的选择,即背离了州立法规定的看似客观的标准,采用了偏主观化的判断模式,在假想防卫的案件中根据被告人当时所处的环境判断实施认识错误是否合理,如果合理便可免除其罪责。

(二)主客观相结合的认定标准:正义与理性的选择

国家的产生以及对暴力的垄断是近现代司法制度存在的基础。当暴力成为私人之间解决冲突之时法治也就名存实亡了。但根据国家产生的理论来看,国家对暴力的垄断必然以保护公民免受他人非法侵害为责任。若个人面临紧迫性的非法侵害而公权力无法及时介入时,国家暴力必须允许公民运用个人力量以自保。弗莱切对正当防卫背后的价值作出了经典的评述:“探究国家保护我们的责任与个人使用暴力,甚至是致命暴力击退和消除侵犯者的权利之间的界限,变得无比重要。并不存在一个简单的规则来划定国家权力和个人自保权力之间的界限。而这一探究本身激起对居于司法制度根基的种种价值观的辩论。”[①]根据前文所述,正当防卫的基本构成要件包括紧迫性、必要性、比例性等内容,这些要件几乎存在于全世界所有国家的司法制度中,只是具体的语言表述有所不同。然而,构成要件的法律术语表达仅是法律语言的外在表现,在具体的司法实践中却呈现出差异巨大的判决结果。究其原因,不过是法律背后理念、道德与意识形态之间的较量,正当防卫无法具体化表达的特性意味着必须依靠法律解释才能实现司法实践的现实转化,而法律解释的背后是各种力量之间的对决。正如弗莱切所言:“我们可能在讨论自卫问题时术语是一致的,但是当我们忠实于某些未曾表达的理论

---

① [美]乔治·P. 弗莱切:《地铁里的枪声——正当防卫还是持枪杀人》,陈绪纲、范文洁译,北京大学出版社2007年版,第23页。

时,就分道扬镳了。”[①]

从人类情感的角度来看,来自内心的正义感使得我们更倾向于将正当防卫看作一种公正的惩罚形式。正如戈茨在法庭上为自己的行为辩驳的那样:“他们活该。”根据第二章论述的正当防卫的原理中所提到的侵害人值得保护下降说,侵害人得到了法律所认可的惩罚。然而,这种出于纯粹正义原则的情感在具体适用的过程中会变得难以捉摸,对于正当防卫的构成要素,如必要性、紧迫性的界限也会变得模糊不定。因此,法律只能选择从理性的角度去限定,将正当防卫限定在某种非法侵害行为是否可以适当地引发受害人防卫反射的问题上。此时,非法侵害人的总体品格就不再是判断行为正当性的核心要素。

正当防卫的本质并非惩罚,而是防卫人根据非法侵害人所实施的攻击作出应有的防卫反应以保护自己的合法权利。但防卫反应的限度因不同的理念而受到不同程度的限制。如倡导个人主义的学者认为,正当防卫只需以保护防卫人的合法权利出发即可;关注公共利益的学者认为,侵害人与防卫人一样享有同样的权利,当防卫人对侵害人的行为造成过高的代价时,防卫人的权利会因此受到限制。不同的理念又会受到当时的社会环境、意识形态等因素的影响。关于正当防卫,人们一直想寻找最正确的标准去指导公民的行为,但不可否认的是这一制度不可避免地将受到外部环境的影响。此时,正义与理性便成为一对孪生兄弟,无论外部环境如何变化,正义始终应成为衡量一切制度的最低准绳。

综上所述,戈茨案之所以引人入胜,是因为伯恩哈德·戈茨的性格和动机就像正当性抗辩事由的理论视角一样复杂。该案涉及的信息十分复杂,包括易怒的、可怜的、报复心强的、种族主义等各方面的信息。但最重要的是当事人主观认知判断的变化过程以及由此透露出的正当防卫背后的本质问题。戈茨案所遵循的判断标准既不是纯客观主义的,

---

① [美]乔治·P. 弗莱切:《地铁里的枪声——正当防卫还是持枪杀人》,陈绪纲、范文洁译,北京大学出版社2007年版,第33页。

也不是纯粹的主观主义标准,而是一种混合型的标准,即主客观相结合的认定标准,这也是当前美国多数州的主要态度。弗莱切教授通过《自卫的犯罪》一书对陪审员的努力,对犯罪学说和犯罪理论进行了令人印象深刻的研究,其所揭示的戈茨案之复杂性使一件重要的防卫案件熠熠生辉。

第四节 防卫在受虐妇女杀夫中的适用:凯利案[①]

受虐妇女杀夫案是正当防卫中较为特殊的一种情况,受虐妇女综合征在此类案件中的运用使受虐妇女得以以正当防卫为由进行辩护。但需要注意的是,在美国各州的诉讼程序中受虐妇女综合征仅作为一种专家证据供陪审团参考,专家证人不能由此判断该妇女的主观认知是否合理。

一、案情简介

凯利案发生于美国新泽西州。1980 年 5 月 24 日,被告人格拉迪斯·凯利(Gladys Kelly)用一把剪刀刺伤了其丈夫欧内斯特(Ernest),不久其丈夫就去世了。凯利受虐开始于其婚后的第二天。虽然最初在家暴之后他们恢复了平静的生活,但在以后的 7 年婚姻生活中,被告人凯利经常遭受周期性的殴打有时甚至一星期一次,其丈夫通常会在喝醉时对凯利施暴。在殴打期间他威胁说,如果凯利试图离开,他就杀死她并割下她的身体的一部分。凯利经常在遭遇袭击后离家出走,之后回来时其丈夫承诺会改变自己的生活方式。在凶杀案发生之前只有一场殴打是在公开场合发生的。

案发当天被害人欧内斯特去上班。直到下午,凯利在一个朋友家看

---

① State v. Kelly 478 A. 2d 364(NJ 1984).

到了她丈夫。她和女儿向欧内斯特要钱买食物。欧内斯特让凯利等他们到家后再走,很快凯利一家就走了。经过几栋房子后,喝醉了的欧内斯特生气地问:“你跑到这里来干什么?”然后他抓住凯利的衣服领子,用手掐住了她的喉咙并用拳头殴打她的脸,撕咬其腿部。二人的行为引来了人群的围观。有两个人将他们拉开,女儿被人群挤散,欧内斯特找到女儿后举着双手朝凯利走来。被告人凯利不确定其丈夫是否在寻找女儿的过程中携带了武器并认为他回来是要杀她,于是凯利从口袋里掏出一把剪刀,本想把他吓跑却刺伤了他。

一审中,凯利被指控犯有谋杀罪。在审判中她没有否认刺伤丈夫,但坚称自己的行为是出于自卫。为了为自己的自卫声明确立必要的心理状态,凯利请洛伊斯·维洛宁(Dr. Lois Veronen)医生作为专家证人为被殴打妇女综合征作证。在听取了维罗宁医生冗长而严峻的检查后,新泽西州初审法院裁定,在自卫问题上有关受虐妇女综征的专家证词不予受理,凯利被判过失杀人罪。后该案上诉至新泽西州最高法院进行审理,审理过程中新泽西州的首席大法官罗伯特·威伦茨(Robert Wilentz)发表了著名的审理意见,认为受虐妇女综合征可适用于该案并裁定撤销原审判决重新审理。

二、案情分析:受虐妇女综合征的适用

凯利案的核心问题是初审法院是否错误地排除了有关殴打妇女综合征的专家证词。这一证词是否可以解释被告人的精神状态并以此支持其自卫主张。随着受虐妇女问题开始受到更多关注,社会学家和心理学家开始关注持续的身心虐待对妇女的影响。该案中首席大法官罗伯特·威伦茨发表了著名的审理意见。本节对其精彩的观点进行概括归纳。

罗伯特认为凯利案与受虐妇女综合征紧密相关。“受虐妇女综合征”指长期受到生活中占主导地位的男性在身体和心理上虐待的女性所表现出的一系列共同特征。前面章节中对受虐妇女综合征进行了详细

的描述,其中沃克博士是研究被殴妇女心理问题的专家,她对被殴妇女进行了定义:“不断地遭受男性的任何强有力的身体或心理伤害以强迫她做他想做的事而不考虑其权利。受虐妇女包括妻子或与男子有任何形式亲密关系的妇女。此外,为了被划分为被殴妇女,夫妻必须至少经历一次殴打周期。任何一个女人都可能会发现自己曾经和一个男人处于一种虐待关系中。如果第二次发生这种情况,她仍然处于这种情况下便被定义为被殴妇女。”①

根据沃克博士的说法,以身体暴力为特征的关系往往会发展成打击周期。针对妇女的暴力行为分为 3 个不同的、重复的阶段,持续时间和强度根据参与者的不同而不同。正如法院所总结的,专家证词认为殴打周期的第一阶段,即“紧张的建立阶段”,包括轻微的殴打事件和虐待。在第一阶段的某个时刻,受虐妇女和施虐者之间的紧张关系变得无法忍受,不可避免地会发生更严重的暴力。第二阶段涉及“激烈的殴打行为”,殴打行为通常由男性生活中的内部事件或外部事件引发,但有时无法忍受或控制其第一阶段的愤怒和焦虑的女性会挑起更严重的暴力。第三阶段的特征是极端的忏悔和爱抚行为,施暴的男性通常会请求原谅,承诺停止饮酒和寻求专业帮助。沃克博士证实,对于一些夫妇来说,这段相对平静的时期可能会持续数月之久,但男人的忏悔最终会消退,第一阶段的事件会开始循环。

殴打行为的周期性有助于解释为什么更多的女性不离开施虐者。爱的行为证明在第三阶段中,这些女性会强化她们对伴侣改过自新的所有希望并将她们束缚在这段关系中。一些女性甚至认为这种殴打周期是正常的,特别是如果她们成长在一个对立的家庭……然而,其他妇女由于无法预测或控制暴力行为而变得相对不正常以致陷入心理麻痹的状态,根本无法采取任何行动来改善其生活情况。受虐妇女有一种倾

① Lenore E. Walker, *Who Are the Battered Women*?, Frontiers: A Journal of Women Studies, Vol. 2, 1977.

向,她们相信施暴的丈夫能力巨大,因而会感到任何抵抗都是徒劳。

除了物质和社会资源的缺乏常常使一些女性难以从受伤害的关系中解脱出来,更重要的原因是这些妇女还可能无处可去。此外,一个舍弃子女而离开家庭的女人通常遭受名誉上的侮辱,这无疑会成为她们离开现有家庭的另一个阻碍因素。被殴打的女性在想要离开这段关系时,通常不愿意向朋友、家人或警察吐露心声,要么是出于羞愧,要么是害怕遭到丈夫的报复,要么觉得自己不被信任。

沃克博士和其他评论者已经确定了被殴妇女的几个共同的人格特征:自卑,对家庭和女性角色的传统观念,对婚姻失败的强烈负罪感以及愿意替施暴者承担责任。所有这些症状的结合,由于持续的心理和身体创伤再加上社会和经济因素的恶化构成了受虐妇女综合征。只有理解这些迫使受虐妇女与配偶继续生活在一起的独特压力,才能准确而公平地理解受虐妇女的心理状态,因为她们长期以来对严重的身体伤害有着合理的恐惧。

凯利案中维罗宁医生的证词是由被告人凯利提出的,基本符合受虐妇女综合征的描述。此外,维罗宁博士准备作证,说明凯利作为一名受虐妇女已经认识到自己的处境以及尽管忍受了不断的殴打却没有离开她的丈夫的原因。

在该案中是否应该接受有关受虐妇女综合征的专家证词,取决于它是否与被告人的自卫要求有关。在正当防卫中使用致命性武力存在多种限制,除非行为人有理由相信实施武力是保护自己免受死亡或严重身体伤害所必需的,否则使用致命性武力不属于正当的行为。被告人凯利主张她刺伤丈夫是出于自卫,她认为其丈夫要杀她。新泽西州认为该案的要点是凯利是侵害人,她企图刺死其丈夫的行为显然不是自卫。该案中凯利主张的可信度是一个关键问题。如果陪审团不相信凯利的说法,就无法认定她的行为是出于自卫。专家提供的证词与该陈述的一个关键要素直接相关,即凯利在被刺时的主观认知以证明她真诚地相信面临迫在眉睫的死亡危险。具体地说,通过证明她以往的经历,维罗宁博士将帮助陪审团发现凯利可能真的忧虑其将遭受来自丈夫严重的身体伤害。根据该案的事实发现,专家证词可以用来表明她真诚地相信自己正在面临迫在眉睫的死亡危险。

自卫主张的核心是被告人的经历,凯利在婚姻关系存续期间多次遭受“殴打”,当这种常见的严重身体虐待与被告人声称死者有时威胁要杀她的说法结合在一起时,在这种情况下,当她看到其丈夫朝她跑过来时她条件反射认为自己可能面临被杀的危险,这可以被认为是一种合理的恐惧。换言之,如果陪审团相信凯利的经历就能找到证据。这名专家的证词所要陈述的关键问题是被告人既然经常遭受严重的殴打并受到伤害的威胁,为何不离开家呢?大部分人包括普通的陪审员都会提出类似的疑问。大多数人都相信一个普遍的误解,受虐待的妻子可以自由离开其所处的环境。甚至有人认为妻子是受虐狂。这些疑问都可以通过受虐妇女综合征来澄清。

但陪审员根据自己的经验和逻辑可能会得出完全错误的结论。在听取了专家的意见后,陪审团没有说凯利不可能被打得这么惨,因为如果她被打了她肯定会离开的,由于专家的辅助陪审团得出这样的结论:她没有离开实际上加强了可信度,而不是对她关于先前殴打的严重程度和频率的证词的准确性提出疑问。

但在案件审理过程中,专家对案件性质的判断是有限度的,即专家无权论断被告人当天的主观相信是合理的,因为专家的知识领域仅涉及被告人没有离开她丈夫的原因。陪审团要么接受要么拒绝这个解释,并在此基础上作出被告人是否具备合理相信的判断。该案法院认为,被殴妇女综合征有充分的科学依据,该案的记录令人信服地确立了被称为“受虐妇女综合征”的临床心理状况的专业接受度和科学可靠性。因此,法院推翻初审认定被告人过失杀人罪的判决,允许重新审理有关被殴妇女综合征的专家证词的普遍可采性问题。

三、评价:正当防卫中受虐妇女的特殊性

关于受虐妇女杀人案在正当防卫中的运用至少涉及 3 个方面的问题。

首先,受虐妇女综合征的证据是否与被告人行为的合理性有关。在凯利案中法院的回答是肯定的。大多数法院同意受虐妇女综合征的证据与合理性有关,但只是在有限的范围内。如加利福尼亚最高法院在汉弗莱案[①](People v. Humphrey)中所阐述的观点:“加州陪审团在确定客观合理性时必须从被告人的角度来看待这一情况。检察机关认为从理性人的标准来看,被告人没有理由去拿那把枪。布朗克博士的证词提供了陪审团可能不会考虑的问题,即随着时间的推移和暴力次数的增加,受虐者可能变得敏感从而能够准确地辨别危险是否是真实存在。”艾尔利案(State v. Allery)中法官认为:“为了有效地呈现被告人所认为的情况及其恐惧的合理性,辩方可以选择解释她的感受从而使陪审团克服对仍处于受虐关系中的妇女的刻板印象。通过使用专家证词向陪审团提供关于受虐妇女综合征及其对妇女影响的专业解释。”[②]因此,在美国,大多数法庭都承认将受虐妇女综合征作为证据判断来被告人行为的合理性。该妇女的恐惧是否合理以及她的行为是否合理都不是陪审团和其他人完全清楚的问题。陪审团需要专家的证据来证明其合理性。

其次,凯利案反映了受虐妇女合理性的判断标准问题。若采用纯粹的客观主义标准将过于苛刻,因为它忽略了被告人的特殊性从而使其处于一个根本无法满足的标准。如果防卫人是年轻人、残疾人或盲人,那么法律不应该期望他们的行为像一个正常的成年人一样作出同样的行为反应。另外,如果理性人拥有防卫人的所有特征,那么这个标准就失去了规范性的组成部分,而且会让那些脾气暴躁、好斗和莽撞的人肆意

---

① People v. Humphrey 13Cal. 4th 1073,1086 - 1087(1996).

② State v. Allery(1984). 682P2d. 312,316.

妄为,他们看到了伤害的威胁而其他人却看不到,他们对似乎唾手可得的逃脱机会视而不见。这些人可能没有杀人犯的主观恶性大,但无论从事实还是法律上来说,他们的行为都无法被认定为具有正当性。

在此情形下,“合理性”可能有两种含义。被殴妇女的经历以及所患的综合征使其比普通人更能敏锐地判断实际所面临情况的严重性。但如果受虐妇女在丈夫熟睡时将其枪杀,据周围人的反映,丈夫并未打算对其做任何事情,应如何解决?如果受虐妇女在杀人前并未遭受严重的身体伤害,那应如何处理?美国学者辛西亚(Cynthia)认为,在这种情况下“合理性”的认定以及受虐妇女综合征的证据并不能充分证明行为人相信需要实施致命性防卫武力的必要性。相反,这是出于对保护她个人所处环境的同情和对施暴者行为的厌恶而要求放弃对自我防卫的限制。[①] 她认为这些标准在家里比在外面更有意义,在作为施暴者的丈夫身上比在其他人身上更有意义,因此,受虐妇女认为危险具有紧迫性是“合理的”。

最后,关于科学可靠性的问题。一方面是关于专家证据的法律规定。在凯利案被判决时法院对受虐妇女综合征的专家证词是否足够可靠,是否允许将它提交给陪审团产生分歧。但现在美国法院和立法机构压倒性地接受了该证据的可采性。[②] 在一些司法管辖区这个问题是通过法律来解决的。例如,加利福尼亚州的证据规则规定:“关于殴打亲密伴侣及其影响的专家意见证词不应被视为一种可靠性未经证实的新科学技术。”[③]得克萨斯州的规定更为广泛,不局限于亲密伴侣的案件。[④] 另一方面是关于科学的问题。对受虐妇女综合征研究方法的关注从一开始

---

① See Cynthia K. Gillespie, *Justifiable Homicide: Battered Women, Self-Defense, and the Law*, Criminal Justice Policy Review, Vol. 4, 1990.

② See States v. Townsend 897 A. 2d 316 (N. J. 2006); Rogers v. States 616 So. 2d 1098, 1100 Fla. Dist. Ct App. 1993.

③ Cal. Evid. Code § 1107(b)(2011).

④ See Tex. Penal Code § 19. 06(2011).

就得到了认可。有学者注意到沃克的关键研究没有明确“暴力循环”中“爱的忏悔”阶段的性质，也没有明确的理论依据表明受虐妇女表征习得性无助的因素是确定的。[①] 沃克的研究也没有明确指明妇女经历暴力循环的各个阶段，戴维德·L. 费曼（David L. Faigman）的数据表明，被认为遭受虐待的妇女中最多只有58%经历了这3个阶段。该文认为自卫案件中的核心主张——受虐妇女形成“习得性无助”并相信自己无法逃离，缺乏可证实的数据。随后的研究进一步加深了这种担忧。例如有学者提道：“完整的研究既没有为习得性无助提供任何清晰的概念，也没有任何充足的理由证明受虐妇女会经常表现出这种症状。根据所审查的数据发现，受虐妇女并不会患有习得性无助症。”[②]但这些研究未能阻止美国法律和判例法在很大程度上仍倾向于支持有关受虐妇女综合征的专家证词。从另一个方向来看，一组新出现的数据表明，殴打尤其是导致脑震荡时，会改变受害者的大脑化学成分促使其攻击性增强，并增强对未发生殴打行为的恐惧。[③]

综上所述，受虐妇女综合征在美国法律与判例中已经被广泛采纳，这一证据对证明被告人杀人行为的正当性具有重要的意义。虽然这一主题在正当防卫制度中并不属于核心构成要素，但在保护妇女在家庭暴力中的人身安全方面功不可没。受虐妇女杀人行为的正当性问题本质上与正当防卫制度设计的初衷殊途同归，这一证据在美国以及世界其他国家的采纳对我国司法实践的发展也有重要的参考价值。

---

① See David L. Faigman, *The Battered Woman Syndrome and Self-Defense: A Legal and Empirical Dissent*, Virginia Law Review, Vol. 72, 1986.

② Robert F. Schopp, Sturgis Barbara J. & Sullivan Megan, *Battered Woman Syndrome, Expert Testimony, and the Distinction Between Justification and Excuse*, University of Illinois Law Review, Vol. 1, 1994.

③ See Jozsef Meszaros, *Achieving Peace of Mind: The Benefits of Neurobiological Evidence for Battered Women Defendants*, Journal of Law and Feminism, Vol. 23, 2011.

第五节　混合型防卫财产的适用:塞巴洛斯案①

财产防卫是防卫的主要类型之一,塞巴洛斯案的特殊性在于该案同时涉及陷阱装置、财产防卫以及住宅防卫 3 大问题,尤其在美国陷阱装置在正当防卫中的应用问题上,普通法规则与制定法存在一定的差异。

一、案情简介

塞巴洛斯案发生于美国加利福尼亚州,被告人博克 · J. 唐 · 塞巴洛斯(Burke J. Don Ceballos)被陪审团裁定因用致命武器(钢笔)攻击他人有罪(Pen. Code, § 245),之后被判为缓刑。被告人独自住在圣安瑟莫的一所房子里。他通常住在车库上层的房间但有时睡在车库,室内有价值约 2000 美元的财产。1970 年 3 月,被告人家中的一些工具被盗。1970 年 5 月 12 日,他发现车库门上的锁是弯曲的,其中一扇门上有被撬的痕迹。第二天,他在车库里装上了一把上了膛的手枪,手枪瞄准车库门的中心,用一根铁丝与其中一扇门相连,若门被打开几英寸,手枪就会发射子弹。

1970 年 5 月 15 日下午,一名叫斯蒂芬(Stephen)的 16 岁男孩和一名叫罗伯特(Robert)的 15 岁男孩撬开了塞巴洛斯的锁。二人趁其不在家时潜入室内,其身上未携带枪支或刀具。斯蒂芬从窗户里看了看,没有看到任何人之后用撬棍成功地撬开了车库门上的锁。当他把门拉开时手枪里的一颗子弹打中了他的面部。斯蒂芬辩论道:他打算去车库拿走音乐设备,因为他欠了一个朋友的债。计划拿走(被告人的)财产并将其出售,之后用所得款项偿还债务。被告人在法庭上承认自己在车库门口设计了一把枪。5 月 12 日,被告人注意到车库门上的撬痕后认为自己

---

① 526 P. 2d 241(Cal. 1974)Supreme Court of California.

应该设置某种陷阱装置让窃贼远离其家。当法官问其为何要阻止窃贼时他回答:“因为有人想偷我的财产。”被告人说他只是想保护自己的财产以防被盗。最终陪审团裁定被告人使用致命武器攻击罪成立。这种攻击是“以非法伤害为目的,利用现有的能力对他人造成暴力伤害”。(Pen. Code, §240)

二、案情分析:使用陷阱装置防卫财产的性质

塞巴洛斯案争议的焦点是行为人是否有权使用致命武力(或装置)防止死亡或身体受到严重威胁的入室盗窃行为。加利福尼亚州最高法院的判决结果为行为人使用致命性武力保护自己的财产免受盗窃是不合理的。该案中被告人辩称若其当时在场,射杀斯蒂芬的行为是正当的,因为斯蒂芬企图实施盗窃。被告人律师引用了吉列姆案(United States v. Gilliam)①中的观点,即被告人有权利间接地做他可以直接做的事。因此,该案被告人对斯蒂芬实施暴力伤害的企图并非“非法”。但法院认为吉列姆案的规定不健全。从法律上看,使用枪支构成过度使用武力,在任何情况下都不应该使用致命性武力防卫财产。

加利福尼亚州最高法院得出结论,如果行为人在其场所内设置致命的机械装置且该装置导致他人死亡或受伤,则其应当承担刑事责任或民事责任。但对于这种装置造成的死亡或伤害可能负有刑事和民事责任这一规则的例外情况已得到承认,即如果事实上案发当时行为人在场,其使用防卫武力且造成他人生命或身体伤害的行为是正当行为。

允许公民自担风险使用致命机械设备会危及在其活动范围内行动的儿童、消防员和警察及其他人的生命。在行为人在场的地方,他会意识到致命性武力是不必要的,但致命的机械装置是无情的或无判断力的。这些装置是无声的死亡工具。“他们在没有丝毫警告的情况下对无辜的人和罪犯进行致命性的毁损。用这种方法夺取人的生命或对身体

---

① 25 Fed. Cas,1319.

造成巨大伤害是残忍的不人道的。”[①]因此，不应鼓励使用这种装置。此外，无论在侵权行为中如何考虑，上述规定对此类装置造成的死亡或伤害承担例外责任的规则在刑法中是不适当的，因为其中没有规定可行的行为标准。同时，根据加利福尼亚州《刑法》第197条的规定，以下情况中杀人是正当的：(1)抵抗任何企图杀人、犯重罪或造成重大人身伤害的非法侵害行为；(2)为保护住所、财产或人身而对明显企图以暴力或恐吓方式实施重罪的人进行抵抗。因此，斯蒂芬的射击行为是不正当的。

根据加利福尼亚州《刑法》第197条第1款的规定，应该允许行为人以杀人的方式来防止一切“重罪”行为，但考虑到大量重罪和许多不涉及严重肢体暴力的危险，对这一节字面解读是不可取的。在加利福尼亚州的琼斯案（People v. Jones）[②]中，从加利福尼亚州《刑法》第197条第1款中可以看到，重罪是“企图用武力犯下的残暴罪行”。当犯罪性质和犯罪行为没有对行为人造成重大人身伤害的合理恐惧时，无权强制剥夺他人的生命。琼斯案涉及加利福尼亚州《刑法》第197条的第1款，但第2款的规定是有限的。只有面对强制性的和残暴的罪行，为防止重罪而杀人或使用致命性武力才被认为是正当的。残暴的罪行包括谋杀、蓄意伤害、强奸和抢劫。在这些罪行中行为人的生命、人身安全或重大伤害的情况要么是处于危险之中，要么被认为是处于危险之中。[③] 但法院认为加利福尼亚州《刑法》第459条规定的盗窃行为范围广泛，与普通法对该罪行的定义相比，并不能说第459条规定的盗窃行为在任何情况下都构成强迫、残暴的犯罪。如果盗窃的性质和方式没有合理地造成对重大人身伤害的恐惧，行为人就没有理由实施致命性的防卫。

该案中的盗窃行为并没有造成死亡或严重的人身伤害，由于当时只有斯蒂芬和罗伯特在该房屋内，仅凭侵入者的行为足以证明被告人有正当理由，即被告人在场的情况下相信侵入可能造成死亡或严重的人身伤

① State v. Plumlee, 149 So. 425, 430.

② People v. Jones, 191 Cal. Lum App. 2d 478, 481.

③ See United States v. Gilliam, supra, 25 Fed. Cas. p. 1319, 1320.

害。但该案中被告人并不在场,故被告人不能免于承担责任。根据加利福尼亚州《刑法》第197条第1款或第2款的规定,被告人射杀斯蒂芬以阻止其实施盗窃行为是不正当的。因此,使用致命性机械装置以防卫财产的行为是不正当的。

三、评价:财产防卫与住宅防卫的混合适用

塞巴洛斯案主要涉及两个问题,一是关于陷阱装置的问题,二是关于财产防卫与住宅防卫重合的问题。首先,关于陷阱装置的问题。"陷阱"指救助者在其居住的住宅另开一个入口,而这个入口实际是一个陷阱,用来杀死或者严重伤害侵入者。这种措施或手段常常被用在无人居住的房屋中。有时这种装置也安装在房屋中。[①] 陷阱装置的使用有利于房屋主人的安全,但因其缺乏判断力而遭到非常大的争议。支持这种陷阱装置的人认为,只要法律认可公民对住宅防卫所使用的致命性武力,那么即使行为人通过使用装置来达到防卫财产与住宅的目的也是正当的。陷阱装置的好处与危害在塞巴洛斯案中很好地体现出来。

普通法的规则规定当入侵者侵入他人住宅时,事实上若居住者在场且其实施致命性武力或造成入侵者重大人身伤害的行为是合理且正当的,那么居住者有权使用陷阱装置。[②] "事实上"一词极为重要,行为人为了保护自己的财物而故意设置陷阱的行为具有巨大的危险性,因为其运用武力的权利是基于真实客观情况而非主观认知。因此,若行为人当时在现场且合理认为入侵者正在侵犯其财物或侵入其住宅,行为人便有权使用致命性武力进行防卫。普通法中涉及陷阱装置的条款之后发生了变化,越来越多的案例认为即使居住者有权亲自使用致命性武力也不能运用陷阱装置来杀人或伤害他人。

---

① 参见[美]约书亚·德雷斯勒:《美国刑法精解》,王秀梅等译,北京大学出版社2009年版,第244页。

② See 526 P. 2d 241(Cal. 1974) at 244.

其次,关于财产防卫与住宅防卫的问题。在美国财产和居住地的防卫是两个相互关联的防卫问题,即对财产的保护和对居住地的保护通常会发生在同一场景中,如对入户盗窃、入户抢劫等非法侵入行为的防卫。但住宅防卫与财产防卫又有着巨大的差异,因为保护住宅的目的并非针对财产而是保护居住者的人身安全和居住地的隐秘性,住所内的财物不属于防卫的对象。一些法院将住宅防卫视为广义的财产防卫,其认为对入户盗窃、入户抢劫等行为的防卫同时具备了对财产与住宅的双重防卫权。尽管在司法实践中很难区分这两种权利,但对二者的法律规定有着明显的差异,即防卫财产时不能使用致命性武力,但防卫住宅却可以。

在美国,许多州超越了加利福尼亚州的家庭保护法令,一些州允许使用致命性武力来防止或终止任何非法侵入住宅,甚至任何合法入户的行为。[①] 如科罗拉多州的法律规定:"科罗拉多州的公民有权要求在自己家中获得绝对的安全……(2)当侵入者非法进入房屋,以及当居住者有合理的理由相信,除不请自来的进入外,其已经或企图在房屋内实施犯罪行为……以及当居住者有理由相信可能对其使用任何武力,不论武力有多轻微,此时住宅的居住者有正当理由使用任何程度的武力,包括致命性武力。(3)根据本条第(2)款的规定使用武力,包括致命性武力的居住者,可免于因使用该武力而受到刑事控诉及承担民事责任。"

2005年佛罗里达州颁布的"不退让法"在某些方面甚至更为宽泛。尽管它只适用于武力入侵他人住宅者。但它的范围扩展到了包括车辆与住宅,既适用于未完成时态,也适用于已完成时态。此外,该规定不要求使用防卫武力的人相信侵入者即将实施其他犯罪行为:"下列情况下,行为人将被认为对即将发生的死亡危险或对自己或他人的重大人身伤害有合理的恐惧:(a)被使用或威胁使用防卫武力的人正在非法和强行进入一个住所……或在占领汽车……(b)使用或威胁使用防卫武力的人知道或

---

① See Sarah A. Pohlman, *Shooting from the Hip: Missouri's New Approach to Defense of Habitation*, Saint Louis University School of Law, Vol. 56, 2012.

有理由相信正在或已经发生非法和强行进入或非法和强迫行为。”[①]

关于防卫一般意义中财产的规定,普通法有自己的规则。如在西德诺案(Sydnor v. State)[②]中,非法侵害人安东尼·杰克逊走近被告人西德诺拔出枪,逼迫其交出他戴着的金链。杰克逊打了西德诺的头部并威胁要杀了他。杰克逊从其身上拿走了30美元,正准备拿走金链子时,西德诺在朋友的帮助下夺过了枪并拿走了金链子。杰克逊试图逃跑但西德诺开了5枪并击中了他4次,杰克逊倒地身亡。在指控西德诺的谋杀和过失杀人罪的审判中,法官指示陪审团在使用致命武力之前被告人必须履行撤退义务,除非“在开枪的那一刻,被告人正在被抢劫”,控方声称陪审团有权将抢劫和枪击视为单独的事件,西德诺被判故意杀人罪。

马里兰州上诉法院维持了这一判决,驳回了辩方提出的抢劫案是“持续的交易直到罪犯到达一个临时安全的地方才算完成”。法院承认,根据重罪谋杀的先例,抢劫犯在成功逃脱之前不会停止抢劫。法院认为,只是这一原则并没有突破使用致命性武力的权利必要的时间和情况规则的限制。问题的关键不是犯罪活动是否仍在进行,而是当时是否有必要使用致命性武力以避免造成迫在眉睫的死亡危险或严重的人身伤害。如果没有必要,使用致命性武力是不正当的,因为这样做将明显超出限度。一名持不同意见的法官认为:“虽然我是法治的信徒,但我不认为要求暴力犯罪中的受害者屈服于抢劫和枪口下,在被侵犯期间无权使用一切必要的武力作出回应。法律不应该要求自满和顺从的受害者。”[③]该案中,西德诺并非在抢劫发生一星期后在街上看到杰克逊,为了要回他的钱而开枪将其打死。根据现实情况,本该发生在杰克逊实施抢劫行为的过程中,根据实际情况被告人的射击行为确实发生在被抢劫的过程中。美国《模范刑法典》的观点更接近于持异议的法官,即根据美国《模范刑法典》第3.06(3)(d)(ii)条的规定,下列情况中使用致命性武力具

---

① Fla. Stat. 876.013(1)(2016).

② 776 a.2d 669,671(Md. 2001).

③ 776 a.2d 669,671(Md. 2001) at 681 - 682.

有正当性:使用武力所针对的人正在企图实施或者完成纵火、破门入户、抢劫或其他属于重罪的盗窃,破坏财产并且对行为人或者在行为人面前使用或者威胁使用致命性武力,或者为阻止上述犯罪的实施或者完成。如果不适用致命性武力,将使行为人或者行为人面前的他人面临遭受严重身体伤害的实质危险。显然,关于这一问题,普通法规则与美国《模范刑法典》存在着一定的差异。

小　结

本章分别从防卫的历史脉络、防卫的类型、防卫构成要件中出现的争议等角度进行筛选,选取了 5 个有关正当防卫的典型判例。从判例看,早期美国审理防卫案件基本沿用了英国普通法规则,法官以及辩护律师在选用判例时英国的判例居多,故防卫规则与普通法规则基本吻合。1921 年布朗案的判决标志着美国联邦法院开始承认使用致命性武力防卫无须先行退让的规则,不退让规则与普通法退避义务的背离意味着美国法院对防卫人本位的价值选择。① 戈茨案则侧重于法院对行为人防卫意图的判断标准,美国在防卫案件的判断标准上经历了客观判断、主观判断、主客观判断结合的 3 个阶段。戈茨案中法院采用的主观认定标准意味着美国对正当防卫的认定更为宽松,给予防卫人更多的出罪机会。受虐妇女综合征的出现为长期遭受虐待的妇女提供了重要的出罪机会,该理论在正当防卫中的使用具有重要的意义。此外,基于美国法律的特殊性,财产防卫与住宅防卫的混合经常会出现在同一案例中,塞巴洛斯案是关于财产防卫、住宅防卫与陷阱装置防卫相结合的一例典型判例,该案的结论是无论何种情况下均不能使用致命性武力防卫财产。

---

① 根据第一章的分析,英国普通法对退避义务的强制规定更多的顾虑在于维护国王对其领土的统治权,私人救助则意味着对国王统治的僭越。

第五章

评价与启示

正当防卫作为一项最古老的辩护制度，在国家未产生以前表现为血亲复仇、血族复仇等私人复仇形式。国家形态产生之后，私人复仇只能在公权力未能及时介入时才允许使用。尽管西方自然法理论一再强调，正当防卫是人类天生的不可剥夺的一项自然权利，[①]但在现代国家治理模式下，正当防卫在理论、立法及司法适用上都必须置于国家与社会语境下进行剖析。此外，正当防卫存在于各国刑法体系中，不同的刑法体系对其定位、制度设计亦存在较大的差异。但这些差异的存在不能抹去正当防卫本身的意义与价值，即公民使用武力保护自身或他人合法权益的初衷，这是全世界防卫制度所共同确认与鼓励的。

从前述章节的分析中可以看到，普通法刑事正当防卫从形式到实质均与我国存在较大的差异。形式上，普通法中的正当防卫根据侵害程度的不同将其按照必要武力区分为防卫人身、防卫财产、防卫住所等不同的特权，我国的刑事防卫没有类似的分类。从比

---

① 参见[英]洛克：《政府论》(下篇)，叶启芳、瞿菊农译，商务印书馆1996年版，第12页。

较法的角度来看,此两种防卫制度存在着较大的差别,不同的国家历史、意识形态、刑法体系必然不会孕育出不同的理论与制度。尽管如此,普通法刑事防卫制度所体现出的价值与不足仍然值得我们深思。或许制度的借鉴并不是学习与研究外国法的终极目标,正如何勤华教授指出:“法律移植本身并不是目的,使移植进来的法律制度本土化、为中国的法制建设作出贡献才是我们关注的重点。”[①]通过对制度由表及里的分析与比较,认识该制度在他国所生长的土壤并发现其中符合人类价值观与正义感的因素并对我国现存土壤进行反思更加重要。同时,在意识形态不同的国家之间进行法律移植或借鉴并非一项绝不可能的事情。因为法律本身是由多重因素影响与构成的,正当防卫制度是人类文明发展的成果,在国家之间是相通的、超越国界的。[②] 因此,本章将分为两个部分:第一部分试图对普通法中刑事正当防卫的分析总结出其中的特点与成因。第二部分根据西方现有正当防卫的基本理论,从国家与公民的双重视角,反思我国正当防卫在理论与立法、司法实践中存在的问题。

第一节　普通法刑事正当防卫的特点

与我国以及德国、日本、法国相比,英美普通法国家的刑事正当防卫具有鲜明的特色。西方国家的防卫制度并不像大陆法系与普通法系划分得那样清楚。就比例原则的适用而言,同美国一样,法国接受了该原则却遭到同为大陆法系国家的德国的排斥,但在立法体例上法国又与德

---

① 何勤华:《新时期中国移植西方司法制度反思》,载《法学》2002 年第 9 期。

② 参见何勤华、李秀清:《外国法与中国法——20 世纪中国移植外国法反思》,中国政法大学出版社 2003 年版,第 641 页。

国类似。[①] 我国的防卫制度在立法与结构上既不同于德国,更与英美存在显著的差别,通过比较能够更清晰地看出普通法国家防卫制度的特点与优劣势。

一、立法体例上采用分类模式

与我国及德法相比,普通法刑事正当防卫在立法体例上采用了分类的模式,即以实施必要武力程度为划分标准的分类模式。从美国《模范刑法典》与美国大多数州的立法模式来看,普通法正当防卫严格划分了使用致命性武力与非致命性武力防卫的情形。同时,根据武力将防卫划分为防卫人身、防卫财产、防卫住宅等不同的特权。[②] 普通法正当防卫采用了列举模式并按照一定的标准对防卫的不同种类进行了详细的规定。这点与大多数大陆法系国家存在区别。根据前文的分析,普通法采用这种列举模式的原因主要有两点。

其一,英国普通法对刑事防卫产生了重要的影响。根据第一章对传统普通法中防卫规则的整理可以发现,英国普通法院对防卫行为的态度经历了不同的发展阶段。其中针对致命性武力的防卫案件最初由王室法院审理,国王可通过赦免的方式免除防卫人的刑事责任。之后在自我防卫的基础上发展出财产防卫与防卫他人的普通法规则。由于普通法刑事防卫发源于对个案的司法审判,因此形成了针对不同类型的防卫

---

① 德国《刑法》第32条和第33条规定了紧急防卫的正当化事由。其中第32条第1款规定了紧急情况下的防卫行为不具有违法性。第2款规定:"为制止对自己或他人正在进行的违法攻击而实施的必要防卫行为属于正当防卫。"参见[德]乌尔斯·金德霍伊泽尔:《刑法总论教科书》,蔡桂生译,北京大学出版社2016年版,第158页。法国《刑法典》第122-5条规定:"针对本人或者他人造成非法侵害的行为所实施的正当防卫,不承担刑事责任,但所使用的防卫手段与损害的严重程度不相称的除外。为制止针对财产实施的犯罪行为所进行的故意杀人以外的防卫行为,对所实现的目的是绝对必要的,所使用的防卫手段与犯罪的严重程度成比例的,不承担刑事责任。"第122-6条规定:"实施下列行为的人,应推定为正当防卫:(1)夜间以闯入、暴力或诡计进入他人住所的非法侵害人;(2)对盗窃犯或暴力抢劫实施自我防卫的人。"

② 洛克认为,无法律规定,有时甚至违反法律而依照自由裁量来为公众谋福利的行动的权力就被称为特权。参见[英]洛克:《政府论》(下篇),叶启芳、瞿菊农译,商务印书馆1996年版,第99页。

规则。

其二,普通法对比例原则的尊崇决定了正当防卫立法时的类型化设定。比例原则本身发源于行政法,成为公法领域的“霸王条款”。该原则主要由3项内容构成:(1)适当性原则。(2)必要性原则。(3)狭义比例性原则。① 正当防卫的比例性需要符合两个条件:(1)使用防卫武力的程度以及合理性必须与防卫人的利益成比例。(2)防卫人所采用的防卫手段必须是当时情景下最低限度的武力。普通法全心全意接纳了比例原则,这也是其防卫制度在立法上呈现出类型化的原因之一。相较之下,我国正当防卫借鉴了大陆法系的模式,从一开始便缺少分类的需求或意识。弗莱切认为德国和苏联的正当防卫选择了概括的立法模式,主要原因在于其初始的假定是所有法益都享有同等程度的保护。尤其在德国刑法理论中,这种防卫观与尊重个人自治、维护法律秩序紧密相连。②

二、防卫原理以较小危害理论为主、自治理论为补充

由于普通法中防卫类型不同,自我防卫、他人防卫以及财产防卫的基本理论也存在相互冲突的情况,由此引发了正当防卫中以下激烈的争论:(1)必要武力中的必要性认定;(2)防卫人的退避义务;(3)第三人的防卫权;(4)对无责任能力人的侵害实施防卫的正当性探讨。事实上,这些争论不仅是英美立法与司法所面临的问题,也是我国面临的问题。西方正当防卫主要存在3种不同的理论基础,即作为免责性事由的正当防卫、作为较小危害变形的正当防卫理论以及维护自治的防卫理论。其中,英美防卫理论主要采用第二种。弗莱切在《比例原则与精神病侵害》一文中详细阐述了这3种理论的主要内容。③

---

① 参见陈新民:《德国公法学基础理论》(上卷),法律出版社2010年版,第415页。

② 参见[美]乔治·弗莱彻:《反思刑法》,邓子滨译,华夏出版社2008年版,第633页。

③ See George P. Fletcher, *Proportionality and the Psychotic Aggressor: A Vignette in Comparative Criminal Theory*, Israel Law Review, Vol. 8, 1973.

其一,免责事由下的正当防卫存在于普通法早期,即认为自卫杀人可予以免责,前提是行为人必须履行退避义务。这种理论所强调的是防卫人的非自愿情形,即防卫人是在“别无选择”的情况下才实施了杀人行为。此外,除受害人的近亲属外,第三人没有防卫权。这种理论在司法实践中体现为王室法院的赦免。

其二,较小危害理论。该理论指根据发生冲突时的场景要求防卫人使用致命性武力以及非致命性武力时必须是正确与适当的。这一理论更加注重侵害人与防卫人之间利益的比较与衡量。较小危害理论看似与紧急避险中的利益衡量理论非常类似,但其与紧急避险不同,正当防卫中防卫人与侵害人的利益很难进行具体的比较。例如衡量侵害人的生命权与防卫人的生命权孰轻孰重的实践操作性较差。由此,较小危害理论使双方利益天平产生倾斜的砝码就是侵害人罪责。侵害人的非法行为使其利益在法律上发生贬损,由此产生了侵害人值得保护下降说。较小危害理论是英美防卫的主要理论,普通法及美国《模范刑法典》中所采纳的退避义务便是由该理论推演出的结果。若要在防卫人利益与侵害人的生命之间作出选择,人类的情感更倾向于保住侵害人的生命。因此便产生了使用致命武力之前必须履行退避义务的说法,这就是两种利益衡量的结果。此外,对比例原则的选择也是较小危害理论的必然结果。比例原则所蕴含的适当性体现了利益衡量的精神,防卫人所选择的手段以及武力的程度必须合乎比例,而比例的认定无法脱离对双方的利益衡量。由此可见英美防卫理论是以较小危害理论为主导的。

其三,以维护自治理论为补充。维护自治模式的预设前提是判断防卫的正当性依据不在于衡量相互冲突的利益,而是认为这是侵害人对防卫人自治权的一种单边侵害。防卫人有权采取措施驱逐侵害人以恢复个人自治权的完整性。自治理论在英美各个历史时期都有深厚的根基。如 1532 年英国立法承认杀死盗窃者、抢劫者的行为具有正当性而非可免责性。正如洛克所言:“屈伸服从另一个人使其有毁灭自己的权利是超出人类权力以外的。”[①]自治理论在英美防卫中体现较为明显的一部分是城堡主义。根据前述章节对城堡主义的分析,英美城堡法的起源与发展就是将房屋看作公民不可置疑与侵犯的自治领域。对于入室侵害的行为,防卫法给予了最为宽容的规定,即允许使用致命性武力防卫入室侵害的行为,即使是美国《模范刑法典》以及奉行退避原则的州都在这一范围内允许公民无须履行退避义务,而这一点正是自治理论所表达的立场。

三、传统普通法中的防卫规则在美国得到深远发展

从法律史的角度看,美国正当防卫脱胎于英国普通法规则,在此基础上变革为更适合美国人价值观的制度。基于英国对美洲大陆殖民统治的历史,美国多数州在独立前不可避免地受到普通法的管辖,甚至在独立之后依然沿袭着普通法的绝大部分规则。这使得当我们在讨论普通法时似乎总是无法绕开美国对传统普通法的继承与发展这一话题。针对刑事防卫规则,美国各州尤其是西南部地区根据当地的历史传统以及社会因素对普通法进行了部分变革,并通过立法的形式形成了现代美国刑事法律制度。根据第一章关于正当防卫的法律史梳理,正当防卫制度在美国的产生、演变、定型与英国普通法有着不可忽视的联系。在处理正当防卫的理论与司法实践问题时,法官、学者总喜欢回到英国早期的普通法中寻找其变革的理论依据。这主要体现在以下两点。

其一,在立法体例上,大多数州采用了类型化的立法设计。根据防卫的武力程度将防卫分为致命性武力防卫与非致命性武力防卫;根据防卫的对象分为自我防卫、他人防卫、财产防卫、住宅防卫;根据防卫构成要素确认了侵害行为、紧迫性、比例性、合理相信等核心要素,这一点与英国普通法并无二致。值得注意的是,部分州的制定法未单独规定正当防卫,而是将防卫置于刑法分则中进行规定。如加利福尼亚州、南卡罗

---

① [英]洛克:《政府论》(下篇),叶启芳、瞿菊农译,商务印书馆1996年版,第104页。

莱纳州、南达科他州、俄亥俄州、马萨诸塞州、马里兰州、内华达州均未单独规定正当防卫的内容。

其二，从内容上看，各州的立法内容以美国《模范刑法典》为蓝本，但存在个别内容相左的地方。多数州有关自我防卫、他人防卫、财产防卫以及住宅防卫的规定与美国《模范刑法典》一致，但关于退避义务的问题只有 17 个州采纳了美国《模范刑法典》的立场，而这 17 个州中超过一半的州规定在使用致命武力之前行为人仍然有义务退避的情况。这些州包括阿肯色州、康涅狄格州、特拉华州、夏威夷州、艾奥瓦州、内布拉斯加州、俄亥俄州、宾夕法尼亚州。此外，需要注意的是，如果撤退者不能完全安全地撤退或者撤退者有死亡或严重身体伤害的危险，所有州都不要求其履行撤退义务。但多数州没有采纳美国《模范刑法典》的规定，当前有 33 个州的立法采用了不退让规则，即防卫人没有义务在防卫致命性武力攻击之前撤退，这类防卫行为不得受到起诉。其中最为典型的是佛罗里达州 2005 年修订的"坚守阵地法"，其规定正当使用致命性武力的防卫人享有刑事和民事豁免权。

关于正当防卫中争议最大的退让与不退让问题，尤其是 2005 年佛罗里达州掀起的"坚守阵地"运动，引起美国学者与公民的强烈争论。我们查阅文献时发现，多数学者将这一表面上看来是新的问题转回到英国早期的普通法中去寻找答案。早期英国普通法有关防卫的特点可以通过布莱克斯通的名言了解其大概："法律规定，为保护自己而杀害他人的人，在对侵害人实施攻击以前应尽量撤退到安全的地点以避免双方的暴力冲突；这不是虚构的，也不是为了伺机而动，而是出于一种真正的情怀，即避免他的同胞流血。虽然在两个相互依赖的国家之间发生战争时逃跑可能是一种懦弱的表现；然而，在两个臣民之间法律并不支持这样的荣誉；因为国王和他的法庭将给予被冤枉的一方应得的一切满足。"①

① W. Blackstone, *Commentaries on the laws of England Vol.* 4, Oxford University Press, 2016, p. 184 – 185.

美国学者认为,无论之后正当防卫的内容如何变化,撤退和不撤退之间的平衡被限制在“必要性”原则中,这是自卫制度从一开始到今天的核心要素,美国早期也是完全采纳这一条规定的。到 19 世纪中后期,随着美国本土法律评论员、有影响力的州最高法院的出现,其做法发生了变化。美国联邦最高法院的意见形成了一种更加坚定的坚守阵地法,这一套规则成为这个国家广泛采用的正当防卫的基础。在 1876 年俄亥俄州的欧文案中,俄亥俄州最高法院认为刑法“不允许用致命性武力反击侵权行为,但如果是一个守法的人则无义务躲避企图使用暴力威胁其生命或人身损害的行凶者”。该案判决生效一年后,印第安纳州最高法院也采纳了“不退让”的理念,之后 19 世纪末的其他法院也公开支持了“不退让”规则。

究其原因,美国这种既继承又发展的过程一方面与英美两国的历史存在紧密的联系,另一方面归结于美国实用主义哲学的发展,即美国现代法庭出于对正义与理性更为清晰的思考。实用主义大约出现于 19 世纪 70 年代,是当今很有影响力的哲学流派之一,通常被看作美国土生土长的哲学,被视为“美国精神”的象征。以美国大法官霍姆斯为代表的法律实用主义者对美国正当防卫的变革起到了非常重要的作用。布朗案中,霍姆斯提出了著名的法律格言:“在高举的刀前不能要求超然的反应。”该案对美国正当防卫与普通法规则上要求使用致命性武力之前履行退让义务的传统规则分道扬镳具有非常重要的意义,在美国刑法史上留下了不可忽视的一笔。[①] 又如法律实证主义的另一代表卡多佐法官所强调的,作为继承普通法传统的国家,遵循先例是美国法官决定案件时必须遵循的基本原则。但先例必须在司法实践中不断地进行检验,旧的先例无法解决新出现的问题时,法官就要充当立法者的角色创造先例。

---

① 实用主义强调法律是用来解决问题、解决纠纷的,而真正能够解决问题的不是对理论的生搬硬套,而是具体分析每个案件在事实方面的细微差别,同时考虑我们的价值诉求,才能作出一个相对合理的判决。霍姆斯奠定了法律要面对现实、解决现实问题的基调,对当时盛行的形式主义产生了巨大的冲击。参见张芝梅:《美国的法律实用主义》,法律出版社 2008 年版,第 45 页。

其中最关键的就是法官要找出先例中体现的原则和基本的审判理念。但这些原则不应当被视为教条,而是可以利用的法律渊源,需要在实践中不断地被检验,如果这些原则导致了不公正的结果就要被淘汰。历史和传统的方法并不是认为法律应该固守过去和现在已有的东西,而是应该有所发展。[①] 法律实证主义的发展对美国正当防卫的影响不仅体现在司法判例中,而且多数州将判例的精髓引入了立法,成为脱胎于英国普通法规则而成长的更能体现美国人价值观的制度。

四、以防卫人本位为中心的价值倾向

从比较法的视角来看,普通法正当防卫在司法上体现为防卫人本位的司法理念。从防卫时间上来看,尽管各国关于防卫时间的表述大体相同,即必须针对正在进行的不法侵害才能实施防卫,换言之,防卫不能过早也不能过晚。但在司法实践中,对防卫时间的把握或界定是各国所面临的共同难题。大陆法系对防卫时间的判断主要采用客观主义标准,即以正在进行的不法侵害为标准界定防卫的时间,而司法实践中又对防卫过当进行类型划分,分为时间过当和强度过当。[②] 相较之下,英美司法实践中在判断防卫时间上主要采用主观认定标准,即从防卫人的立场出发,只要防卫人主观上合理相信其当时正在面临不法侵害即可进行防卫。有学者认为这种认定方式赋予了法官较大的自由裁量权,并不妥当。[③] 其可能对英美司法中的主观判断标准有一定的误解,即对防卫时间的认定并非单纯根据防卫人的事后描述,而是根据理性人的客观标准附加防卫人的主观认知进行综合判断。这种认定模式更多地表现为主客观相结合,而非其所理解的纯主观认定模式。但无论哪种模式,相比于大陆法系,英美司法实践在防卫时间上的认定主要以防卫人为主,注

---

① 参见张芝梅:《美国的法律实用主义》,法律出版社 2008 年版,第 61 页。

② 参见孙国祥:《防卫行为的整体性判断与时间过当概念之倡导》,载《清华法学》2021 年第 1 期。

③ 参见孙国祥:《防卫行为的整体性判断与时间过当概念之倡导》,载《清华法学》2021 年第 1 期。

重防卫人的立场与权利。在防卫限度的认定上,英美也采用防卫人本位主义,对防卫行为是否为对抗非法侵害所必需,主要以防卫人的主观认定附加理性人标准进行判断。

此外,美国刑事防卫认定过程中还注重以防卫人的“真诚而合理”的主观认知为纽带建立正当防卫的基本结构。从前几章的分析看,即使在调查过程中发现防卫人的主观认知是错误的,但只要其在当时的情景下确实“真诚地”相信正在面临紧迫性侵害,就有权在法庭上主张防卫抗辩。因此,美国在审判实践中会反复推敲防卫人当时的处境和状态及防卫人与侵害人之间的各种关系或状态,再根据制定法判断是否正当。这一点既不同于大陆法系国家,也不同于英国、加拿大等其他普通法系国家。英国、加拿大法律认为防卫只是公权力的衍生品而警察机关有足够能力保护其公民,因此法律要求防卫者多数情况下要履行退避义务。因此,英国、加拿大对防卫的态度是认可但不鼓励。

在普通法系国家中,与英国、加拿大不同的是,美国大多数州对防卫的适用标准都较宽松,即使是不合理的防卫最后也不一定会承担刑事责任。由于陪审制的存在,即使被告人不符合自卫的法律规定,但 12 名陪审员根据被告人的辩解判决其是否有罪并大概率会作出有利于被告人的判决,这导致美国正当防卫在司法中的适用比其他国家更频繁。美国司法程序为陪审团和法官提供了充足的时间与精力去推敲案件的情景与细节,避免了以损害结果为标准去认定案件的性质。由此可见,美国的防卫制度主要考虑防卫人的权利并留给防卫人更大的抗辩空间。

五、正当防卫中立法与司法相对统一

正当防卫中立法与司法的脱轨现象在普通法中不常见,究其原因,主要是英美刑法立法与司法实践相互融合的结果。

以美国为例,美国有 52 个司法管辖区(jurisdiction),即 50 个州加上哥伦比亚特区和联邦。每个法律系统都有制定法和普通法组成的刑事

法律制度。[1] 普通法罪(common law crime)也叫法官创立的罪。制定法罪(statutory crime)也叫立法者创立的罪。法官所确认的犯罪的定义在司法实践中逐渐得到完备与精确,从而相对地固定下来就形成了普通法罪。之后,大多数普通法罪被立法机关认可为制定法。有些原先的普通法罪原封不动地被立法机关接受,成为制定法;有些普通法经过若干修改之后成为制定法;另外一些普通法规则被废除。1776 年 7 月 4 日,英国普通法在美国停止直接适用,但由于历史原因美国还是接纳了英国的刑事法律。通过制定法认可英国普通法的某些部分,或通过法院判例引进普通法的某些部分,或者制定总则性法规来接受英国法。美国实体法的发展在各州均有差异,因为它们都是从各自的具体情况和需要出发选择性地接受普通法的。在 19 世纪和 20 世纪,美国掀起了法典化运动,多数州的立法机关制定了处理犯罪的法规条例,其中多数是对存在于本州的普通法进行法典化。同样,美国《模范刑法典》及各州制定法关于正当防卫的立法规定也是源于对普通法的继承与发展。比较英美两国的刑法会发现,美国正当防卫制度与英国正当防卫在形式与内容上非常相近,这就是美国刑法渊源中对普通法规则继承的结果。基于英美特殊的普通法传统以及制定法的发展,形成了由司法实践活动再到立法的法律走向,这与大陆法系国家刑法制定的脉络不同。由于我国是典型的制定法国家,尤其是刑法这样治理国家的重要法治工具,是由立法机关统一制定后再由司法机关适用。因此,在适用法律的过程中便会出现与制定法存在偏差现象。这对于普通法系国家来说似乎很好解决。因此,正当防卫在英美的立法与司法实践中呈现出相对统一的法律逻辑,这与其法律传统以及法律实践逻辑有着必然的联系。

---

① 参见储槐植:《美国刑法》(第 3 版),北京大学出版社 2005 年版,第 9 页。

第二节　普通法刑事正当防卫的成因

处于现代国家治理体系与刑法体系下的正当防卫制度,并非纯属于人际冲突中的某种解决方式,其形成与发展路径受到各种因素的影响与制约。与其他国家的刑法一样,不同的因素决定或影响着普通法中的正当防卫。

一、刑法理论的影响

一个耐人寻味的问题是,为什么德国与苏联的防卫理论排斥以比例原则为核心的较小危害理论,而普通法却能够接受这样的理论?为何美国各州对正当防卫的规定更为宽泛而与此相比德国的理论在注重维护个人自治的同时更关注对法秩序的维护?根据前文所述,德国正当防卫的理论基础是个人自治,类似于国家关系中的主权概念,由于这一核心概念往往是绝对的,因此不受比例原则的干扰。产生这种现象的关键在于德国刑法理论的基础是社会危害性与权利的概念。正如德国学者所主张的,侵害人的侵害行为与公正、法律秩序以及权利是不相容的。正当防卫最核心的依据是侵害人的社会危害性问题,因而才有了“正不必向不正让步”的格言,故社会危害性与权利的概念是形成自卫理论的基本要素。对个人的攻击被视为对整个社会秩序及其法律制度的攻击,若攻击行为具有社会危害性或违反了法律秩序,侵害人便处于整个社会与制度的对立面,其破坏社会秩序的行为已经将自己的权利置于法律保护之外。

但这些定义对普通法的学者与律师来说是无法理解的,因为传统的普通法中没有法律秩序、权利的概念,普通法中自卫的概念与更具体的人身攻击概念相关。因此,普通法中没有任何标准可以与德国或苏联体系中的社会危害性理论相提并论。再加上 19 世纪后期法律实用主义的兴起致使英美理论家对社会危害性以及法律秩序等抽象的概念产生了怀疑。[①] 因为这些概念是由法学理论体系建构起来的,既不为判例法所界定,也不为立法机关所确认,故现代普通法不接受这类抽象概念。相较之下,普通法缺乏将防卫视为维护法律秩序的概念框架,其更倾向于把防卫问题看作个人利益之间的冲突,是一种需要解决的纠纷,因此更习惯于考虑冲突双方的利益平衡。

除此之外,根据第二章对美普通法刑法理论结构的分析,英美刑法结构与德国等大陆法系国家之间存在较大的差异。当前德国刑法理论结构所采用的是三阶层理论,主要在入罪过程中评价正当防卫,即先对防卫行为进行入罪评价,再在违法性阶段排除其犯罪性。[②] 因此,以德国为代表的大陆法系国家中的正当防卫属于违法性阻却事由。与此不同的是,防卫在英美刑法中属于刑事抗辩事由,根据其刑法结构形式抗辩事由从相反的角度补充犯罪构成,换言之,在犯罪构成框架之外判断防卫行为。

综上,普通法系的正当防卫受到本国刑法理论结构的影响,在理论、立法与司法实践中呈现出不同于大陆法系国家的效果,由此形成了其在对待正当防卫时相对宽容的态度。基于这一刑法理论,对防卫理论的选择以及司法实践的运用产生了直接或间接的影响。

二、防卫理论的选择

根据前文的分析,西方正当防卫主要有 3 种基本原理,即较小危害

---

① 如霍姆斯在《普通法》中的观点:“法律的生命不在于逻辑,而在于经验。对时代需要的感知,流行的道德和政治理论,对公共政策的直觉,不管你承认与否,甚至法官和他的同胞所共有的偏见对人们决定是否遵守规则所起的作用都远远大于三段论。法律包含了一个民族许多世纪的发展历史。它不能被当作公理和推论组成数学书。”转引自张芝梅:《美国的法律实用主义》,法律出版社 2008 年版,第 42 页。

② 参见高艳东:《用德日刑法理论限缩正当防卫是“南橘北枳”》,载《检察日报》2019 年 10 月 19 日,第 3 版。

理论、维护个人自治理论和维护法秩序原理。普通法系选择了第一种作为其防卫制度设立的主要理论依据。根据前文所述,较小危害理论是比例原则、退避义务的主要理论来源,共同构建了普通法中的防卫框架。美国《模范刑法典》及各州最初在制定刑法时均采用该理论,故美国防卫制度的特点多表现为对比例原则的尊崇,从而导致在立法时也选择了按照防卫类型予以规定的模式。另外,普通法防卫制度吸收了维护个人自治的理论,在住宅防卫上体现得更为明显,如最为典型的"城堡主义"。之后,美国各州又根据本州的具体情况进行了相应的调整,同时各州在退避义务的问题上也吸纳了自治理论的元素。

此外,防卫与社会秩序的关系也是影响防卫制度的重要理论因素。以德国为例,"从国际比较的视野来看,德国的正当防卫权显得十分宽泛和'凌厉'"①。其中,重要的表现是被侵害人不仅没有退避义务,而且只要防卫行为是被需要的,即使是为了保护轻微法益也可以造成重大损害。② 之后德国理论中增加了法确证的原理,法确证主要指"捍卫法秩序""宣示法秩序的存在"此类理论。因此,"正不得向不正让步"的命题增加了防卫人实施防卫的正当性基础,这就意味着受害人的权利绝对优越于不法侵害人的权利。③ 相比之下,普通法将自卫视为国家维护和平职责的衍生品。④ 当国家无法提供及时的救助时个人可以使用私人力量保护自己,但仅限于这种行为是为促进社会利益的实现。侵害人的利益也属于社会公共利益。因此,普通法中的防卫削弱了防卫人使用武力保护自身利益的强度,这与后来的功利主义刑法思想较为契合。功利主义

---

① [德]约翰内斯·卡斯帕、陈璇:《德国正当防卫权的"法维护"原则》,载《人民检察》2016 年第 10 期。

② 参见张明楷:《正当防卫的原理及其运用——对二元论的批判性考察》,载《环球法律评论》2018 年第 2 期。

③ 参见张明楷:《正当防卫的原理及其运用——对二元论的批判性考察》,载《环球法律评论》2018 年第 2 期。

④ See W. Blackstone, *Commentaries on the Laws of England Vol.* 4, Oxford University Press, 2016, p. 184.

认为法律的制定和形成都是人们有意识活动的结果,法学家应为社会大多数人的最大幸福着想,以求得人类的福利。故英美防卫规则注重对侵害人与被害人双方利益的考量,这与德国的理论形成了鲜明的对比,在制度设计与司法实践中存在较大的差异。

三、国家理论的影响

尽管直觉上我们认为自卫行为是正当的,但理论家们仍在努力解释其正当性的依据,而学术界对这一问题几乎没有达成共识。正当防卫的内在逻辑与国家之间的关系一直被刑法学者忽视。然而,国家状态下任何制度都不可避免地具有社会与政治属性,甚至有时会成为影响这些制度发展的关键因素。

美国学者卡迪什是少有的在分析正当防卫时提及国家的刑法学者。他在论证自卫权时把国家置于首要的位置,主张自卫权是一种抵抗侵犯的权利,是防卫人相对于国家的意义上所拥有的一种权利。[①] 在卡迪什看来“更令人满意的权利途径”是“从反对国家的权利中获得自由的途径”。他认为“这项权利是每个人享有的保护自己免受他人致命威胁的法律权利。对于这项权利必须提供多少保护是不确定的,但至少必须包括维护以一切必要手段抵抗致命威胁的合法自由,包括杀死侵害人。根据国家权威所认可,个人没有放弃抵抗侵犯、保护自我的基本自由。这种自由被大多数国家合法性理论所要求,无论是霍布斯的、洛克的还是罗尔斯的国家合法性理论,根据这些理论个人放弃对国家的特权就会得到比以前更多而不是更少的保护。这种用致命性武力抵抗致命侵略的自由以及这种自由所产生的对国家的道义权利,我将称之为抵抗侵略的权利”[②]。因此卡迪什的观点是自卫权的正当性理论需要从社会契约论

① 参见蔡宏伟:《正当防卫理论中的国家和个人》,载《法制与社会发展》2017 年第 6 期。

② Sanford H. Kadish, *Respect for Life and Regard for Rights in the Criminal Law*, California Law Review, Vol. 64, 1976.

中寻找解释。

为了避免侵犯影响正常生活,人们通过契约让渡自然权利组建国家使自己获得更大的保护。这是社会契约论的主要精髓所在。霍布斯认为,自我保护是社会契约的核心;对洛克来说,自卫是正义革命理论的核心。[①] 在社会契约哲学中,公民社会中主体所拥有的任何自由都是他在自然状态中所享有的原始自由的残余,自卫尤其如此。霍布斯认为,防卫行为是出于人类的自然本能,故防卫权并非法律所创设而是由法律认可或塑造。霍布斯的社会契约理论突出国家的重要作用,主张将所有人的权利交由强大的利维坦,防卫行为的正当性裁判权应属于主权者而非自然法则。这也是霍布斯对防卫权与国家主权之间关系的明确解释,因此,防卫权在国家理论下有了新的解释,即防卫行为仅是一项免责性事由而非正当性事由。洛克的正当防卫理论则更突出保护公民的个人权利。他指出一项重要的自然法则基础,即"谁使人流血,人亦必使他流血"。洛克的防卫理论侧重于站在个人权利的角度,认为防卫的基础是公平或正义的自然法则。侵犯者一旦实施违法行为便是主动放弃了自己的权利,故任何被攻击者均有权进行防卫以保护自己并对其实施惩罚。这是最初关于自卫行为正当性的论述之一,即防卫行为的另一作用是行使惩罚权以达到威慑与预防目的。

许多刑法学者认为自卫就是为了在国家与公民之间分配权利。例如弗莱彻认为防卫中紧迫性的目的体现在公民和国家之间的权利分配中。"当侵害行为迫在眉睫时,警察就不能再干预和行使国家保障公共安全的职能。个人自卫权的行使正是因为个人不会把完全的权力让渡给国家,所以必须立即采取行动。在危险迫近或不可避免时,他们保留保护自己安全不受侵犯的权利。"[②]维多利亚 · 诺斯(Victoria Nourse)也

---

① See Jeremy Waldron, *Self-Defense: Agent-Neutral and Agent-Relative Accounts*, California Law Review, Vol. 88, 2000.

② George P. Fletcher, *Domination in the Theory of Justification and Excuse*, University of Pittsbrugh Law Review, Vol. 57, 1996.

赞同这种观点:“自卫原则的建立是为了避免私人惩罚(将法律掌控在自己手里),它反映了防卫者个人的一种特殊的选择。这一点最清楚地体现在防卫的标准要求上,即国家权力无法奏效时,这一标准要求尊重国家对暴力的垄断。”[①]因此,自我防卫的界限是至关重要的,因为它们界定了公民的权利和国家的作用。以上观点都是以承认社会契约的国家理论为基础推导出的。

较小危害理论、自主权理论和维护社会秩序理论的共同理论前提是以社会契约论为核心的国家预设。[②] 换言之,以上 3 种理论均可以在社会契约论中找到符合逻辑的论证。较小危害理论注重同时维护侵害人与被害人双方的权益,其本质上是维护社会公共福祉,将个人权利与社会利益放在一起进行考量,其最终的逻辑源自社会契约论。维护个人自治理论更能体现社会契约的核心。如前所述,自卫是公民所拥有的在自然状态中所享有的原始自由的残余。换言之,公民在组建国家时并未将生命权和财产权一并让渡出去。因此,当侵犯公民生命权的行为发生而公权力又无法及时给予救济时,公民有权利通过私力救济维护其自然权利。维护个人自治从另一方面理解就是在维护法秩序,故维护社会秩序理论作为自治理论的附属依然无法脱离社会契约理论的框架。从这点来看,英美正当防卫理论与国家理论具有内在的逻辑一致性,正当防卫的基本原理可以找到最终的国家理论归宿。

四、普通法传统对现代防卫规则的影响

基于历史的因素,英国普通法规则影响了普通法系所有国家的法律规则,防卫规则也不例外。从防卫制度的构成要素看,英国、美国、加拿大、澳大利亚等国家现代防卫制度中的紧迫性、比例性、退避义务、城堡

---

① V. F. Nourse, *Reconceptualizing Criminal Law Defenses*, University of Pittsbrugh Law Review, Vol. 57, 1996.

② 参见蔡宏伟:《正当防卫理论中的国家和个人》,载《法制与社会发展》2017 年第 6 期。

主义等理论均源于传统普通法。此外,普通法系国家根据防卫类型进行立法以及划分使用致命性武力和非致命性武力防卫的做法也是继承了普通法的传统。18 世纪,布莱克斯通奠定了一种防卫观的理论基础,这种防卫观从普通法紧急防卫的概念中抽掉了自治原则。布莱克斯通也不赞同洛克将防卫比作战争的观点,他认为在市民社会"国王及其法庭是讨公道的地方,可以给受到违法伤害的人所有应得的补偿"①。依照这种观点,只有在国家权力无法及时予以救济时公民才有权实施防卫。因此,从法律史的角度来看,中世纪普通法对防卫行为表达的是一种消极的态度,即仅将其作为一种免责事由,即使法律上免除了防卫人的责任,但道德上对此行为仍然是一种消极否定的态度。

这种对防卫的态度在 18 世纪直接被美国法院所继承。法院最开始认为普通的防卫属于免责性事由,但在实际适用时并未对此类案件进行处罚。因此,美国刑法中一直存在正当性事由与免责性事由的划分。同样,美国早期的刑法案例再现了普通法中正当杀人和免责性杀人的区别。如最早有记录的刑事案件之一中,一名法官指示新泽西陪审团"杀人在某些情况下是正当的,在其他情况下是可以免责的……"②美国早期最重要的谋杀案——1806 年的塞弗里奇案审判中,大陪审团的指控再次对防止重罪袭击的正当杀人和防止非重罪袭击的免责性杀人作出了明确的区分。③ 该案是美国第一个使用"自卫"一词描述杀人的案件。建国前后美国法律继承了英国普通法所承认的正当杀人和免责性杀人之间的概念区别。因此,在美国独立前后的很长一段时间内,防卫案件的审理基本沿用了英国普通法规则,普通法所确立的防卫构成要素以及基本原则一直保留至今。

---

① W. Blackstone, *Commentaries on the Laws of England Vol.* 4, Oxford University Press, 2016, p. 180 - 181, 185.

② State v. Wells, 1 N. J. L. 424, 427(1790).

③ See Saul Cornell, *Early American Gun Regulation and the Second Amendment: A Closer Look at the Evidence*, Law and History Review, Vol. 25, 2007.

五、实用主义哲学的影响

作为当今普通法系国家最重要的成员，美国的司法程序在很大程度上影响了正当防卫的演变，其中实用主义对现在防卫制度的形成产生了重要影响。虽然联邦及各州均有刑事制定法，但美国作为判例法国家，法官对案件的理解与认知对案件的判决结果意义重大，再加上刑事案件实行陪审制，大陪审团对案件的看法更注重从案件本身着手而具有较强的道德感。19 世纪 70 年代，美国实用主义哲学诞生，实用主义通常被看作美国土生土长的哲学并且被视为“美国精神”的象征。① 到 20 世纪初，实用主义哲学成为美国影响最大的哲学流派。与其他哲学流派相比，实用主义更看重事实而非理念。同时，实用主义对待遵循先例的态度与普通法的差别甚大。实用主义认为，只有把先例看作一种资源而不是必须遵守的原则才能弱化先例中的权威色彩，使得遵循先例看起来更科学一些，故实用主义把遵循先例当作一项政策而非一种义务。

因此，美国虽然继承了英国普通法在防卫中的多数规则，但在司法实践中往往有自己的主张和变革。著名的布朗案就是美国脱离英国普通法退避义务的典型判例。该案的审理法官霍姆斯就是实用主义法学的代表人物。他认为，法律要面对现实、解决现实问题，尽可能地把法律问题转化为一种科学问题、一个技术处理、一种中性行为。该案中霍姆斯对防卫提出了著名的观点：“在高举的刀前，不能要求他人作出理性的反应。”之后的有关防卫的案件规则遵循了霍姆斯这一观点，也奠定了美国随后在多数州产生的“坚守阵地法”原则。此外，受虐妇女杀夫案件在正当防卫中的适用也对美国司法审判中防卫制度的改革产生影响，这对长期遭受家庭暴力的成员来说是一次具有重大意义的变革。实用主义是美国防卫制度与传统普通法规则逐渐分裂的重要因素，也是现代美国普通法防卫规则形成的重要因素之一。

---

① 参见张芝梅：《美国的法律实用主义》，法律出版社 2008 年版，第 13 页。

六、政治与道德因素

正当防卫与政治哲学之间也存在密切的联系。例如正当防卫是否具备一定的宪法基础，在美国一直是一个模糊的话题。尽管美国的法官以及评论员经常认为《宪法第二修正案》中规定的“原有的”“根深蒂固的”等词汇是从英国普通法中确定下来的，但美国联邦最高法院从未明确规定自卫是宪法赋予的权利。从法律史的角度看，英国传统普通法中的防卫规则并非源于所谓的“天赋人权”，而是出于国王的赦免。即使杀人行为是为了保全自己的生命，被告人也必须向君主请求宽恕。无论自卫是否属于个人的自然权利，普通法都倾向于同时维护人的生命和公共秩序。正如马修·黑尔制定的规则，即国王垄断暴力，私人之间禁止重罪报复。但个人有权以维护公共秩序为由杀死小偷。因此，从人类进入公民社会起，正当防卫便具备了保护生命与维护公共秩序的双重性质。

研究英美刑法的著名学者马尔科姆·索伯恩(Malcolm Thorburn)指出，英美刑法中正当性的一个基本组成部分是行使权威。刑法中的正当性定义了允许与免责的界限。当警察在逮捕过程中实施人身限制时，刑法否定该事件为道德错误，警察必须以功利主义或道义论的理由为自己辩护。但索伯恩认为，最重要的问题是应当由谁来决定某一行为的正当性。换言之，由谁来行使对正当性的自由裁量权以及制定该裁量权的准则才是最重要的规范性问题。根据对正当事由的解读，如果个人被法律授权进行自卫，并不是因为其在自然状态下行使不可剥夺的权利。相反，英美刑法中的正当事由意味着个人在行使国家衍生的权力。[①②] 美国学者朱得·坎贝尔(Jud Campbell)观察到，美国的制宪者“普遍同意”“保留的自然权利可以由人民或他们的代表从公共利益出发加以管理”。

---

① See Jud Campbell, *Republicanism and Natural Rights at the Founding*, Constitutional Commentary, Vol. 32, 2017.

② See Malcolm Thorburn, *Justifications, Powers, and Authority*, The Yale Law Journal, Vol. 107, 2008.

重点是发展符合公众利益的规范,即大部分保留的自然权利是可以集体定义和控制的个人权利。控制所保留的自然权利的方法之一是协调私人暴力与公共利益之间的关系。因而,自卫权的扩大源自公民对对抗暴力权利的渴望,对付普遍存在的私人暴力的方法之一是国家赋予每个公民与之斗争的公共权力,此时个人权利与公共权力之间的界限与关系则影响了正当防卫的内部理论构成。

金佰利·凯斯勒·福尔赞(Kimberly Kessler Ferzan)是少有的从道德权利的角度理解正当防卫逻辑的学者。他认为,防卫权不仅是一项政治权利也是一项道德权利。[①] 如果防卫的理论只与政治或者国家理论有关联,那么在某些情况下刑法的内容就会发生变化。正如弗莱切的观点,完美主义国家理论下法律制度的内容与自由主义国家理论下法律制度的内容不同。换言之,他认为不同国家理论会衍生出不同的正当防卫制度。另一位学者斯蒂芬·舒尔霍费尔(Stephen Schulhofer)反驳了这一观点,他辩称:"国家理论的相互竞争很少会对具体案例给出分立的、不相容的处理方式。"[②]如果我们去观察会发现,实际上各国有关正当防卫的规定至少在立法上是相近的。这表明即使国家治理模式不同,立法体例或者司法实践不同,但在道德的范围内各国对防卫的态度是一致的。因此,凯斯勒的政治理论需要再次转向道德哲学来确定刑法中正当防卫的最终内容。

凯斯勒对卡迪什的理论进行了批判,认为卡迪什声称自卫权是防卫人对国家拥有的权利,这种理论是通过替换其中一方创造了一种不同的关系,但其无法解释防卫人为何有权杀害他人。这种从防卫者—侵略者到防卫者—国家的转变并不能解释防卫的正当性。即使在没有国家的

① See Kimberly Kessler Ferzan, *Self-Defense and the State*, Ohio State Journal of Criminal Law, Vol. 5, 2008.

② Stephen J. Schulhofer, *The Mathematician, the Monk, and the Militant: Reflections on the Role of Criminal Law Theory*, California Law Review, Vol. 88, 2000.

情况下,公民也必须为诉诸武力提供道德上的理由。[①] 他首先承认了政治先于道德而存在的理论,并提出只有当一种政治理论提到道德时,道德问题才会在刑法中得到体现。因而,这种观点认为防卫应当是政治权利和道德权利相结合的产物,而不是单纯地由其中一种理论去解释。笔者认为,国家不承认公民的自卫权虽然会影响其合法性,但国家在决定如何制定防卫制度时可能需要考虑道德本身之外的其他因素。

第三节　反思与启示

我国正当防卫制度自 1997 年《刑法》修订并生效后确实存在适用不当的问题,理论界与司法实务界对这一问题进行了全面的探讨并形成了一系列重要的成果。正当防卫的问题主要表现为:司法实践出现偏差,案件认定存在“唯结果”论,各地防卫案件的审判结果不一致等。解决这些问题要从国内寻找原因,同时也可以用比较法的视野分析国外同类制度的历史、现状以及司法适用。通过比较能够更深入地分析我国存在的问题,为我国正当防卫制度进一步的完善提供一定的借鉴。

2020 年 9 月 3 日,最高人民法院召开新闻发布会,发布了《正当防卫指导意见》及典型案例。《正当防卫指导意见》是为解决 1997 年《刑法》实施以来出现的正当防卫制度适用中存在的把握过严或失当等问题。我国现行正当防卫制度在 1979 年《刑法》的基础上进行了大幅修改,立法者期望通过放宽防卫权鼓励公民同违法犯罪作斗争以传达“正不必向不正屈服”的正义理念。然而,司法实践对防卫行为的认定问题依然存在,而近几年刚被唤醒的正当防卫似乎又有了再次“休眠”的迹象。[②]

---

① See Kimberly Kessler Ferzan, *Self-Defense and the State*, Ohio State Journal of Criminal Law, Vol. 5,2008.

② 参见孙国祥:《防卫行为的整体性判断与时间过当概念之倡导》,载《清华法学》2021 年第 1 期。

一、我国正当防卫制度的困境

(一)因正当防卫判处无罪的情况屈指可数

通过2018年以前的案例数据发现,在2018年4月30日公布的2762份裁判文书中,被认定为具有正当防卫性质的案件(包含正当防卫与防卫过当)共40例,仅占1.45%;被认定为正当防卫案件只有2例,占比0.07%;被认定为防卫过当的案件为38例,占比1.38%;被认定为不构成正当防卫的案件为2720件,占比98.50%。[①] 从统计结果来看,绝大多数发生打斗的案件被判定不构成正当防卫。立足于个案,从2009年邓玉娇案、2016年于欢案、2018年昆山反杀案与河北涞源案等来看,近些年有关正当防卫的司法案例引起了全国范围内广泛的关注。

劳东燕教授在其文章中指出:可以确凿地断言,1997年《刑法》关于正当防卫条款修改的立法意图落空。[②] 这一问题随着近年来互联网平台的发展被放大后引起了国家与社会的高度重视。2018年12月12日,最高人民检察院发布了第12批指导性案例,供司法机关参照适用,并于2020年9月3日发布了《正当防卫指导意见》及典型案例。这一系列行动意味着我国司法机关对正当防卫的适用偏差问题已经作出了回应并采取了积极的解决措施。然而《正当防卫指导意见》的出台是否能从根源上纠正现有司法存在的偏差需要我们拭目以待。但在2020年11月10日,河南省检察院出具了一份《刑事申诉复查通知书》[③],该文件是对发生于2009年7月的一件涉及正当防卫案件中被告人家属申诉的回应。[④] 该文件认为,原审人民法院认定的事实清楚,证据确实、充分,河南高

---

① 参见熊永明、赵威:《互殴与正当防卫的主观界限认定标准研究——基于2762份刑事判决书的分析》,载《西部法学评论》2019年第2期。

② 劳东燕:《正当防卫异化的根源与司法裁判的功能》,载《中国检察官》2018年第18期。

③ 具体见河南省人民检察院刑事申诉复查通知书,豫检二部刑申复通(2020)2号。

④ 原审判决见河南省高级人民法院对被告人作出的(2013)豫法刑三终字第101号刑事附带民事裁定。

级人民法院判决被告人成立故意杀人,不构成正当防卫的结论正确。这份通知书一出再次引起舆论的广泛质疑,引发民众对正当防卫问题的新一轮担忧。[①] 由此可见,正当防卫司法偏差的问题依然存在并未彻底消除。

(二)立法内容抽象引起司法适用不明晰

我国关于正当防卫的规定出现在《刑法》第 20 条中,该条第 1 款规定:“为了使国家、公共利益、本人或者他人的人身、财产和其他权利免受正在进行的不法侵害,而采取的制止不法侵害的行为,对不法侵害人造成损害的,属于正当防卫,不负刑事责任。”第 2 款规定:“正当防卫明显超过必要限度造成重大损害的,应当负刑事责任,但是应当减轻或者免除处罚。”第 3 款规定:“对正在进行行凶、杀人、抢劫、强奸、绑架以及其他严重危及人身安全的暴力犯罪,采取防卫行为,造成不法侵害人伤亡的,不属于防卫过当,不负刑事责任。”其中第 1 款对正当防卫作了总体性规定,包括受侵害的法益、防卫时间、防卫客体等。第 2 款对防卫限度以及防卫过当的责任进行了规定。第 3 款针对特殊的侵害行为设置了无限防卫权。

从法条上看,我国采取了抽象的概括式立法,法律概念内涵较窄而外延较宽泛。换言之,若单纯依照《刑法》第 20 条的规定,司法机关很难精确判断案件是否构成正当防卫,公民从字面含义去判断如何将行为控制在合法的范围内的把控能力不足。为了解决该问题,各部门必须出台相应的解释对法条中的字面意思进行详细的说明。解释又必须根据相应的原理、学说以及价值判断从不同的角度进行分析,这可能会引发解释的过程中出现观点的冲突,甚至解释主体会分别从防卫者与侵害者的

---

① 2020 年 11 月 17 日,今日头条发布了一则短文,标题为《放走强盗没得生活,打死强盗没得生命,谁给当时的恐惧一个脑子》,引起网友激烈探讨,大多数人表达了对正当防卫的困惑与无助。载今日头条网, https://www. toutiao. com/i6895706555761574411/? tt_from = weixin&utm_campaign = client_share&wxshare_count = 2&timestamp = 1605595371&app = news_article&utm_source = weixin&utm_medium = toutiao_android&use_new_style = 1&req_id = 2020111714425001013003614 40E099ED4&group_id = 6895706555761574411。

不同立场出发推导出不同的结论,最终使同类案件的判决结果大相径庭。

从全国对防卫类型案件的审理过程与结果来看,一审法院并非完全没有根据,当前的研究更多地将注意力集中在司法审判上,认为法院未能真正理解防卫原理、立法者的意图以及防卫的价值取向。但即使最终出现大范围排除适用正当防卫的结果,法院也对案件进行了严谨的演绎推理,故得出的结论并非毫无根据。在罪刑法定原则下,司法必然会严格遵循立法的规定,但通过严格适用得出的判决结果为何与民众的情感、意识出现较大的反差,这显然不应简单地归结于司法偏差的问题。与此相对应,尽管普通法中的防卫在原理上也会有内部的冲突或矛盾,但结果是像戈茨那样的案件最终被无罪释放也未引起民众的争议,事实上,普通法中多数防卫案件的审理结果不会引起民众大范围的不满与分歧。从法律规定的角度看,普通法国家采用了精细的类型化立法,按照不同的法益设置了不同的防卫模式与条件限制。由于不同的法益所体现的价值各不相同,精细划分防卫类型能够给出更明确、清晰的法律指引。这样做能够最大限度地避免因立法不明带来的操作问题,因此,最终的问题还需关注在立法上,司法只是实现立法目的的途径,立法的抽象化、用语的模糊化以及判断标准的不清晰都会造成司法审判结果与民众朴素的道德意识、思想情感的偏差,最终无法体现立法目的。

(三)立法中缺乏明确的判断标准

这里的判断标准是指判断防卫行为是否满足防卫条件的标准。根据前文所述,美国各州在判断标准的确立上主要有主观判断与客观判断两种。主观判断又被称为“行为人合理相信”,即只要防卫人主观上真诚且合理地相信当时有实施武力防卫的必要就属于正当防卫。客观判断标准又被称为“理性人标准”,即按照一般的理性人在当时情景中的反应判断防卫人行为的正当性。

我国正当防卫采用概括式的立法模式,尽管对客观事实进行高度概括有助于提高立法技术,但是在正当防卫的规定中缺乏明确判断标准将导致同类案件的审理结果差距较大。判断标准的立法缺失会导致司法机关审理案件时只能根据自己的理解去解释正当防卫的5个构成要件，同时也会参考学界对同一问题的观点，而学界在论证时又会引用不同的防卫理论，最后引起各种理论之间的冲突，理论与实务冲突以及司法实务之间相互冲突。虽然，学界和实务界一直认为我国正当防卫采取的是主客观相结合的标准并且偏向于客观标准，即主要以客观事实为依据进行判断。但在诸如于欢案的审理中，如果采用了客观判断，仅根据于欢使用致命武力以及造成了严重的后果进行判断，一审判决基本上是符合法律规定的。若从结果反推，为何这样的判决结果会引起舆情压力，这值得我们深思。从该案中可以看到这与正当防卫立法中缺乏关键要素有着较大的关系。

（四）司法实践注重实用价值缺乏理论指引

我国正当防卫缺乏自成逻辑体系的理论支撑，这一问题已经受到国内学者的关注。[①] 随着建设法治国家需求的激增，刑法不再是简单的代表公权力的工具而逐渐转向以保护公民权利为重心。尤其是1997年《刑法》对正当防卫制度进行修订时指明了该法修订旨在强化公民的正当防卫权利，指导公民积极运用正当防卫同犯罪分子作斗争的意图。[②] 然而，刑法理论的交错以及理论对立法的微弱影响使得防卫理论在司法实践中的指导意义也收效甚微。因此，司法缺乏明确的理论指导是我国防卫案件出现问题的主要原因之一。

另外，司法实务过于注重实用性，未能找到准确的功能定位。陈璇教授认为，中国传统的实用理性思维是影响正当案件出现结果思维导向的重要原因，这一点不无道理。实用理性指的是在看待或者评判某一事

---

① 蔡文宏教授在其文章中指出“当下中国刑法学和刑法实践，关于正当防卫理论的逻辑自洽性和理论与实践的内在一致性都将面临挑战”。参见蔡宏伟：《正当防卫理论中的国家和个人》，载《法制与社会发展》2017年第6期。

② 参见赵秉志、肖中华：《正当防卫立法的进展与缺憾——建国以来法学界重大事件研究（十九）》，载《法学》1998年第12期。

物时,专注于可以通过经验感知的实际效用,而并不去思辨性地探求超越现实生活的抽象理念和价值。[①] 这一点与劳东燕教授的观点不谋而合。但在司法实务中注重实用性只是一种现象或表现形式,其背后深藏的更重要的原因是我国司法机关缺乏明确的功能定位。从法制史的角度看,我国司法的主要功能是定分止争,解决纠纷是法院面对个案时最重要的任务。[②] 因此,我们可以看到法院在判断被告人行为是否属于正当防卫时,往往习惯以损害结果、手段轻重、力量对比等作为判断标准,这样做有利于法官方便快捷地作出适当的裁定。

从表面上看,我国这种传统的实用理性与实用主义较为相似,但事实上二者之间存在较大的差异。我国的实用理性在司法中的运用主要体现为在处理案件纠纷时,“人们只关注纠纷造成的最终后果,只考虑怎样的案件处理方式能够最大限度地达成尽量使各方满意的实效,不惜以无视纠纷发生过程中的是非曲直、不惜以牺牲当事人的正当权利为代价”[③]。实用主义法学不仅要解决法律面对的现实问题,更重要的是通过解决个案纠纷思考案件中真正的价值追求。换言之,司法的功能不仅是解决纠纷而且应当深入通过个案审理传达法律的原则与价值判断。

二、普通法刑事正当防卫制度的启示

当前我国刑法理论界与实务界针对正当防卫问题所进行的探讨与争论均围绕具体的适用问题展开。正如刑法学者高铭暄教授所言:“我国刑法学界针对司法实践中认定正当防卫各构成要件时存在的种种问题所进行的教义学讨论,属于头痛医头、脚痛医脚式的讨论。”[④]对此问题陈璇教授也郑重强调过:“我国的正当防卫研究大多停留在对正当防卫

---

① 参见李泽厚:《中国思想史论》,安徽文艺出版社 1999 年版,第 1148 页。

② 参见劳东燕:《正当防卫异化的根源与司法裁判的功能》,载《中国检察官》2018 年第 18 期。

③ 苏力:《送法下乡——中国基层司法制度研究》,中国政法大学出版社 2000 年版,第 181、186 页。

④ 高铭暄、王红:《我国正当防卫制度理论根据的自主选择》,载《学习与实践》2020 年第 5 期。

各具体成立要件的讨论，而缺少对正当防卫的本质的深入追问，自然也鲜有以正当防卫的本质为主轴对各具体要件展开体系化的解释。”[①]实际上，我国正当防卫制度的适用问题反映出该制度在理论、立法与司法上都需要进行更加系统性的深入思考。正当防卫理论的混乱导致立法意图难以清晰地反映当前民众对正当防卫的真正需求，反过来正当防卫也无法满足公民对正义与自身权利的真切需求。这意味着正当防卫制度的法律价值无法得到有效的发挥，也无法满足社会对公平、正义的需求。从比较法的视角看，普通法正当防卫在价值判断、立法及适用上对我国具有借鉴意义。

（一）重新思考我国正当防卫的理论依据

我国正当防卫的正当化根据在刑法学界并未得到足够的重视，在论及防卫问题时刑法学者要么习惯于引用西方关于正当防卫的经典论述解释防卫的构成问题，要么单从技术与常理的角度去解释，较少真正触及正当防卫法哲学或法理学的研究领域。

由于我国传统刑法理论深受苏联理论体系的影响，正当防卫制度从一开始就被定位为鼓励公民同违法犯罪行为作斗争以保护国家利益、社会利益的手段和工具，因此具有一定的历史必然性。[②][③] 但随着社会结构的变迁与权利本位理念的逐渐发展，建立在传统“阶级斗争范式下的以社会危险性概念为逻辑起点，将排除社会危害性说作为正当防卫制度的理论根据”需要得到进一步的更新。当前刑法学界有关正当防卫的理论主要有个人保全原理、法确证和法益衡量原理，这些理论也是英美正当防卫的理论基础。但这些理论背后所依据的社会契约论并不适合照搬到我国直接使用。正当防卫的正当化必须置于国家理论背景下重新思

① 陈璇：《侵害人视角下的正当防卫论》，载《法学研究》2015 年第 3 期。

② 参见高铭暄、王红：《我国正当防卫制度理论根据的自主选择》，载《学习与实践》2020 年第 5 期。

③ 参见甘雨沛主编：《刑法学专论》，北京大学出版社 1989 年版，第 118～119 页。

考,即应当符合我国的国家理论、社会需求以及法律价值。

“我们的时代是权利的时代。”[①]正当防卫理论应根据我国新时代下人民对美好生活的向往进行转变,体现在法律上就是人民对个人权利予以充分保障的需求。自理性思维时代以来,“法即权利,权利即法”的观念早已深入人心。关于这点笔者赞同高铭暄教授的观点:“当前刑法学界对我国正当防卫制度的理论根据予以更新时,必须做到三个相适应:一是与中国特色社会主义意识形态相适应;二是与我国刑法对正当防卫制度的具体规定相适应;三是与我国最新的司法实践相适应。”[②]对个人权利保全与法秩序保障进行二元倒置,形成符合我国国家理论与社会实际情况的社会秩序——个人权利二元理论。因此,正当防卫的理论要同时反映保护社会秩序与个人权利,在不损害社会秩序的前提下最大限度地保障个人权利。但研究正当防卫的正当性根据又是一个较为重大的课题,需要大量的理论作支撑,考虑到材料与时间的限制,笔者将撰文另述。[③]

(二)考虑立法上详细划分防卫的类型

相较于大陆法系国家的立法,普通法刑事正当防卫的一大特点是按照侵害对象的不同设置了防卫的类型化设计。除此之外,还对致命性武力与非致命性武力的使用进行了不同的规定。相比而言,我国《刑法》第20条则采用的是抽象、概括的立法模式,即为使国家、公共利益、本人或他人的人身、财产和其他权利免受正在进行的不法侵害,而采取的制止不法侵害的行为,对不法侵害人造成损害的,属于正当防卫,不负刑事责任。从法条的内容上看,普通法更为细致精确。由于人身权、财产权以及公共利益等法益不同,因此在保护不同的法益时是否能采用相同的防

---

① ［美］L. 亨金:《权利的时代》,信春鹰等译,知识出版社 1997 年版,第 202 页。

② 高铭暄、王红:《我国正当防卫制度理论根据的自主选择》,载《学习与实践》2020 年第 5 期。

③ 关于正当防卫的正当化根据问题,参见陈川:《正当防卫的法权根据》,载《河南财经政法大学学报》2021 年第 2 期。

卫措施值得反复思考。

从比较法的视野看,苏联、德国刑法也未划分防卫的类型,其对防卫权的预设是所有法益都有权享有同等的保护,尤其在德国的刑法理论中,这种防卫观与尊重个人自治、维护法律秩序紧密相连。苏联法学家赞同最大限度地对侵害的社会反应,甚至主张杀死侵害人,这种行动既是权利也是义务。德国则将自治原则奉为圭臬。在德国刑法史上出现的果园主人为防卫其财产而射杀偷窃苹果者的极端案例本质上是个人自治理论外化的结果。另外,从刑法分则的规定来看不同的法益侵害必定会受到不同程度、不同类型的处罚,因此将不同法益的防卫纳入同一防卫规定中值得重新思考。立法与司法实践中,我国也不主张对财产使用致命性防卫武力,我们也承认对人身权的侵害与对财产权的侵害属于不同的价值范畴。由此看来,按照法益划分防卫类型的方式具有一定的借鉴意义,这种立法体例对司法活动和公民的行为都具有明确的指导作用。

因此,我国可以考虑在立法上增加针对不同防卫对象(或法益)进行不同规定的内容,如此可为社会提供更为明确的指引。由于正当防卫本身不属于刑事入罪事由,在刑法体系中的地位非常特殊,设定该制度的目的是出罪或者鼓励正当防卫,因此在制定时应注意尽可能使用清晰的术语、精确的类型化设计减少公民及相关部门的疑惑,真正实现立法的初衷。

(三)采用以“合理相信”为主的主观判断标准

我国司法实践中认定正当防卫时主要采用客观认定标准,这与英美国家的主观判断标准不同。溯及历史,我国从清末到民国初对正当防卫的态度就一直倾向于客观主义。《朝阳法科讲义》中记载了当时对正当防卫的规定:“防卫行为是否合于适当之程度是也,求解决此等问题,亦有主观主义与客观主义之别,主观主义以防卫者之意见为标准,而客观主义则委诸审判官之判断,惟正当防卫之却除违法性法质,事属客观方面,故解决此等问题,应以客观主义之见解为当,但审判官断定正当防卫条件之是否具备,不可不注意防卫者与攻击者之力量如何,及其攻击程度之缓急如何。"①由此可见,我国具有使用客观主义评价防卫行为的历史渊源与惯例,但司法实践表明客观判断标准具有很大的缺陷性,其也是造成"唯结果论"的主要根源之一。此外,客观评价标准将造成不法侵害的风险天然地转嫁于防卫人,这显然不符合正当防卫的立法目的以及法律的公平正义价值观。

英美在认定防卫性质上侧重于从防卫人的主观视角去判断,即采用的是防卫人主观认定标准。主观认定标准是指行为人主观上真诚且合理(honest and reasonable)地相信其当时正在面临紧迫性的侵害,而使用武力防卫是抵抗侵害所必要的,即使事后证明侵害行为并不存在,其行为仍具有正当性。"真诚且合理"相信的内容包括危险即将或正在发生,不法侵害正在逼近,防卫武力实施具有必要性,防卫武力与不法侵害符合比例原则。客观判断标准与主观判断标准最明显的差异体现在两个问题上:一是针对无责任能力人或者侵害人非故意的侵害行为。客观标准在解决未成年人以及精神病人侵害的防卫问题上过于严格。多数情况下防卫人并不明确知晓侵害的主体是否具有责任能力或者对方的侵害是否存在主观上的过失,此时采用客观标准进行认定意味着将法律风险一味地附加在防卫人一方这显然不公平,而主观认定标准可以弥补这一缺陷。二是用客观认定标准难以厘清假想防卫、防卫过当中的责任分配问题。刑法理论一般认为假想防卫是对容许性构成要件的认识错误造成的,属于过失犯罪。防卫过当的罪过形态可以是故意也可以是过失。但是假想防卫造成的是合法公民的伤亡,而防卫过当造成的是不法侵害人伤亡,显然后者的法益侵害程度高于前者,但罪过形式是过失,这样的结论缺乏有力的解释。②

---

① 李秀清、陈颐主编:《朝阳法科讲义》(第6卷),陈新宇点校,上海人民出版社2013年版,第30页。

② 参见[德]京特·雅科布斯:《规范·人格体·社会——法哲学前思》,冯军译,法律出版社2001年版,第95~97页。

相比而言,主观认定标准在解决上述问题时更为合理。主观认定标准要求防卫人“真诚且合理地相信”,即只要防卫人真诚合理地相信行为符合正当防卫的构成要件,即使事后证明客观上条件不满足,依然属于正当防卫。以防卫限度为例,只要行为人主观上真诚且合理地相信其行为不会造成“明显超过必要限度的损害”就满足必要限度的要求。主观认定标准关注行为人的主观认知,即从防卫人对事态的认知出发同时兼顾“合理性”。“合理性”指如果事情发生在理性人(与行为人情况类似的普通人)身上是否会与防卫人作出相同的反应。由此看来,主观性标准扩大了正当防卫的适用范围,这是符合正当防卫立法意图的。当然,为了避免因主观认定标准与客观情况不相符而导致的极端情况出现,可对主观标准进行一定的限制。如有学者提出可以赋予检察机关对主观认定不合理予以推翻的权利。[①] 主观认定标准的灵活性在应对正当防卫案件的复杂性时更为合理,同时更能体现防卫人权利本位的刑法思想,符合我国正当防卫的立法本意。

(四)注重正当防卫中司法裁判功能的定位

虽然英美各国如今都有自己的刑事制定法,但从法律史的角度看,英美刑事制定法源于对传统普通法规则以及本国判例法长期积累形成的基本原则与规范的汲取。因此,在正当防卫问题上普通法国家较少出现司法判决与法律规定之间的偏差,这点正是我国正当防卫当前所面临的主要问题。尽管我国的法律体系与普通法存在较大的差异(这主要体现在我国实施的是立法中心主义,而英美等国则体现为司法中心主义),但英美的特点能够从反面对我们提供更有价值的启发。前文提到,我国正当防卫所采用的概括式立法模式给个案审理带来了一定程度的困难,故重新思考立法的内容尤为必要。但从另一角度审视,司法审判对实现法律效力功能的缺失也是造成正当防卫沦为“僵尸条款”的重要因素。受法律体系与司法职能的影响,司法机关的主要功能就是适用法律与解

---

① 参见姜敏:《正当防卫制度中的“城堡法”:渊源、发展与启示》,载《法学评论》2018 年第 5 期。

决纠纷。这一功能在中国法制史上一直没有过多变化，而事实上司法的这一功能却影响了立法的效力。以正当防卫为例，我国立法明确了正当防卫鼓励公民积极同违法行为斗争的意图，但未达到理想的效果，而这一问题是我国当前正当防卫中最关键的问题。如果司法的功能仅仅是适用法律解决纠纷，而不去思考通过个案提炼法律原则与法律理念去回馈立法，那么立法与司法之间的关系便是单向性的。正如劳东燕教授在其文中所提道的："我国的司法实务将解决具体个案的纠纷当作自身首要的甚至是唯一的任务，而并不认为通过个案判决来确认规则的效力具有重要的意义。"①苏力教授在分析我国的司法功能时也提道，我国的法官具有很强的实用理性倾向，在处理个案问题时法官只关注如何解决好纠纷而不是执行已有的法律。② 劳东燕教授认为，这主要是由于我国在进行法律移植的过程中没有建立起自主性的法律系统。正当防卫制度作为舶来品，我们只对其进行了内容上的移植而忽略了防卫制度的生长土壤。换言之，我国的正当防卫制度在立法上实现了与现代西方社会理念与精神的衔接，但在司法上依然保留了传统的定分止争功能。这种司法与立法上的错位是正当防卫出现司法偏差的重要原因之一。

因此，我们需要重新思考司法功能的定位，除解决纠纷以外，更应将注意力放在个案中区分行为的法与不法。我国司法界在解释正当防卫时喜欢用"法无须向不法让步"的格言，但是在司法裁判中法官往往忽视对法与不法的划分。法与不法需要法官根据已有的立法规定以及立法意图对个案作出符合法律原则与立法理念的最终裁决，而不是简单地运用法律技巧定分止争。正当防卫的认定应该从立法原则出发，根据立法意图选择适当的判断标准再进行审理，而非仅从结果出发反推过程，即根据案件发生的结果简单地得出防卫人是否正当，再运用法律技巧去迎合这一结果，这种技术性的处理方式因缺乏对核心理念的反思而对我国

---

① 劳东燕：《正当防卫的异化与刑法系统的功能》，载《法学家》2018 年第 5 期。

② 参见苏力：《送法下乡——中国基层司法制度研究》，中国政法大学出版社 2000 年版，第 181 ~ 191 页。

法律理论与实践的发展并无益处。

（五）破除“唯结果论”注重对防卫情境的判断

当前我国正当防卫案件的司法认定中最典型的问题集中在从案件结果的角度判断防卫行为是否过当，尤其是造成死亡结果的案件在司法实务中几乎不存在正当防卫的适用问题，这直接或间接地导致我国《刑法》第20条成为无人问津的“僵尸条款”。这一现象背后的因素各异，但主要与理论界与司法实务中存在的法益衡量理论有关，这一理论要求防卫人在防卫过程中谨慎衡量侵害利益与防卫利益之间的关系，而司法工作人员在衡量防卫人是否达到这一标准时几乎一致采用了事后判断的方式。由于法益衡量理论本身存在明显的缺陷，[①]加上“唯结果论”事后判断的方式加剧了防卫人的责任风险，其必定会导致正当防卫的立法主旨难以实现。

关于这一问题，可以采用主客观判断相结合的方式，即“理性人”与防卫人“合理相信”两种判断模式。“理性人”的标准本质上属于客观性标准，即判断理性人在当时的处境下是否会像防卫人一样行事。除此之外，法官也注重对“理性人”的选择，即判断一个具有与防卫人相似特征

① 首先，在法益衡量原理下解释正当防卫，需要降低不法侵害人的法益才能符合优越利益的计算结果。由此推出，防卫人在遭受不法攻击时应当先行退让才能最大限度地避免受到对方的侵害以维护受害人的最大利益，但这明显不符合正当防卫的立法精神。其次，为了解决法益衡量理论可以推出退避义务正当性的问题，该理论的支持者常常引入法确证原理填补所面临的缺陷。根据前文所述，法确证原理本身亦存在重大的问题，并不足以论证正当防卫的正当性，这似乎又回到了二元论的逻辑错误中。再次，法益衡量原理无助于正确把握正当防卫限度。该原理主要通过对所侵害的法益与所保护法益的价值进行比较，判断哪一种法益更具有值得保护性。这种衡量方式往往需要根据事后造成的损害结果才能判断，故法益衡量理论在实务中很容易导致唯结果论。最后，优越利益原理的内涵是指所涉利益的价值高低以及对可能发生的利益损害进行综合性衡量后得出的可容许性行为规范。根据该理论，防卫人能够采取防卫行动的时间点并非正当防卫制度中规定的紧迫性侵害正在发生，而是可以提前到危险即将发生之前。因为防卫人提前采取行动预防危险的发生成为保护个人法益的最佳选择，但如此一来就违背了正当防卫的本质，故这一原则无法支撑正当防卫成立的时间条件。参见赵秉志、肖中华：《正当防卫立法的进展与缺憾——建国以来法学界重大事件研究（十九）》，载《法学》1998年第12期。

的理性人是否会相信防卫人有必要实施防卫行为,以及注重调查防卫人与被害人之间的形体差异、防卫人的精神状态、二者在案发之前的关系等,判断防卫人当时产生恐惧的合理性。这种判断采用的是"情景"判断模式,相比于事后判断"情境"分析更加科学合理且更能体现防卫人本位的立法主旨。如1986年的戈茨案所采用的就是主客观相结合的判断方式,法官充分考虑了被告人的背景、身体特征、知识、经验以及面临危险的特殊情况等。另外,"合理相信"标准指判断行为人当时是否真诚且合理地相信有必要实施防卫行为,这种判断模式本质上也属于主客观相结合的模式,即"相信"一词侧重于从行为人的主观认知出发,以其对当时情况的判断为准,但"合理"一词更能体现客观性标准,从一定程度上来看,"合理"与"理性人"属于同类判断标准,判断行为人的认知是否合理除了了解行为人本人的描述,也要考察其当时认知的合理程度。

"情境"模式的运用更有利于实现司法公正,这一模式直接影响对正当防卫各个要件的判断。以防卫必要性判断为例,"必要性的要件是防卫行为的要件,不是事后判断,而是在防卫行为实施时合理地判断要达到制止攻击行为的效果需要采取何种手段"[①]。防卫必要性以侵害行为的存在为前提,而侵害行为是否存在必须以案发当时的情境为主,以防卫人是否真切地感受到危险正在逼近为标准,即使事发当时客观上不存在危险,但基于当时的情境以及考虑防卫人与侵害人之间的关系,认为其错误认识不存在预见可能性的,应认定无罪。此外,对防卫限度的认定也应置于当时的情况下进行判断,而非以损害结果为标准,一旦造成死亡便想当然地认为必定超过了必要限度。由于对防卫限度的判断属于防卫人当时对事态演变的预测,侵害人将实施何种程度的攻击在事发当时无法准确地评估,防卫人只能根据自身判断选择相当程度的武力进行防卫。法官在判断时若简单地根据损害结果认定,属于对正当防卫的一种误解,最终得出的结果必然违背立法宗旨。因而"情境"模式是司法

---

① 井田良『講義刑法学・総論』(有斐閣,2008年)273頁。

实务中应着重引入的一种判断模式,其可以从技术与方法上实现正当防卫的立法目标。

小　结

根据前述四章对普通法刑事正当防卫制度的研究与分析,本章结合大陆法系国家的正当防卫制度,总结了普通法正当防卫的主要特点。从时间上看,英国的普通法规则对美国早期的防卫判例产生了重要影响。但 19 世纪以后美国在立法与司法方面走上了脱离传统普通法规则的独立发展之路,主要表现为围绕防卫人本位的价值取向建立了不退让法、偏主观判断标准等规则。总体而言,普通法在防卫适用规则上比大陆法系国家宽泛。在总结普通法的防卫特点后,本章的重点在于分析我国当前正当防卫的困境并以普通法系国家为参照提出完善的路径。根据近几年我国正当防卫案件的特点,我国当前的问题主要体现在正当防卫的司法适用率较低,由此产生了司法偏差。从普通法的特点与问题为视角审视我国的问题会发现,二者之间存在相似之处但更多的是差异。首先,我国正当防卫在立法上与英美等国存在较大的不同;其次,在司法适用上也大相径庭;最后,正当防卫的理论根据以及构成要件也不同。这些问题引导我们进一步思考我国的防卫制度在理论与实践上应如何定位才能符合法律对该制度的价值与社会需求。尽管普通法中的刑事防卫制度与我国存在一定的差异,但是显著的差异更有助于从立法与司法的角度进行深刻的反思与重构。

结　论

“借鉴”主要指将其他国家的制度、原则作为一面镜子反映自己同种事物以确定其中可以用来吸收与摒弃的内容。[①] 本书撰写的目的是期望通过研究普通法中的刑事正当防卫反观我国的问题。

普通法刑事正当防卫是历史与法律共同雕琢的成果。一方面，基于历史的原因，英国早期普通法中的防卫规则为现代英美等国的防卫制度奠定了判例基础。从早期的防卫判例来看，法官、陪审团及辩护律师均引用英国判例开展相关诉讼活动。随着“二战”后殖民国家的独立与社会发展，传统普通法中的一些规则已经无法适应其殖民各国的实际情况。另一方面，普通法国家的防卫制度承载于其制定法中。与判例法不同，制定法具有明确的指引作用以及相当的稳定性。制定法凝结了各国法学会、立法机关以及实务界的思想与智慧。

以美国为例，尽管美国刑法在制定过程中遵循了普通法中的部分规则，但美国《模范刑法典》在制定时更多地采用了功利主义与实用主义理论，这些理论反映在

---

① 参见何勤华、李秀清：《外国法与中国法——20 世纪中国移植外国法反思》，中国政法大学出版社 2003 年版，第 619 页。

防卫理论中具体体现为对较小危害理论的遵从以及维护个人自治理论的部分采纳。因此,普通法中的防卫制度从理论、立法到司法基本能够实现内在的逻辑统一,正是这种统一使防卫案件的审理实现了立法与司法的契合。总体而言,现在普通法正当防卫规则的变革,无论对退避义务的否定或是防卫行为认定标准的变革抑或对防卫限度的放宽,均是朝着更能体现防卫人本位的理念方向进行的,或许这些具体的制度在变革的过程中不可避免地产生了理论上的矛盾与冲突,这些矛盾或冲突并未影响其维护防卫人权利的最终目标。支撑这一变革方向的因素有多种,包括法律价值的选择、国家角色的定位以及社会的观念导向等。缺乏理念支撑的法律制度难以经受时间与实践的考验,英美防卫制度变革在逻辑上体现了理念与法律实践的内在一致性,笔者认为这是该制度在其社会得以有效运行的关键所在。

值得注意的是,普通法正当防卫在英美等国的有效运行不意味着可以直接拿来在我国适用。任何制度都有其生长的土壤且均有一定程度的缺陷,若简单地借鉴或移植无疑将产生"橘生淮南"的负面效果。当前我国正当防卫的主要问题在于司法适用率较低。如前所述,防卫制度的关键问题在于防卫理论与制度设计及司法实践是否具备逻辑上的一致性。随着社会结构的变迁与法律中权利本位理念的逐渐发展,建立在传统"阶级斗争范式下的以社会危险性概念为逻辑起点,将排除社会危害性说作为正当防卫制度的理论根据"[①]需要得到进一步的更新。正当防卫的正当化依据需要被置于我国当前的权利理论中重新思考,其应当满足我国的国家理论、法律价值以及社会转型的需要。近几年正当防卫案件引起全社会广泛关注的重要原因在于现有防卫理论以及制度运行效率较低的情况无法满足国内正在或者已经发生变化的价值理念的需求。此时,适当放宽防卫的适用条件更能解决当下的问题,而放宽的措施可以从普通法中寻找到部分答案。尽管普通法的防卫理论与制度并不完

---

① 高铭暄、王红:《我国正当防卫制度理论根据的自主选择》,载《学习与实践》2020年第5期。

美甚至存在不可忽视的缺陷(任何完美无瑕的制度都是不存在的),但在其中能够找到有价值的点并能为我们解决当前问题提供一定的思路与借鉴,就值得我们继续深入探索与思考。

参考文献

外文著作类：

[1] Blackstone William, *The Oxford Edition of Blackstone's: Commentaries on the Laws of England: Book IV: Of Public Wrongs*, Oxford University Press, 2016.

[2] Blackstone William, *Commentaries on the laws of England Vol.* 4, Oxford University Press, 2016.

[3] Coke Edward, *The Third Part of the Institutes of The Laws Of England*, A. Crooke Press, 1669.

[4] Dressler Joshua, *Understanding Criminal Law* (8*th*), Carolina Academic Press, LLC, 2018.

[5] East Edward Hyde, *A Treatise of the Pleas of the Crown*, A. Strahan, Law-Printer to the King Press, 1803.

[6] Fletcher George P., *Criminal Law Rethinking*, Oxford University Press, 2000.

[7] Fletcher George P., *A Crime of Self-defense: Bernhard Goetz and the Law on Trial*, University of Chicago Press, 1990.

[8] Hale Matthew, George Wilson & Sollom Emlyn, *The History of the Pleas of the Crown. Vol.* 1,

T. Payne and others, 1778.

[9]Leverick Fiona, *Killing in Self-Defence*, Oxford University Press, 2006.

[10]Pollock, F. & Maitland, *The History of English Law before the Time of Edward I: In Two Volumes*, Cambridge University Press, 1909.

[11]Robinson Paul H., *Structure and Function in Criminal Law*, Clarendon Press, 1997.

[12]Sangero Boaz, *Self-defence in Criminal Law*, Bloomsbury Publishing, 2006.

外文期刊类：

[1]Larry Alexander, *Unified Excuse of Preemptive Self-Protection*, 74 Notre Dame Law Review 1475 (1999).

[2] Allhoff Fritz, *Self-Defense Without Imminence*, 56 American Criminal Law Review 1525 (2019).

[3]Beale Joseph H. B., *Homicide in Self-Defense*, 3 Columbia Law Review 526 (1903).

[4] Beale Joseph H. B., *Retreat from a Murderous Assault*, 16 Harvard Law Review 567 (1903).

[5]Bender Ron A., *The Right to Kill Wild Animals in Defense of Person or Property*, 31 Montana Law Review 234 (1976).

[6]Boots Denise Paquette, Jayshree Bihar& Euel Elliott, *The State of the Castle: An Overview of Recent Trends in State Castle Doctrine Legislation and Public Policy*, 34 Criminal Justice Review 515 (2009).

[7]Brown Richard Maxwell, *Southern Violence-Regional Problem or National Nemesis?: Legal Attitudes Towards Southern Homicide in Historical Perspective*, 32 Vanderbilt Law Review 225 (1979).

[8] Burke Alafair, Rational Actors, *Self-Defense, and Duress:*

Making Sense, not Syndromes, out of the Battered Woman, 81 North Carolina Law Review 211 (2002).

[9] Carpenter Catherine L., *Of The Enemy Within, The Castle Doctrine, And Self-Defense*, 86 Marquette Law Review 653 (2003).

[10] Cornell Saul, *Early American Gun Regulation and the Second Amendment: A Closer Look at the Evidence*, 25 Law and History Review 197 (2007).

[11] David Wasserman, *Justifying Self-Defense*, 16 Philosophy & Public Affairs 356 (1987).

[12] Dressler Joshua, *New Thoughts about the Concept of Justification in the Criminal Law: A Critique of Fletcher Thinking and Rethinking*, 32 UCLA Law Review 61(1984).

[13] Faigman, David L., *The Battered Woman Syndrome and Self-Defense: A Legal and Empirical Dissent*, 72 Virginia Law Review 619 (1986).

[14] Ferzan Kimberly Kessler, *Self-Defense and the State*, 5 Ohio State Journal of Criminal Law 449 (2008).

[15] Finkelstein Claire Oakes, *Self-Defense as a Rational Excuse*, 57 University of Pittsburgh Law Review 620 (1996).

[16] Fletcher George P., *The Right Deed for the Wrong Reason: A Reply to Mr. Robinson*, 23 UCLA Law Review 293 (1975).

[17] Fletcher George P., *Domination in the Theory of Justification and Excuse*, 57 University of Pittsbrugh Law Review 553 (1996).

[18] Fletcher George P., *Proportionality and the Psychotic Aggressor: A Vignette in Comparative Criminal Theory*, 8 Israel Law Review 367 (1973).

[19] Fletcher George P., *Should Intolerable Prison Conditions Generate a Justification or an Excuse for Escape?* 26 University of

California at Los Angeles Law Review 1355 (1979).

[20]Fletcher George P., *The Right and the Reasonable*, 98 Harvard Law Review 949 (1985).

[21]Fletcher George P., *The Right to Life*, 63 Georgia Law Review 135 (1979).

[22]Green Thomas A., *The Jury and the English Law of Homicide*, 1200 – 1600,74 Michigan Law Review 413 (1976).

[23]Kadish, Sanford H., *Respect for Life and Regard for Rights in the Criminal Law*, 64 California Law Review 871 (1976).

[24]Kremnitzer Mordechai, *Proportionality and the Psychotic Aggressor: Another View*, 18 Israel Law Review 178 (1983).

[25]Miller Darrell AH, *Self-Defense, Defense of Others, and the State*, 80 Law and Contemporary Problems 85 (2017).

[26]Nourse Victoria F., *Reconceptualizing Criminal Law Defenses*, 151 University of Pittsbrugh Law Review 1691 (2003).

[27]Ochs Sara L., *Can Louisiana's Self-Defense Law Stand Its Ground: Improving the Stand Your Ground Law in the Murder Capital of America*, 59 Loyola Law Review 673 (2013).

[28]Perkins Rollin M., *Self-Defense Re-Examined*, 1 University of California at Los Angeles Law Review 133 (1954).

[29]Pohlman, Sarah A., *Shooting from the Hip: Missouri's New Approach to Defense of Habitation*, 56 Saint Louis University School of Law 856 (2012).

[30]Roberts Joshua K., *Deadly force and the Right of Self-defense Stand Your Ground Laws*,22 Forensic Examiner 89 (2012).

[31]Robinson Paul H., *A Theory of Justification: Societal Harm as a Prerequisite for Criminal Liability*, 23 UCLA Law Review 266 (2005).

[32]Rosen Richard A., *On Self-Defense, Imminence, and Women*

Who Kill Their Batterers, 71 North Carolina Law Review 371 (1993).

[33] Schopp Robert F., Barbara J. Sturgis & Megan Sullivan, *Battered Woman Syndrome, Expert Testimony, and the Distinction Between Justification and Excuse*, 1 University of Illinois Law Review 45 (1994).

[34] Schulhofer Stephen J., *The Mathematician, the Monk, and the Militant: Reflections on the Role of Criminal Law Theory*, 88 California Law Review 705 (2000).

[35] Singer Richard, *The Resurgence of Mens Rea: I-Provocation, Emotional Disturbance, and the Model Penal Code*, 27 Boston College Law Review 243 (1986).

[36] Suk Jeannie, *The True Woman: Scenes from the Law of Self-Defense*, 31 Harvard Journal of Law & Gender 237 (2008).

[37] Sweeney Daniel, *Standing up to Stand Your Ground Laws: How the Modern NRA-Inspired Self-Defense Statutes Destroy the Principle of Necessity*, 64 Cleveland State Law Review 715 (2016).

[38] Sydnor Charles S., *The Southerner and the Laws*, 6 The Journal of Southern History 3 (1940).

[39] Thorburn Malcolm, *Justifications, Powers, and Authority*, 107 The Yale Law Journal 1070 (2008).

[40] Violence Domestic, *Developments in the Law-Legal Responses to Domestic Violence: V. Battered Women Who Kill Their Abusers*, 106 Harvard Law Review 1498 (1993).

[41] Waldron Jeremy, *Self-Defense: Agent-Neutral and Agent-Relative Accounts*, 88 California Law Review 711 (2000).

[42] Walker Lenore E., *Who Are the Battered Women?* 2 Frontiers: A Journal of Women Studies 52 (1997).

[43] Ward Cynthia V., *Stand Your Ground and Self-Defense*, 42 American Journal of Criminal Law 89 (2015).

中文译著类：

[1][英]洛克:《政府论》(下篇),瞿菊农、叶启芳译,商务印书馆2018年版。

[2][英]杰里米·边沁:《立法理论——刑法典原理》,中国人民公安大学出版社1993年版。

[3][英]霍布斯:《利维坦》,黎思复、黎廷弼译,商务印书馆1985年版。

[4][意]切萨雷·贝卡里亚:《论犯罪与刑罚》,黄风译,北京大学出版社2008年版。

[5][美]约书亚·德雷斯勒:《美国刑法精解》,王秀梅等译,北京大学出版社2009年版。

[6][美]约书亚·德雷斯勒:《美国刑法纲要》,姜敏译,中国法制出版社2016年版。

[7][美]乔治·弗莱彻:《反思刑法》,邓子滨译,华夏出版社2008年版。

[8][美]乔治·弗莱彻:《刑法的基本概念》,蔡爱惠等译,中国政法大学出版社2004年版。

[9][美]乔治·P. 弗莱切:《地铁里的枪声——正当防卫还是持枪杀人》,陈绪纲、范文洁译,北京大学出版社2007年版。

[10][美]美国法学会:《美国模范刑法典及其评注》,刘仁文、王祎等译,法律出版社2005年版。

[11][美]保罗·H. 罗宾逊:《刑法的结构与功能》,何秉松等译,中国民主法制出版社2005年版。

[12][美]L. 亨金:《权利的时代》,信春鹰等译,知识出版社1997年版。

[13][美]H. C. A. 哈特:《惩罚与责任》,王勇等译,华夏出版社1989年版。

[14][德]京特·雅科布斯:《规范人格体社会——法哲学前思》,冯军译,法律出版社 2001 年版。

[15][德]康德:《法的形而上学原理》,沈淑平译,商务印书馆 1997 年版。

[16][德]乌尔斯·金德霍伊尔泽:《刑法总论教科书》(第 6 版),蔡桂生译,北京大学出版社 2019 年版。

中文著作类:

[1]储怀植:《美国刑法》(第 2 版),北京大学出版社 1996 年版。

[2]徐爱国:《西方刑法思想史》,中国民主法制出版社 2016 年版。

[3]赵秉志:《英美刑法学》,中国人民大学出版社 2004 年版。

[4]郭自力:《英美刑法》,北京大学出版社 2018 年版。

[5]陈兴良:《正当防卫论》(第 3 版)中国人民大学出版社 2017 年版。

[6]陈新民:《德国公法学基础理论》(上卷),法律出版社 2010 年版。

[7]张芝梅:《美国的法律实用主义》,法律出版社 2008 年版。

[8]李泽厚:《中国思想史论》,安徽文艺出版社 1999 年版。

[9]苏力:《送法下乡——中国基层司法制度研究》,中国政法大学出版社 2000 年版。

[10]李立丰:《美国刑法犯意研究》,中国政法大学出版社 2009 年版。

[11]程燎原、王人博:《权利论》,广西师范大学出版社 2014 年版。

中文编著类:

[1]李秀清、陈颐主编:《朝阳法科讲义》(第 6 卷),陈新宇点校,上海人民出版社 2013 年版。

[2]何勤华、李秀清:《外国法与中国法——20世纪中国移植外国法反思》,中国政法大学出版社2003年版。

[3]何勤华、夏菲主编:《西方刑法史》,北京大学出版社2008年版。

[4]何勤华主编:《外国法制史》,法律出版社2016年版。

[5]薛波主编:《元照英美法词典》,北京大学出版社2017年版。

[6]甘雨沛主编:《刑法学专论》,北京大学出版社1989年版。

中文论文类:

[1]尹海青:《城堡主义对我国住宅防卫的启示》,兰州大学2018年硕士学位论文。

[2]马天祎:《美国刑法中的自我防卫》,沈阳师范大学2018年硕士学位论文。

[3]杨明芳:《英国刑法一般辩护事由研究》,吉林大学2014年硕士学位论文。

[4]张淑芳:《美国刑法正当防卫研究》,中国青年政治学院2009年硕士学位论文。

中文期刊类:

[1]周光权:《正当防卫的司法异化与纠偏思路》,载《法学评论》2017年第5期。

[2]伍金平:《正当防卫司法适用的困境探析——从一宗致不法侵害人倒地"猝死"案的定性之争切入》,载《河北法学》2012年第5期。

[3]张明楷:《正当防卫的原理及其运用——对二元论的批判性考察》,载《环球法律评论》2018年第2期。

[4]高铭暄、王红:《我国正当防卫制度理论根据的自主选择》,载《学习与实践》2020年第5期。

[5]赵秉志、陈志军:《英美法系刑法中正当防卫构成条件之比较研

究》,载《法商研究》2003 年第 5 期。

[6]姜敏:《正当防卫制度中的“城堡法”:渊源、发展与启示》,载《法学评论》2018 年第 5 期。

[7]刘士心:《英美刑法正当防卫中的“躲避原则”及其启示》,载《中国刑事法杂志》2017 年第 5 期。

[8]郭自力:《英美刑法中的正当防卫》,载《法治研究》2015 年第 2 期。

[9]李立丰:《论完善中国刑法学研究方法的一种选择:以美国实用主义法学理论为视角》,载《清华法治论衡》2012 年第 1 期。

[10]杜钢建:《人权绝对论与人权相对论——当代美国关于人权法哲学的辩论》,载《法学研究》1992 年第 2 期。

[11]付胥宇:《“受虐妇女综合症”的刑事责任减免意义:美国经验及启示》,载《北方法学》2018 年第 6 期。

[12]王志祥:《论正当防卫制度司法适用的纠偏》,载《法学论坛》2019 年第 6 期。

[13][德]约翰内斯·卡斯帕、陈璇:《德国正当防卫权的“法维护”原则》,载《人民检察》2016 年第 10 期。

[14]蔡宏伟:《正当防卫理论中的国家和个人》,载《法制与社会发展》2017 年第 6 期。

[15]劳东燕:《正当防卫异化的根源与司法裁判的功能》,载《中国检察官》2018 年第 18 期。

[16]赵秉志、肖中华:《正当防卫立法的进展与缺憾——建国以来法学界重大事件研究(十九)》,载《法学》1998 年第 12 期。

[17]高铭暄:《我国正当防卫制度理论根据的自主选择》,载《学习与实践》2020 年第 5 期。

[18]陈璇:《侵害人视角下的正当防卫论》,载《法学研究》2015 年第 3 期。

[19][美]波尔·H. 罗宾逊、何秉松、王桂萍:《美国刑法的结构概

要》,载《政法论坛》2004 年第 5 期。

[20]熊永明、赵威:《互殴与正当防卫的主观界限认定标准研究——基于 2762 份刑事判决书的分析》,载《西部法学评论》2019 年第 2 期。

外文判例类:

[1]State v. Garrison(1987).

[2]State v. Warren(2002).

[3]State v. Simon(1982).

[4]Commonwealth v. Edward Klein(1977).

[5]Sydnor v. State(2001).

[6]People v. Riddle (2002).

[7]State v. Anderson (1993).

[8]State v. Abbott(1961).

[9]State v. Marsh(1990).

[10]State v. Brown(1996).

[11]People v. Canales(2000).

[12]State v. James(2003).

[13]People v. Hernandez(2002).

[14]State v. Wells, 1 N. J. L. 424, 427 (1790).

[15]Commonwealth v. Selfridge,2 Am. St. Trials 544 (1806).

[16]State v. Wells 1 N. J. L. 424(1790).

[17]Commonwealth v. Selfridge, 2 Am. St. Trials 544 (1806).

[18]Grainger v. State 13 Tenn. 459(1830).

[19]Monroe v. State 5 Ga. 85, 136 – 37 (1848).

[20]Shorter v. People 2 N. Y. 193 (1849).

[21]People v. Shorter. 4 Barb. 460(1848).

[22]State v. West, 45 La. Ann. 14, 19, 12 So. 7, 9 (1893).

[23]Kennedy v. Commonwealth, 77 Ky. (14 Bush) 340, 353 (1878).

[24] U. S. v. Peterson, 483 F. 2d 1222, 1233 (D. C. Cir. 1973).

[25] Swann v. U. S. 648 A. 2d 928, 933 (D. C. 1994).

[26] State v. Morrow 41 S. W. 3d 56, 59 (Mo. Ct. App. 2001).

[27] Watkins v. State 555 A. 2d 1087, 1088 (Md. Ct. Spec. App. 1989).

[28] People v. Ceballos, 526 P. 2d 244, (Cal. 1974).

[29] Falco v. State, 407 So. 2d 203 (Fla. 1981).

[30] Erwin v. State, 29 Ohio St. 186, 200 (Ohio 1876).

[31] 256 U. S. 335 (1921).

[32] Culverson v. State, 797 P. 2d 238 (Nev. 1990).

[33] Beard v. United States, 158 U. S. 550, 562 (1895).

[34] Alberty v. United States, 162 U. S. 499, 505, 509 (1896).

[35] State v. Shaw 441 A. 2d 561, 566 (Conn. 1981).

[36] State v. Simon, 646 P. 2d 1119, 1120 – 1121 (Kan. 1982).

[37] People v. Goetz, 497N. E. 2d 41, 46 – 48 (N. Y. 1986).

[38] State v. Bradley 10 P. 3d 358 (Wash. 2000).

[39] People v. Watie, 100 Cal. App 4 th 866, 877 (2002).

[40] State v. Clark, 826 A. 2d 128, 134 – 135 (Conn. 2003).

[41] United State v. Peterson, 483 F. 2d 1222, 1233 (D. C. Cir. 1973).

[42] State v. Moore, 729A. 2d 1021, 1027 (N. J. 1999).

[43] Commonwealth v. Haith, 894 N. E. 2d 1122, 1128 (Mass. 2008).

[44] State v. Gagnon, 567 N. W. 2d 807, 810 (N. D. 1997).

[45] State v. Rullis, 191A. 2d 197 (N. J. Super. Ct. App. Div. 1963).

[46] Cotton v. State, 31 Ala. App. 399, 17 So. 2d 590 (1944).

[47] Beard v. United States, 158 U. S. 550 (1894).

[48] Pryser v. State, 54 Tex. Crim. 523, 113 S. W. 938 (1908).

[49] Boykin v. State, 86 Miss. 481, 38 So. 725 (1905).

[50] People v. Dann, 53 Mich. 490, 19 N. W. 159 (1884).

[51] People v. Bernhard Goetz, 131 Misc. 2d 1, 5, 502 N. Y. S. 2d

577, 580 (N. Y. Sup. Ct. 1986).

[52] State v. Horton, No. 18, 1988 Tenn. Crim. App. LEXIS 105, at *10(Feb. 10, 1988).

[53] State v. Hagerty, No. E2001 - 01254 - CCA - R10 - CD, 2002 Tenn. Crim. App. LEXIS 364, at *21 - 22 (Apr. 23, 2002).

[54] State v. Humphrey, 921 P. 2d 1, 9 (Cal. 1996).

[55] People V. Humphrey 13Cal. 4th 1073, 1086 - 1087(1996).

[56] States v. Townsend 897 A. 2d 316(N. J. 2006).

[57] Rogers v. States 616 So. 2d 1098, 1100 Fla. Dist. Ct App. (1993).

外文网站类：

[1] Robert Leider, *Understanding "Stand Your Ground"*, WALL ST. J., http://www.wsj.com/articles/SB10001424052702304432704577350010609562008.

[2] National Coalition Against Domestic Violence, *Domestic Violence in California*, https://assets.speakcdn.com/assets/2497/california_2019.pdf.

[3] Elizabeth Chuck, *Florida had first Stand Your Ground law, other States Followed in "rapid succession"*, NBC NEWS, http://usnews.nbcnews.com/-news/2013/07/18/19522874-florida-had-first-stand-your-ground-law-other-states-followed-in-rapid-succession.

[4] National Coalition Against Domestic Violence, *Domestic Violence in Tennessee*, https://www.speakcdn.com/assets/2497/tennessee.pdf.

[5] Centers for Disease Control and Prevention, *National Intimate Partner and Sexual Violence Survey*: 2010 *Summary Report* (2011), https://www.cdc.gov/violenceprevention/pdf/nisvs-rep ort2010 - a.pdf.

[6] Beth W. Orenstein, *Understanding Battered Women Syndrome*, *Everyday Health*, https://www.everydayhealth.com/news/understanding-

battered-womens-syndrome/.

[7] National Coalition Against Domestic Violence, *Domestic Violence in Tennessee*, https://assets.speakcdn.com/assets/2497/tennessee_2019.pdf.

[8] National Coaliton Against Domestic Violence, *Domestic Violence in South Carolina*, https://assets.speakcdn.com/assets/2497/south_carolina_2019.pdf.

[9] National Coaliton Against Domestic Violence, *Domestic Violence in Georgia*, https://assets.speakcdn.com/assets/2497/georgia_2019.pdf.

[10] Richard Restak, *The Law: The Fiction of the Reasonable Man*, WASH. POST, https://www.washingtonpost.com/archive/opinions/1987/05/17/the-law-the-fiction-of-the-reasonable-man/15dea8f3-521a-48d0-aba8-9e361774450e/.

索　引

A

B

C

D

F

G

L

M

N

O

P

Q

R

S

T

W

X

Y

H

J

K

L

M

N

O

P

Q

R

S

T

W

X

Y

Z

附　录

后　记

本书是由我的博士论文修改而成。关于正当防卫的课题本身是一个非常专业的刑法学问题，就比较法律史专业出身的作者而言，除了为2015年山东于欢案及后续国内一系列有关正当防卫的案件感到震惊外，更进一步地激发了我对这样一种在刑法犯罪构成体系中的违法阻却事由何以适用如此困难的好奇心。我的导师李秀清教授教导我们做研究一定要找到自己感兴趣的问题，否则研究的过程可能会比较痛苦。在李老师的鼓励和支持下，我选择了正当防卫这一题目，希望能够通过自己的研究对我国当前正当防卫存在的问题提出一些解决思路。然而由于本人的学识、理论水平及能力等多方面限制，使本书对我国刑事正当防卫中的教义学问题未能进行更深层次的分析；同时，本书在论述中对国内外学界乃至实务界的理论与实践难免存在疏漏，不足之处还望读者见谅。我将在以后的研究中将竭力予以补充和纠正。

本书能够顺利出版得到了各方面的支持。首先感谢我的工作单位山西大学法学院的大力支持与资助。感谢导师李秀清教授对我的指导和帮助，本书的框架结构甚至是文章中的很多细节都是在老师悉心的指导下完成的,李老师严谨的治学态度一直是我学术道路不断成长和进步的方向。感谢我博士论文答辩委员会主席徐爱国教授以及各位专家提出的完善建议,本书在修改过程中一一吸纳了各位老师的建议和意见,使该书才能以一个相对完整的状态呈现出来。感谢我的硕导王霄燕教授,是她让我对外国法制史萌生了兴趣与继续深造的勇气,没有王老师一路的关心与支持也并不会有本书的成稿。感谢周子良教授的指导,给了我在学术道路上继续前进的动力。感谢解锟老师和宁芳师姐的帮助与支持,使我有幸在法律出版社的平台上进一步完成自己的学术梦想,同时非常感谢法律出版社编辑对本书进行的仔细审查和推敲,使文章内容更加准确、清晰、易懂。没有他们的认可、支持和辛勤付出,该书恐难以付梓。另外,感谢学界各位前辈、同人的研究成果给予本人极大的启示。

陈　川

2024 年 5 月 25 日

于山西大学东山校区博闻楼